从阅读走进现实
knowledge-power

knowledge-power

读 行 者

传记文学·书系

王云五　罗家伦　等◎著

民国三大校长

传记文学·书系 编委会

主编

彭明哲　曾德明

编委

赖某深　龚昊　蒋浩　彭天仪

祝晓风　于向勇　秦青

岳麓书社·长沙

博集天卷
CS-BOOKY

图书在版编目（CIP）数据

民国三大校长 / 王云五，罗家伦等著 . — 长沙：岳麓书社，2015.6

ISBN 978-7-5538-0356-2

Ⅰ . ①民… Ⅱ . ①王…②罗… Ⅲ . ①名人—传记—中国—民国

Ⅳ . ① K825.46

中国版本图书馆 CIP 数据核字（2015）第 092099 号

著作权合同登记号：图字 18-2015-069 号

MINGUO SANDA XIAOZHANG

民国三大校长

作　　者：王云五　罗家伦　等

责任编辑：龚　昊　蒋　浩　彭天仪　曾　倩

监　　制：于向勇　康　慨

特约策划：秦　青

特约编辑：胡学常　郑　荃

营销编辑：刘　健

封面设计：张丽娜

版式设计：崔振江

岳麓书社出版发行

地址：湖南省长沙市爱民路 47 号

直销电话：0731—88804152　88885616

邮编：410006

2015 年 6 月第 1 版第 1 次印刷

开本：700×1000　1/16

印张：19

字数：253 千字

书号：ISBN 978-7-5538-0356-2 / K·421

定价：42.00 元

承印：北京鹏润伟业印刷有限公司

质量监督电话：010—59096394

团购电话：010—59320018

总　序

　　岳麓书社依据台湾的《传记文学》，分类编纂，陆续出版"传记文学"书系，这是两岸文化交流史上的大事，是中国近代史和中华民国史研究的大事、喜事。

　　1962年2月5日，时值春节，曾在北大读书的刘绍唐向当年的校长胡适拜年，谈起胡适长期提倡传记文学，而始终未见实行，向老师透露，自己正准备创办《传记文学》月刊。胡适虽肯定其志，却以为其事甚难，办月刊，哪里去找这么多"信而有征"的文字，因此不大赞成。不料当年6月1日，绍唐先生主编的《传记文学》竟在台北出刊了。自此，直到2000年2月10日，绍唐先生因病在台北去世，历时38年，共出版453期。每期约30万字，453期就是约13590万字。此外，传记文学出版社还出版了"传记文学丛书"和"传记文学丛刊"，其中包括《民国人物小传》《民国大事日志》等许多民国历史方面的著作。

　　尽人皆知，绍唐先生没有任何背景，不接受任何政治集团、经济集团的支持，只身奋斗，孤军一人，却做出了台湾官方做不出的成绩，创造了中国出版史上不曾有过的奇迹。因此，绍唐先生被尊为"以一人而敌一国"，戴上了"野史馆馆长"的桂冠。

我在大学学习中国文学，毕业后业余研究中国哲学，1978年4月，调入中国社科院近代史研究所，参加《中华民国史》的编写，自此，即与绍唐先生的《传记文学》结下不解之缘。在众多历史刊物中，《传记文学》最为我所关注。但是，我和绍唐先生相识则较晚，记得是在1995年9月，纪念抗战胜利50周年之际。当时，台湾史学界在台北召开学术讨论会，我和其他大陆学者31人组团越海参加。这是海峡两岸学者之间交流的起始阶段，有如此众多的大陆学者同时赴会，堪称前所未有的盛事。我向会议提交的论文《九一八事变后的蒋介石》，根据毛思诚所藏《蒋介石日记类抄》未刊稿本写成。当时，蒋介石日记存世一事，还不为世人所知，绍唐先生很快通知我，《传记文学》将发表该文。9月3日，闭幕式晚宴，由绍唐先生的传记文学出版社招待。各方学者，各界嘉宾，济济一堂。我因事略为晚到，不料竟被引到主桌，和绍唐先生同席。那次席上，绍唐先生给我的印象是热情、好客、豪饮。次年，我应"中研院"近史所所长陈三井教授之邀访问该所，在台北有较多停留时间。其间，我曾应绍唐先生之邀，到传记文学出版社参观。上得楼来，只见层层叠叠，满室皆书，却不见编辑一人。绍唐先生与我长谈，详细介绍《传记文学》创刊的过程及个人办刊的种种艰辛。绍唐先生特别谈到，办刊者必须具备的"眼力""耐力""定力"等条件，可惜，我没有记日记的习惯，未能将绍唐先生所谈追记下来，至今引为憾事。绍唐先生交游广阔，文友众多，因此宴集也多。每有宴集，绍唐先生必招我参加，我也欣然从远在郊区的南港住所赴会。许多朋友，例如旅美华人史学家唐德刚等都是在这样的场合下认识的。在台期间，台北史学界为纪念北伐战争70周年，召开北伐及北伐史料讨论会，我根据原藏俄罗斯等处的档案，撰写《1923年蒋介石的苏联之行及其军事计划》一文参加，绍唐先生不仅到会，而且当场确定《传记文学》将发表拙文。我离开台北前，绍唐先生再次将我引到他的藏书室，告诉我，凡传记文学出版社出版的图书，喜欢什么就拿什么。我因为"近史所"已赠我大量出版物，又不好意思，只挑选了《陈济棠自传稿》《傅孟真先生年谱》《朱家骅年谱》和李济的《感旧录》等有限几种，回想起来，至今仍觉遗憾。

绍唐先生自述，他有感于"两岸的文士因为历史原因等种种关系，许多史实难免歪曲"，因此，创办此刊，以便"为史家找材料，为文学开生面"。我觉得，绍唐先生的这两个目的，比较成功地达到了。政治对学术，特别是对历史学的干预，古已有之，但是，学术特别是以真实为最高追求目标的历史学，又最忌政治和权力的干预。绍唐先生在台湾的白色恐怖余波犹在的年代，能够不怕"因稿贾祸"，创办刊物，发行丛书，保存大量中国近代史特别是民国史资料，供千秋万代的史家和史学爱好者采用，这是功德无量的盛事、盛业。刊物虽标明"文学"，但是，取文、选文却始终恪守历史学的原则，排斥任何虚构和想象，这也是值得今之史家和文家们借鉴和注重的。

绍唐先生去世后，《传记文学》由中国新闻界的前辈成舍我先生的后裔续办，至今仍是华人世界中的著名历史刊物，衷心希望绍唐先生的事业和精神能长期传承，永放光彩，衷心希望"传记文学"书系的出版，能得到读者的喜欢，助益历史学的繁荣和发展。

杨天石

2015 年 5 月于北京东城之书满为患斋

凡　例

一、原文的繁体竖排改成简体横排。

二、原文中脱、衍、讹、倒之处，均径改，不另加注说明。

三、原文中专名（人名、地名、书名等）及其译名皆一仍其旧，其中或有跟现今通行者有较大区别，而可能导致阅读障碍的，由编者加注进行说明。

四、原文中词语与标准用法有不同者，为尊重作者用语习惯及时代与地域差异等，不做修改，一仍其旧。

五、原文中标点符号的使用有不统一及不符合标准用法的，一仍其旧，其中或有可能导致阅读障碍的，由编者重新标点。

六、原文中的汉字数字不予变为阿拉伯数字，个别阿拉伯数字也不再统一为汉字。但注释部分为统一体例，版本年代及页码均采用阿拉伯数字，以便明晰。

七、所引文章中的纪年，1949 年 10 月 1 日前的民国纪年一仍其旧，1949 年 10 月 1 日后均采用公历纪年。

八、原文中 1949 年 10 月 1 日前对于中国共产党和国民党政治机构及职务的称呼均予保留，只对个别明显不符合历史事实的文字做了必要的删改。

九、原文中 1949 年 10 月 1 日中华人民共和国成立后，台湾地区自称"中国""政府"及其政治机构、职务名称、"涉外"用语等，本书均加引号，以示区分。

十、原文中由于作者政治立场等原因，本书做了极个别的删节，不另加说明。但为保留资料的完整性，尊重原文及作者观点，文中难免偶有不妥之处，相信读者自能甄别分辨。

民国三大校长

目录

contents

001 / 第一编　北大校长蔡元培

他长北大，让教员学生的思想自由发展，自由辩论，自由发表，杂志如雨后春笋，思潮如波涛澎湃。老顽固、新洪水与猛兽，皆在他的羽翼下无忧无虑、平平安安地竞争，造成一大批人才，为全国效忠，为其他大学做模范。子民先生之发扬文化，其功不在禹下，他一生任事做官，总是合则留，不合则去，当非大智莫办。

131 ／ 第二编　清华校长梅贻琦

　　梅先生做人、读书、做事，都可以拿慢、稳、刚三个字来代表，而最令人想念他的，就是他的真诚。处于中国社会，他不说假话，不说虚伪的话，不恭维人，是很不容易的一桩事。我不敢说梅先生没有说过假话、说过虚伪的话，没有恭维过人，不过我敢说这些话梅先生说得最少。

195 / 第三编　南开校长张伯苓

伯苓先生的教育方针，除了读诵中外历史、地理、经史子集、中外文学文字以外，有三个新的政策：第一为科学，第二为体育，第三为合群爱国。……伯苓先生得风气之先，首倡爱国主义，教导学生要合群爱国。他认为教育学生须授以知识，增强他们的能力，然后为国为公，中国方可存在，方可富强。

第一编
北大校长蔡元培

　　他长北大，让教员学生的思想自由发展，自由辩论，自由发表，杂志如雨后春笋，思潮如波涛澎湃。老顽固、新洪水与猛兽，皆在他的羽翼下无忧无虑、平平安安地竞争，造成一大批人才，为全国效忠，为其他大学做模范。子民先生之发扬文化，其功不在禹下，他一生任事做官，总是合则留，不合则去，当非大智莫办。

蔡元培自述

蔡元培

一、我所受旧教育的回忆

我六岁（以阴历计，若按新法只四岁余）入家塾，读《百家姓》《千字文》《神童诗》等。本来初上学的学生，有读《三字经》的，也有读《千家诗》或先读《诗经》的，然而我没有读这些。我读了三部小书以后，就读四书。四书读毕，读五经。读小书、四书的时候，先生是不讲的，等到读五经了，先生才讲一点。然而，背诵是必要的，无论读的书懂不懂，读的遍数多了，居然背得出来。

读书以外，还有识字、习字、对句的三法，是我了解文义的开始。识字是用方块字教的，每一个字，不但要念出读法，也要说出意义。这种方法，现在儿童教育上还是采用的，但加上图画，这是比从前进步了。习字是先摹后临，摹是先描红字，后用影格；临则先在范本的空格上照写，后来将帖子放在面前，在别的空白纸上照写。初学时，先生把住我的手，助我描写，熟练了，才自由挥写。对句是造句的法子，从一个字起，到四个字止，因为五字以上便是作诗，可听其自由造作，不必先出范句了。对句之法，不但名词、动词、静词要针锋相对，而且名词中动、植、矿与器物、宫室等，静词中颜色、性质与数目等，都要各从其类。例如先生出了白马，学生对以黄牛、青狐等，是好的；若用黄金、狡狐等作对，就不算好了。先生出了登高山，学生对以望远海、鉴止水等，是好的；若用耕绿野、放四海等作对，用颜色、数目来对性质，就不算好了。其他可以类推。还有一点，对句时兼练习四声的分别。例如平声字与平声字对，侧声字与侧声字对，虽并非绝对不许，但总以平侧相对为正轨。又练习的时候，不但令学生知道平侧，而且在侧声中上、去、入的分别，也在对句时随时提醒了。

我的对句有点程度了，先生就教我作八股文。八股文托始于宋人的经义，本是散文的体裁，后来渐渐参用排律诗与律赋的格式，演成分股的文体，通常虽称八股，到我学八股的时候，已经以六股为最普通了。六股以前有领题，引用题目的上文，是"开篇"的意义，六股以后又有结论，可以见自领题到结论，确是整篇。然而，领题以前有起讲（或称小讲）十余句，百余字；起讲以前有承题，约四五句，二十余字；承题以前有破题，仅二句，十余字。这岂不是重复而又重复吗？我从前很不明白，现在才知道，这原是一种练习的方法。先将题目的一句演为两句（也有将题目的若干句缩成两句的，但是能作全篇的人所为）；进一步，演为四句；再进一步，演为十余句；最后乃演为全篇。照本意讲，有了承题，就不必再有破题；有了起讲，就不必再有破题与承题；有了全篇，就不必再有破、承与起讲。不知道何时的八股先生，竟头上安头，把这种练习的手续都放在上面，这实是八股文时代一种笑柄：我所以不避烦琐，写出，告知未曾作过八股文的朋友。

我从十七岁起，就自由地读考据、词章等书籍，不再练习八股文了。

二、我在北京大学的经历

北京大学的名称，是从一九一二年起的。一九一二年以前，名为京师大学堂，包括师范馆、仕学馆等，而译学馆亦为其一部。我在一九〇六年曾任译学馆教员，讲授国文及西洋史，这是我为北大服务之第一次。

一九一二年，我长教育部，对于大学有特别注意的几点：第一，大学设法、商等科的，必设文科；设医、农、工等科的，必设理科。第二，大学应设大学院（即今研究院），为教授、留校的毕业生与高级学生研究的机关。第三，暂定国立大学五所，于北京大学外，再筹办大学各一所于南京、汉口、四川、广州等处（是时想不到各省均有办大学的能力）。第四，因各省的高等学堂本仿日本制，为大学预备科，但程度不齐，于入大学时发生困难，乃废止高等学堂，于大学中设预科。（此点后来被胡适之先生等所非难，因各省既不设高等学堂，就没有一个荟萃较高学者的机关，文化不免落后，但自各省竞设大学后就不必顾虑了。）

是年，政府任严幼陵君为北京大学校长。两年后，严君辞职，改任马相伯君。不久，马君又辞，改任何锡侯君。不久又辞，乃以工科学长胡次珊君代理。一九一六年冬，我在法国，接教育部电，促回国，任北大校长。我回来，初到上海，友人中劝不必就职的颇多，说北大太腐败，进去了，若不整顿，反于自己的声名有碍。这当然是出于爱我的意思。也有少数的说，既然知道它腐败，更应进去整顿，就是失败也算尽了心。这也是爱人以德的说法。我到底服从后说进北京。

我到京后，先访医专校长汤尔和君，问北大情形。他说："文科预科情形可问沈尹默君，理工科的情形可问夏浮筠君。"汤君又说："文科学长如未定，可请陈仲甫君，陈君现改名独秀，主编《新青年》杂志，确可为青年的指导者。"因取《新青年》十余本示我。我对于陈君，本来有一种不忘的印象，就是我与刘申叔君同在《警钟日报》服务时，刘君语我："有一种在芜湖发行之白话报，发起的若干人，都因困苦及危险而散去了，陈仲甫一个人又支持了好几个月。"现在听汤的话，又翻阅了《新青年》，决意聘他。从汤君处探知陈君寓在前门外一旅馆，我即往访与之订定，于是陈君来北大任文科学长，而夏君原任理科学长，沈君亦原任教授，一仍旧贯；乃相与商定整顿北大的办法，次第执行。

我们第一要改革的，是学生的观念。我在译学馆的时候，就知道北京学生的习惯。他们平日对于学问并没有什么兴会，只要年限满后，可以得到一张毕业文凭。教员是自己不用功的，把第一次的讲义照样印出来，按期分散给学生，在讲坛上读一遍。学生觉得没有趣味，或瞌睡，或看看杂书，下课时，把讲义带回去堆在书架上。等到学期、学年或毕业的考试，教员认真的，学生就拼命地连夜阅读讲义，只要把考试对付过去，就永远不再翻一翻。要是教员通融一点，学生就先期要求教员告知他出的题目，至少要求表示一个出题目的范围。教员为避免学生的怀恨与顾全自身的体面起见，往往把题目或范围告知他们，于是他们不用功的习惯，得到一种保障了。尤其北京大学的学生，是从京师大学堂"老爷"式学生嬗继下来的（初办时所收学生都是京官，所以学生都被称为老爷，而监督及教员都被称为中堂或大人）。他们的目的，不但在毕业，而尤注重在毕业以后的出路，所以专门研究学术的教员，他们不见得欢迎。要是点名时认真一点，考试时严格一点，他们就借个话头反对他，虽罢课也在所不惜。若是一位在政府有地位的人来兼课，虽时时请假，他们还是欢迎得很，因为毕业后可以有阔老师做靠山。这种科举时代遗留下来的劣根性，是于求学上很有妨碍的。所以我到校后第一次演说，就说明"大学生当以研究学术为天职，不当以大学为升官发财之阶梯"。然而，要打破这些习惯，只有从聘请积学而热心的教员着手。

那时候因《新青年》文学革命的鼓吹，我们认识了留美的胡适之君。他回国后，即请到北大任教授。胡君真是"旧学邃密"而且"新知深沉"的一个人，所以一方面与沈尹默、沈兼士兄弟及钱玄同、马幼渔、刘半农诸君以新方法整理国故，一方面整理英文系。因胡君之介绍而请到的好教员，颇不少。

我素信学术上的派别是相对的，不是绝对的，所以每一种学科的教员，即使主张不同，若是"言之成理，持之有故"的，就让他们并存，令学生有自由选择的余地。最明白的，是胡适之君与钱玄同君等，绝对地提倡白话文学，而刘申叔、黄季刚诸君仍极端维护文言的文学，那时候就让他们并存。我相信为应用起见，白话文必要盛行，我也常常作白话文，也替白话文鼓吹，然而我也声明：作美术文用白话也好，用文言也好。例如我们写字，为应用起见，自然要写行楷，若江艮庭君用篆隶写药方，当然不可；若是为人写斗方或屏联，即写篆隶章草，有何不可？

那时候各科都有几个外国教员，都是托中国驻外使馆或外国驻华使馆介绍的。学问未必都好，而来校既久，看了中国教员的阑珊，也跟了阑珊起来。我们斟酌了一番，辞退几人，都按着合同上的条件办理。有一法国教员要控告我，有一英国教员竟要求英国驻华公使朱尔典来同我谈判，我不答应。朱尔典出去后说："蔡元培是不要再做校长的了。"我也一笑置之。

我从前在教育部时，因各省高等学堂程度不齐，故改为各大学直接的预科，不意北大的预科，因历年校长的放任与预科学长的误会，竟演成独立的状态。那时候预科受了教会的影响，完全偏重英语及体育两方面，其他科学比较落后，毕业后若直升本科，则发生困难。预科中竟自设了一个预科大学的名义，信笺上亦写此等字样。于是不能不加以改革，使预科直接受本科学长的管理，不再设预科学长。预科中主要的教课，均由本科教员兼任。

我没有本校与他校的界限，常常为通盘打算，求其合理化。是时北大设文、理、工、法、商五科，而北洋大学亦有工、法两科，北京又有一工业专门学校，都是国立的。我以为无此重复的必要，主张以北大的工科并入北洋，而北洋之法科，克期停办。得北洋大学校长同意及教育部核准，把土木、工矿、冶金并到北洋去了，把工科省下来的经费用在理科上。我本来想把法科与法专并成一科，专授法律，但是没有成功。我觉得那时候的商科，毫无设备，仅以一种普通商业学教课，于是并入法科，使已有的学生毕业后停止。

我那时候有一个理想，以为文理两科是农工、医药、法商等应用科学的基础，而这些应用科学的研究时期仍然要归到文理两科来，所以文理两科必须设各种研究所，而此两科的教员与毕业生必有若干人是终生在研究所工作，兼任教员，而不愿往别种机关去的。所以完全的大学，当然各科并设，有互相关联的便利。若无此能力，则不妨有一大学专办文理两科，名为本科，而其他应用各科，可办专科的高等学校，如德、法等国的成例，以表示学与术的区别。因为北大的校舍与经费，绝没有兼办各种应用科学的可能，所以想把法律分出去，而编为本科大学，然没有达到目的。

那时候我又有一个理想，以为文理是不能分科的。例如文科的哲学，必植基于自然科学，而理科的学者最后的假定，亦往往牵涉哲学。从前心理学附入哲学，而现在用实验法，应列入理科。教育学与美学，也渐用实验法，有同一趋势。地理学的人文方面，应属文科，而地质、地文等方面属理科。历史学自有史以来属文科，而推原于地质学的冰期与宇宙生成论，则属于理科。所以把北大的三科界限撤去，而列为十四系，废学长，设系主任。

我素来不赞成董仲舒罢黜百家独尊孔氏的主张。清代教育宗旨有"尊孔"一款，已于一九一二年在教育部宣布教育方针时说他不合用了。到北大后，凡是主张文学革命的人，没有不同时主张思想自由的，因而为外间守旧者所反对。适有赵体孟君以编印明遗老刘应秋先生遗集贻我一函，属约梁任公、章太炎、林琴南诸君品题。我为分别发函后，林君复函，列举彼对北大怀疑诸点。我复一函与他辩，这两函颇可窥见那时候两种不同的见解，所以抄在下面。

林君来函：

鹤卿先生太史足下：

与公别十余年，壬子始一把晤，匆匆八年，未通音问，至以为歉。属辱赐书，以遗民刘应秋先生遗著嘱为题词，书未梓行，无从拜读，能否乞赵君作一短简事略见示，谨撰跋尾归之。

呜呼！明室敦气节，故亡国时殉烈者众；而夏峰、梨洲、亭林、杨园、二曲诸老，均脱身斧钺，其不死幸也！我公崇尚新学，乃亦垂念逋播之臣，足见名教之孤悬不绝如缕，尚望我公为之保全而护惜之，至慰至慰。虽然，尤有望于公者：大学为全国师表，五常之所系属。近者外间谣诼纷集，我公必有所闻，即弟亦不无疑信，或且有恶乎阘茸之徒，因生过激之论。不知救世之道，必度人所能行；补偏之言，必使人以可信。若尽反常轨，侈为不经之谈；则毒粥既陈，旁有烂肠之鼠，明燎宵举，下有聚死之虫。何者？趋甘就热，不中其度，则未有不毙者。方今人心丧散，已在无可救挽之时，更侈奇创之谈，用以哗众。少年多半失学，利其便己，未有不糜沸麕至而附和之者，而中国之命如属丝矣。晚清之末造，慨世者恒曰去科举，停资格，废八股，斩豚尾，复天足，逐满人，扑专制，整军备，则中国必强。今百凡皆遂矣，强又安在？于是更进一解，必覆孔孟，铲伦常为快。呜呼！因童子之羸困不求良医，乃追责其二亲之有隐瘵逐之，而童子可以日就肥泽，有是理耶？外国不知孔孟，然崇仁、仗义、矢信、尚智、守礼，五常之道未尝悖也，而又济之以勇。弟不解西文，积十九年之笔述成译著一百二十三种，都一千二百万言，实未见中有违忤五常之语，何时贤乃有此叛亲蔑伦之论，此其得诸西人乎，抑别有所授耶？

我公心右汉族，当在杭州时间关避祸，与夫人同茹辛苦，而宗旨不变，勇士也！公行时，弟与陈叔通惋惜，公行未及一送，申伍异趣，各衷其是。盖今公为国宣力，弟仍清室举人，交情固在，不能视若冰炭，故辱公寓书殷殷于刘先生之序跋，实隐示明清末季，各有遗民，其志均不可夺也。弟年垂七十，富贵功名前三十年视若弃灰，今笃老尚抱守残缺，至死不易其操。前年梁任公倡马班革命之说，弟闻之失笑。任公非劣，何为作此媚世之言。马班之书，读者几人，殆不革而自革，何劳任公费此神力？若云死文字有碍生学术，则科学不用古文，古文亦无碍科学。英之迭更[1]，累斥希腊拉丁罗马之文为死物，而今仍存者。迭更虽躬负盛名，固不能用私心以蔑古，矧吾国人尚有何人如迭更者耶？须知天下之理，不能就便而夺常，亦不能取快而滋弊。使伯夷、叔齐生于今日，则万无济便之方。孔子为圣之时，时乎井田封建，则孔子必能使井田封建一无流弊；时乎潜艇飞机，则孔子必能使潜艇飞机不妄杀人，所以名为时中之圣。时者与时不悖也，卫灵问阵，孔子行；陈恒弑君，孔子讨。用兵与不用兵，亦正决之以时耳。今必曰天下之弱，弱于孔子。然则天下之强，宜莫强于威廉；以柏灵[2]一隅，抵抗全球，皆败衄无措，直可为万世英雄之祖，且其文治武功、科学商务，下及工艺，无一不冠欧洲，胡为怏怏为荷兰之寓公。若云成败不可以论英雄，则又何能以积弱归罪孔子？彼庄周之书最摈孔子者也，然《人间世》一节，又盛推孔子。所谓人间世者，不能离人而立之谓，其托颜回、叶公子高之问难孔子在陈以接人处众之道，则庄周亦未尝不近人情，而忏孔子。乃世士不能博辩为千载以上之庄周，竟咆勃为千载以下之桓魋，一何其可笑也。且天下唯有真学术、真道德，始足独树一帜，使人景从。若尽废古书，行用土语为文字，则都下引车卖浆之徒所操之语，按之皆有文法，不类闽广人为无文法之啁啾；据此则凡京津之稗贩，均可用为教授矣。若《水浒》《红楼》皆白话之圣，并足为教科之书；不知《水浒》中辞吻多采岳珂之《金陀粹编》，《红楼》亦不止为一人手笔，作者均博极群书之人。总之非读破万卷，不能为古文，亦并不能为白话。

[1] 指迭更司，今译作狄更斯。——编者注
[2] 今译作柏林。——编者注

若化古子之言为白话演说，亦未尝不是。按《说文》，演，长流也，亦有延之广之之义。法当以短演长，不能以古子之长演为白话之短。且使人读古子者须读其原书耶，抑凭讲师之一二语即算为古子？若读原书，则又不能全废古文矣。矧于古子之外尚以《说文》讲授？《说文》之学，非俗书也，当参以古籀，证以钟鼎之文。试思用籀篆可化为白话耶？果以籀篆之文杂之白话之中，是试汉唐之环燕与村妇谈心，陈商周之俎豆为野老聚饮，类乎不类？弟闽人也，南蛮駃舌，亦愿习中原之语言，脱授我者以中原之语言，仍令我为舌駃之闽语可乎？盖存国粹而授《说文》可也，以《说文》为客，以白话为主不可也。乃近来尤有所谓新道德者，斥父母为自感情欲，于己无恩，此语曾一见之随园文中，仆方以为拟于不伦，斥袁枚为狂谬，不图竟有用为讲学者。人头畜鸣，辩不胜辩，置之可也。彼又云武曌为圣王，卓文君为名媛，此亦拾李卓吾之余唾；卓吾有禽兽行，故发是言。李穆堂又拾其余唾，尊严嵩为忠臣。试问二李之名，学生能举之否？同为埃灭，何苦增兹口舌？可悲也！

大凡为士林表率，须圆通广大，据中而立，方能率由无弊。若凭位分、势力，而施趋怪走奇之教育，则唯穆罕默德左执刀而右传教，始可如其愿。今全国父老以子弟托公，愿公留意以守常为是。况天下溺矣，藩镇之祸，迩在眉睫，而又成为南北美之争。我公为南士所推，宜痛哭流涕助成和局，使民生有所苏息；乃以清风亮节之躬，而使议者纷集，甚为我公惜之。此书上后可以不必示复，唯静盼好音，为国民端其趋向！故人老悖，甚有幸焉！愚直之言，万死万死！林纾顿首。

我的复函：

琴南先生左右：

于本月十八日《公言报》中得读惠书，索刘应秋先生事略。忆第一次奉函时，曾抄奉赵君原函，恐未达览，特再抄一通奉上，如荷题词，甚幸。

公书语长心重，深以外间谣诼纷集为北京大学惜，甚感。唯谣诼必非实录，公爱大学，为之辨正可也。今据此纷集之谣诼，而加以责备，将使耳食之徒，益信谣诼为实录，岂公爱大学之本意乎？原公之所责备者，不外两点：一曰"覆孔孟，铲伦常"；二曰"尽废古书，行用土语为文字"。请分别论之。

对于第一点，当先为两种考察：（甲）北京大学教员，曾有以"覆孔孟，铲伦常"教授学生者乎？（乙）北京大学教授，曾有于学校以外，发表其"覆孔孟，铲伦常"之言论者乎？

请先察"覆孔孟"之说。大学讲义，涉及孔孟者，唯哲学门中之中国哲学史。已出版者，为胡适之君之《中国上古哲学史大纲》，请详阅一过，果有"覆孔孟"之说乎？特别讲演之出版者，有崔怀瑾君之《论语足征记》《春秋复始》。哲学研究会中，有梁漱溟君提出"孔子与孟子异同"问题，与胡默青君提出"孔子伦理学之研究"问题。尊孔者多矣，宁曰覆孔？

若大学教员，于学校以外，自由发表意见，与学校无涉，本可置之不论。今姑进一步而考察之，则唯《新青年》杂志中偶有对于孔子学说之批评，然亦对于孔教会等托孔子学说以攻击新学说者而发，初非直接与孔子为敌也。公不云乎："时乎井田封建，则孔子必能使井田封建一无流弊；时乎潜艇飞机，则孔子必能使潜艇飞机不妄杀人……卫灵问阵，孔子行；陈恒弑君，孔子讨。用兵与不用兵，亦正决之以时耳。"使在今日，有拘泥孔子之说，必复地方制度为封建，必以兵车易潜艇飞机；闻俄人之死其皇，德人之逐其皇，而曰必讨之，岂非昧于"时"之义，为孔子之罪人，而吾辈所当排斥者耶？

次察"铲伦常"之说。常有五，仁义礼智信，公既言之矣。伦亦有五，君臣、父子、兄弟、夫妇、朋友。其中君臣一伦，不适于民国，可不论。其他父子有亲，兄弟相友（或曰长幼有序），夫妇有别，朋友有信，在中学以下修身教科书中，详哉言之。大学之伦理学，涉此者不多。然从未有以父子相夷、兄弟相阋、夫妇无别、朋友不信教授学生者。大学尚无女学生，则所注意者自偏于男子之节操。近年于教科以外，组织一进德会，其中基本戒约，有不嫖、不娶妾两条。不嫖之戒，决不背于古代之伦理。不娶妾一条，则且视孔孟之说为尤严矣。至于五常，则伦理学中之言仁爱、言自由、言秩序、戒欺诈，而一切科学，皆为增进知识之需。宁有铲之之理软？

若大学教员，有于学校以外发表其"铲伦常"之主义乎？则试问有谁何教员，曾于何书、何杂志，为父子相夷、兄弟相阋、夫妇无别、朋友不信之主张者？曾于何书、何杂志，为不仁、不义、不智、不信及无礼之主张者？公所举"斥父母为自感情欲，于己无恩"，谓随园文中有之。弟则忆《后汉书·孔融传》，路粹枉状奏融有曰："前与白衣祢衡跌荡放言，云：父之于子，当有何亲？论其本意，实为情欲发耳；子之于母，亦复奚为？譬如寄物瓶中，出则离矣。"孔融、祢衡并不以是损其声价，而路粹则何如者？且公能指出谁何教员，曾于何书、何杂志，述路粹或随园之语，而表其极端赞成之意者？且弟亦从不闻有谁何教员，崇拜李贽其人而愿拾其唾余者。所谓"武曌为圣王，卓文君为名媛"，何为曾述斯语，以号于众，公能证明之软？

对于第二点，当先为三种考察：（甲）北京大学是否已尽废古文而专用白话？（乙）白话果是否能达古书之义？（丙）大学少数教员所提倡之白话的文字，是否与引车卖浆者所操之语相等？

请先察"北京大学是否已尽废古文而专用白话"。大学预科中有国文一科，所据为课本者，曰模范文，曰学术文，皆古文也。其每月中练习之文，皆文言也。本科中国文学史、西洋文学史、中国古代文学、中古文学、近世文学；又本科预科皆有文字学，其编成讲义而付印者，皆文言也。于《北京大学月刊》中，亦多文言之作。所可指为白话体者，唯胡适之君之《中国古代哲学史大纲》，而其中所引古书，多属原文，非皆白话也。

次考察"白话果是否能达古书之义"。大学教员所编之讲义，固皆文言矣。而上讲坛后，决不能以背诵讲义塞责，必有赖于白话之讲演；岂讲演之语，必皆编为文言而后可钦？吾辈少时读《四书集注》《十三经注疏》，使塾师不以白话讲演之，而编为类似集注、类似注疏之文言以相授，吾辈岂能解乎？若谓白话不足以讲《说文》、讲古籀、讲钟鼎之文，则岂于讲坛上当背诵徐氏《说文解字系传》、郭氏《汗简》、薛氏钟鼎疑识之文，或编为类此之文言而后可，必不容以白话讲演之钦？

又次考察"大学少数教员所提倡之白话的文字，是否与引车卖浆者所操之语相等"。白话与文言，形式不同而已，内容一也。《天演论》《法意》《原富》等，原文皆白话也，而严幼陵君译为文言。小仲马、迭更司、哈德[1]等之所著小说，皆白话也，而公译为文言。公能谓公及严君之所译，高出于原本乎？若内容浅薄，则学校报考时之试卷，普通日刊之论说，尽有不值一读者，能胜于白话乎？且不特引车卖浆之徒而已，清代目不识丁之宗室，其能说漂亮之京话与《红楼梦》中宝玉、黛玉相埒，其言果有价值钦？熟读《水浒》《红楼梦》之小说家，能于《续水浒》《红楼复梦》等书以外，为科学、哲学之讲演钦？公谓《水浒》《红楼》作者，均"博极群书之人。总之非读破万卷，不能为古文，亦并不能为白话"。诚然，诚然。北京大学教

---

[1] 指哈葛德，今译作哈格德，代表作《所罗门王的宝藏》。——编者注

员中，善作白话文者，为胡适之、钱玄同、周启孟诸君。公何以证知为非博极群书，非能作古文，而仅以白话文藏拙者？胡君家世从学，其旧作古文，虽不多见，然即其所作《中国哲学史大纲》言之，其了解古书之眼光，不让清代乾嘉学者。钱君所作之文字学讲义、学术文通论，皆古雅之古文。周君所译之域外小说，则文笔之古奥，非浅学者所能解。然则公何宽于《水浒》《红楼》之作者，而苛于同时之胡、钱、周诸君耶？

至于弟在大学，则有两种主张如下：

（一）对于学说，仿世界各大学通例，循"思想自由"原则，取兼容并包主义，与公所提出之"圆通广大"四字，颇不相背也。无论有何种学派，苟其言之成理，持之有故，尚不达自然淘汰之命运者，虽彼此相反，而悉听其自由发展。此义已于《月刊》[1]之发刊词言之，抄奉一览。

（二）对于教员，以学诣为主：在校讲授，以无背于第一种之主张为界限。其在校外之言动，悉听自由，本校从不过问，亦不能代负责任。例如复辟主义，民国所排斥也，本校教员中，有拖长辫而持复辟论者，以其所授为英国文学，与政治无涉，则听之。筹安会之发起人，清议所指为罪人者也，本校教员中有其人；以其所授为古代文学，与政治无涉，则听之。嫖赌娶妾等事，本校进德会所戒也，教员中间有喜作侧艳之诗词，以纳妾狎妓为韵事，以赌为消遣者，苟其功课不荒，并不诱学生而与之堕落，则姑听之。夫人才至为难得，若求全责备，则学校殆难成立。且公私之间，自有天然界限。譬如公曾译有《茶花女》《迦茵小传》《红礁画桨录》等小说，而亦曾在各学校讲授古文及伦理学。使有人诋公为以此等小说体裁讲文学，以狎妓、通

---

[1] 即《北京大学月刊》。——编者注

奸、争有夫之妇讲伦理者，宁值一笑欤？然则革新一派，即偶有过激之论，苟于校课无涉，亦何必强以其责任归之于学校耶？此复，并候著祺。

蔡元培启

八年三月十八日

这两函虽仅为文化一方面之攻击与辩护，然北大已成为众矢之的，是无可疑了。越四十余日而有五四运动。我对于学生运动，素有一种成见，以为学生在学校里面，应以求学为最大目的，不应有何等政治的组织。其有年在二十岁以上，对于政治有特殊兴趣者，可以个人资格参加政治团体，不必牵涉学校。所以一九一八年夏间，北京各校学生曾为外交问题结队游行，向总统府请愿，当北大学生出发时，我曾力阻他们，他们一定要参与，我因此引咎辞职，经慰留而罢。到一九一九年五月四日，学生又有不签字于《巴黎和约》与罢免亲日派曹、陆、章的主张，仍以结队游行为表示，我也就不去阻止他们了。他们因愤激的缘故，遂有焚曹汝霖住宅及攒殴章宗祥的事。学生被警厅逮捕者数十人，各校皆有，而北大学生居多数。我与各专门学校的校长向警厅力保，始释放。但被拘的虽已保释，而学生尚抱再接再厉之决心，政府亦且持不做不休的态度。都中宣传，政府将命令免我职，而以马其昶君任北大校长。我恐若因此增加学生对于政府的纠纷，我个人且将有运动学生保持地位的嫌疑，不可以不速去，乃一面呈政府引咎辞职，一面秘密出京，时为五月九日。

那时候学生仍每日分队出去演讲，政府逐队逮捕，因人数太多，就把学生都监禁在北大第三院。北京学生受了这样大的压迫，于是引起全国学生的罢课，而且引起各大都会工商界的同情与公愤，将以罢工罢市为同样之要求。政府见势不可侮，乃释放被逮诸生，决定不签和约，罢免曹、陆、章。于是，五四运动之目的完全达到了。

五四运动之目的既达，北京各校的秩序均恢复，独北大因校长辞职问题又起了多少纠纷。政府曾一度任命胡次珊君继任，而为学生所反对，不能到校，各方面都要我复职。我离校时本预定决不回去，不但为校务的困难，实因校务以外，常常有许多不相干的缠绕，度一种劳而无功的生活，所以启事上有"杀君马者道旁儿，民亦劳止，汔可小休。我欲小休矣！"等语。但是隔了几个月，校中纠纷，仍在非我回校不能解决的状态，我不得已乃允回校。回校以前，先发表一文，告北大学生及全国学生联合会，告以学生救国，重在专研学术，不可常为救国运动而牺牲。到校后，在全体学生欢迎会上演说，说明德国大学学长、校长均每年一换，由教授会公举，校长且由神学、医学、法学、哲学四科之教授轮值，从未生过纠纷，完全是"教授治校"的成绩。北大此后亦当组成健全的教授会，使学校绝不因校长一人的去留而起恐慌。

那时候蒋梦麟君已允来北大共事，请他通盘计划，设立教务、总务两处，及聘任财务等委员会，均以教授为委员。请蒋君任总务长，而顾孟余君任教务长。

北大关于文学、哲学等学系，本来有若干基本委员，自从胡适之君到校后，声应气求，又引进了多数的同志，所以兴会较高一点。预定的自然科学、社会科学、文学、国学四科研究所，只有国学研究所先办起来了。在自然科学与社会科学方面，比较困难一点。自一九二〇年起，自然科学诸系请到了丁巽甫、颜任光、李润章诸君主持物理系，李仲揆君主持地质系；化学系本有王抚五、陈聘丞、丁庶为诸君，而这时候又增聘谭仲逵君。于是整理各系的实验室与图书室，使学生在教员指导之下切实用功。改造第二院礼堂与庭园，使合于讲演之用。在社会科学方面，请到王雪艇、周鲠生、皮皓白诸君。一面诚意指导，提起学生好学的精神；一面广购图书杂志，给学生以自由考察的工具。丁巽甫君以物理教授兼预科主任，提高预科程度。于是，北大始达到各系平均发展的境界。

我是素来主张男女平等的。一九二〇年，有女学生要求进校，以考期已过，姑录为旁听生。及暑假招考，就正式招收女生。有人问我："兼收女生是新法，为什么不先请教育部核准？"我说："教育部的大学法令，并没有专收男生的规定，从前女生不来要求，所以没有女生，现在女生来要求，而程度又够得上大学，就没有拒绝的理由。"这是男女同校的开始，后来各大学都兼收女生了。

我实佩服章实斋先生的，那时候国史馆附设在北大，我订了一个计划，分征集纂辑股。纂辑股又分通史、民国史两类，均从长编入手，并编历史辞典。聘屠敬山、张蔚西、薛阆仙、童亦韩、徐贻孙诸君，分任征集编纂等务。后来政府忽又有国史馆独立之一案，别行组织，于是张君所编的民国史，薛、童、徐诸君所编的辞典，均因篇幅无多，视同废纸。只有屠君在馆中仍编他的蒙兀儿史，躬身保存，没有散失。

我本来很注意于美育的，北大有美术史教课，除中国美术史由叶浩吾君讲授外，没有人肯讲美学。一九二一年，我讲了十余次，因足疾进医院停止。至于美育的设备，曾设书法研究会，请沈尹默、马叔平诸君主持；设书画研究会，请贺履之、汤定之诸君教授国画，比国楷次君教授油画；设音乐研究会，请萧友梅诸君主持；均听学生自由选习。

我在爱国学社时，曾断发而习兵操，对于北大学生之愿受军事训练，常特别助成，曾集这些学生编成学生军，聘白雄远君任教练之责，亦请蒋百里、黄膺白诸君到场演讲。白君勤恳而有恒，历十年如一日，实为难得的军人。

我在一九二〇年冬曾往欧美考察高等教育状况，历一年回来，这时校长的任务由总务长蒋君代理。回国后，看北京政府的情形日坏一日，我处在与政府常有接触的地位，日想脱离。一九二二年冬，财政总长罗钧任君忽以金佛郎问题被逮。释放后，又因教育总长彭允彝君提议，重复收禁。我对彭君此举，在公议上，是蹂躏人权、献媚军阀的勾当；在私情上，罗君是我在北大的同事，而且于考察教育时，为最密切的同伴，他的操守为我所深信，不免大抱不平。与汤尔和、邵飘萍、蒋梦麟诸君会商，均认有表示的必要。我于是一面递辞呈，一面离京。隔了几月，贿选总统的布置渐渐实现，而要求我回校的代表还是不绝，我遂于一九二三年七月间重往欧洲，表示决心。至一九二六年，始回国，那时京津间适有战争，不能回校一看。一九二七年，国府成立，我在大学院试行大学区制，以北大划入北平大学区范围，于是我的北京大学校长的名义始得取消。

综计我居北京大学校长的名义，十年有半，而实际在校办事，不过五年有半。一经回忆，不胜惶悚。

三、我在教育界的经验

我自六岁至十七岁，均受教育于私塾，而十八岁至十九岁，即充塾师（一八八四年及一八八五年）[1]，二十八岁又在李莼客先生京寓中充塾师半年（一八九四年），所教的学生，自六岁至二十余岁不等。教课是练习国文，并没有数学与其他科学。教国文的方法，有两件是与现在的教授法相近的：一是对课，二是作八股文。对课与现在的造句法相近，大约由一字到四字，先生出上联，学生想出下联来。不但名词要对名词，静词要对静词，动词要对动词，而且每一种词里面，又要取其品性相近的。例如先生出一山字是名词，就要用海字或水字来对他，因为都是地理的名词。又如出桃红二字，就要用柳绿或薇紫等词来对他，第一字都用植物的名词，第二字都用颜色的静词，别的可以类推。这一种功课，不但是作文的开始，也是作诗的基础。所以对到四字课的时候，先生还要用圈发的法子指示平仄的相对，平声字在左

---

[1] 蔡元培先生的年龄在此文中均采用虚岁计算。——编者注

下角，上声在左上角，去声右上角，入声右下角。学生作对子时，最好用平声对仄声，仄声对平声（仄声包上、去、入三声）。等到四字对作得合格了，就可以学五言诗，不要再作对子了。

八股文的作法，先作破题，止两句，把题目的大意说一说；破题作得合格了，乃试作承题，约四五句；承题作得合格了，乃试作起讲，大约十余句；起讲作得合格了，乃试全篇。全篇的作法，是起讲后先作领题，其后分作八股（六股亦可），每两股都是相对的，最后作一结论。由简而繁，确是一种学作文的方法。但起讲、承题、破题都是作全篇的雏形，那时候作承题时仍有破题，作起讲时仍有破题、承题，作全篇时仍有破题、承题、起讲，实在是重床叠架了。

我三十二岁（一八九八年）九月间自北京回绍兴，任中西学堂监督，这是我服务于新式学校的开始。这个学堂是用绍兴公款设立的，依学生程度分三斋，略如今日高小、初中、高中的一年级。今之北京大学校长蒋梦麟君、北大地质学教授王烈君，都是那时候第一斋的小学生，而现任中央研究院秘书的马襄光君、任浙江教育厅科员的沈光烈君，均是那时候第三斋的高才生。外国语原有英、法二种，我到校后又增日本文。教员中授哲学、文学、史学的有马湄纯、薛阆轩、马水臣诸君，授数学及理科的有杜亚泉、寿孝天诸君，主持训育的有胡钟生君，在当时的绍兴可为极一时之选。但教员中颇有新旧派别，新一点的笃信进化论，对于旧日尊君卑民、重男轻女的旧习随时有所纠正，旧一点的不以为然。后来旧的运动校董，出而干涉，我遂辞职（一八九九年）。

我三十五岁（一九〇一年）任南洋公学特班教习，那时候南洋公学还只有小学、中学的学生，因沈子培监督之提议，招特班生四十人，都是擅长古文的。拟授以外国语及经世之学，备将来经济特科之选。我充教授，而江西赵仲宜君、浙江王星垣君，相继为学监。学生自由读书，写日记送我批改。学生除在中学插班，习英文外，有学习日本文的，我不能说日语，但能看书，即用我的看书法教他们，他们就试译书。每月课文一次，也由我评改。四十人中以邵闻泰（今名力子）、洪允祥、王世徵、胡仁源、殷祖同、谢沈（今名无量）、李叔同（今出家，号弘一）、黄炎培、项骧、贝寿同诸君为高才生。

我三十六岁（一九○二年），南洋公学学生全体退学，其一部分借中国教育会之助，自组爱国学社，我亦离公学为学社教员。那时候同任教员的吴稚晖、章太炎诸君，都喜言革命，并在张园开演说会，凡是来会演说的人，都是讲"排满"革命的。我在南洋公学时，所评改之日记及月课，本已倾向于民权、女权的提倡，及到学社，受激烈环境的影响，遂亦公言革命无所忌。何海樵君自东京来，介绍我宣誓入同盟会，又介绍我入一学习炸弹制造的小组（此小组本止六人，海樵与杨笃生、苏凤初诸君均在内）。那时候学社中师生的界限很宽，程度较高的学生一方面受教，一方面即任低级生的教员。教员热心的，一方面授课，一方面与学生同受军事训练。社中军事训练初由何海樵、山渔昆弟担任，后来南京陆师学堂退学生来社，他们的领袖章行严、林力山二君助何君。我亦断发短装与诸社员同练步伐，至我离学社始已。

爱国学社未成立以前，我与蒋观云、乌目山僧、林少泉（后改名白水）、陈梦坡、吴彦复诸君组织一女学，命名"爱国"。初由蒋君管理，蒋君游日本，我管理。初办时，学生很少，爱国学社成立后，社员家中的妇女均进爱国女学，学生骤增。尽义务的教员，在数理方面有王小徐、严练如、钟宪鬯、虞和钦诸君，在文史方面有叶浩吾、蒋竹庄诸君。一年后，我离爱国女学。

我三十八岁（一九○四年）暑假后，又任爱国女学经理，并约我从弟国亲及龚未生、俞子夷诸君为教员。自三十六岁以后，我已决意参加革命工作，觉得革命只有两途：一是暴动，一是暗杀。在爱国学社中竭力助成军事训练，算是下暴动的种子。又以暗杀于女子更为相宜，于爱国女学，预备下暗杀的种子。一方面受苏凤初君的指导，秘密赁屋，试造炸药，并约钟宪鬯先生相助，因钟先生可向科学仪器馆采办仪器与药料。又约王小徐君试制炸弹壳子，并接受黄克强、蒯若木诸君自东京送来的弹壳，试填炸药，由孙少侯君携往南京僻地试验。一方面在爱国女学为高才生讲法国革命史、俄国虚无党历史，并由钟先生及其馆中同志讲授理化，学分特多，为练制炸弹的预备。年长而根底较深的学生如周怒涛等，亦介绍入同盟会，参加秘密小组。

我三十九岁（一九〇五年），又离爱国女学。嗣后由徐紫虹、吴书箴、蒋竹庄诸君相继主持，爱国女学始渐成普通中学，而脱去了从前革命性的特殊教育。

四十岁（一九〇六年），我到北京，在译学馆任教习，讲授国文及西洋史，仅一学期，所编讲义未完，即离馆。

四十一岁至四十五岁（一九〇七年至一九一一年），又为我受教育时期。第一年在柏林，习德语，后三年在来比锡[1]，进大学。

四十六岁（一九一二年），我任教育总长，发表《对于教育方针之意见》，据清季学部忠君、尊孔、尚公、尚武、尚实的五项宗旨而加以修正，改为军国民教育、实利主义、公民道德、世界观、美育五项。前三项与尚武、尚实、尚公相等，而第四、第五两项却完全不同。以忠君与共和政体不合，尊孔与信仰自由相违，所以删去。至提出世界观教育，就是哲学的课程，意在兼采周秦诸子、印度哲学及欧洲哲学，以打破二千年来墨守孔学的旧习。提出美育，因为美感是普遍性，可以破人我彼此的偏见；美感是超越性，可以破生死利害的顾忌，在教育上应特别注重。对于公民道德的纲领，揭法国革命时代所标举的自由、平等、友爱三项用古义证明，说："自由者，'富贵不能移，威武不能屈'是也；古者盖谓之义。平等者，'己所不欲，勿施于人'是也；古者盖谓之恕。友爱者，'己欲立而立人，己欲达而达人'是也；古者盖谓之仁。"

---

[1] 今译作莱比锡。——编者注

学部旧设普通教育、专门教育两司，改教育部后，我为提倡成人教育、补习教育起见，主张增设社会教育司。

我与次长范静生君常持相对的理论，范君说："小学没有办好，怎么能有好中学？中学没有办好，怎么能有好大学？所以我们第一步，当先把小学整顿。"我说："没有好大学，中学师资哪里来？没有好中学，小学师资哪里来？所以我们第一步，当先把大学整顿。"把两人的意见合起来，就是自小学以至大学，没有一方面不整顿。不过他的兴趣偏于普通教育，就在普通教育上多参加一点意见；我的兴趣偏于高等教育，就在高等教育上多参加一点意见罢了。

我那时候，鉴于各省所办的高等学堂程度不齐，毕业生进大学时甚感困难，改为大学预科，附属于大学。又鉴于高等师范学校的科学程度太低，规定逐渐停办；而中学师资，以大学毕业生再修教育学者充之。又以国立大学太少，规定于北京外再在南京、汉口、成都、广州各设大学一所。后来，我的朋友胡君适之等，对于停办各省高等学堂，发见一种缺点，就是每一省会没有一种吸集学者的机关，使各省文化，进步较缓。这个缺点，直到后来各省竞设大学时，才算补救过来。

清季的学制，于大学上有一通儒院，为大学毕业生研究之所。我于大学令中改名为大学院，即在大学中分设各种研究所，并规定大学高级生必须入所研究，俟所研究的问题解决后，始能毕业（此仿德国大学制），但是各大学未能实行。

清季学制，大学中仿各国神学科的例，于文科外又设经科。我以为十四经中，如《易》《论语》《孟子》等，已入哲学系；《诗》《尔雅》，已入文学系；《尚书》、三礼、《大戴记》、春秋三传，已入史学系；无再设经科的必要，废止之。

我认大学为研究学理的机关，要偏重文理两科，所以于大学令中规定：设法、商等科而不设文科者，不得为大学；设医、工、农等科而不设理科者，亦不得为大学；但此制迄未实行。而我任北大校长时，又觉得文理二科之划分甚为勉强，一则科学中如地理、心理等等兼涉文理，一则习文科者不可不兼习理科，所以北大的编制，但分十四系，废止文、理、法等科别。

我五十一岁至五十八（七）岁（一九一七年至一九二三年）任国立北京大学校长。一九一六年，我在法国接教育部电，要我回国，任北大校长，遂于冬间回来。到上海后，多数友人均劝不可就职，说北大腐败，恐整顿不了；也有少数劝驾的，说腐败的总要有人去整顿，不妨试一试。我从少数友人的劝，往北京。

北京大学所以著名腐败的缘故，因初办时（称京师大学堂）设仕学、师范等馆，所收的学生都是京官，后来虽逐渐演变，而官僚的习气不能洗尽。学生对于专任教员不甚欢迎，较为认真的，且被反对；对于行政司法界官吏兼任的，特别欢迎，虽时时请假，年年发旧讲义，也不讨厌，因有此师生关系，毕业后可为奥援。所以，学生于讲堂上领受讲义及当学期、学年考试时要求题目范围特别预备外，对于学术，并没有何等兴会。讲堂以外，又没有高尚的娱乐与自动的组织，遂不得不于学校以外，竞为不正当的消遣，这就是著名腐败的总因。我于第一次对学生演说时，即揭破"大学生当以研究学术为天责，不当以大学为升官发财之阶梯"云云。于是广延积学与热心的教员认真教授，以提起学生研究学问的兴会，并提倡进德会（此为一九一二年吴稚晖、李石曾、张溥泉、汪精卫诸君发起，有不赌、不嫖、不娶妾的三条基本戒，又有不做官吏、不做议员、不饮酒、不食肉、不吸烟的五条选认戒），以挽奔竞及游荡的旧习；助成体育会、音乐会、书法研究会，以供正当的消遣；助成消费公社、学生银行、校役夜班、平民学校、平民讲演团与《新潮》等杂志，以发扬学生自动的精神，养成服务社会的能力。

北大的整顿，自文科起。旧教员中如沈尹默、沈兼士、钱玄同诸君，本已启革新的端绪，自陈独秀君来任学长，胡适之、刘半农、周豫才、周岂明诸君来任教授，而文学革命、思想自由的风气遂大流行。理科自李仲揆、丁巽甫、王抚五、颜任光、李书华诸君来任教授后，内容始渐充实。北大旧日的法科，本最离奇，因本国尚无成文之公私法，乃讲外国法，分为三组：一曰德日法，习德文、日文的听讲；二曰英美法，习英文的听讲；三曰法国法，习法文的听讲。我甚不以为然，主张授比较法，而那时教员中能授比较法的，只有王亮畴、罗钧任（文干）二君。二君均服务司法部，只能任讲师，不能任教授，所以通盘改革甚为不易。直到王雪艇、周鲠生诸君来任教授后，始组成正式的法科，而学生亦渐去猎官的陋见，引起求学的兴会。

我对于各家学说，依各国大学通例，循思想自由原则，兼容并包。无论何种学派，苟其言之成理，持之有故，尚不达自然淘汰之运命，即使彼此相反，也听他们自由发展。例如陈君介石、陈君汉章一派的文学，与沈君尹默一派不同，黄君季刚一派的文学，又与胡君适之的一派不同，那时候各行其是，并不相妨。对于外国语，也力矫偏重英语旧习，增设法、德、俄诸国文学系，即世界语亦列为选科。

那时候，受过中等教育的女生，有愿进大学的，各大学不敢提议于教育部。我说：一提议，必难通过。其实学制上并没有专收男生的明文，如招考时有女生来报名，可即著录，如考试及格，可准其就学，请从北大始。于是北大就首先兼收女生，各大学仿行，教育部也默许了。

我于一九二三年离北大，但尚居校长名义，由蒋君梦麟代理。直到一九二六年自欧洲归来，始完全脱离。

我六十一岁至六十二岁（一九二七年至一九二八年），任大学院院长。大学院的组织与教育部大概相同，因李君石曾提议试行大学区制，选取此名。大学区的组织，是模仿法国的。法国分全国为十六大学区，每区设一大学，区内各种教育事业都由大学校长管理，这种制度优于省教育厅与市教育局的一点，就是大学有多数学者、多数设备，绝非厅局所能及。我们心醉合议制，还设有大学委员会，聘教育界先进吴稚晖、李石曾诸君为委员，由委员会决意，先在北平（包括河北省）、江苏、浙江试办大学区。行了年余，常有反对的人，甚至疑命名"大学"有蔑视普通教育的趋势，提议于大学院外再设一教育部。我遂自动辞职，而政府也就改大学院为教育部，试办的三大学区从此也取消了。

我在大学院的时候，请杨君杏佛相助。我素来宽容而迂缓，杨君精明而机警，正可以他之长补我之短，正与一九一二年我在教育部时，请范君静生相助，我偏于理想而范君注重实践，以他所长补我之短一样。

大学院时代，院中设国际出版品交换处，后来移交中央研究院，近年又移交中央图书馆。

大学院时代，设国立音乐学校于上海，请音乐专家萧君友梅为校长（第一年萧君谦让，由我居校长之名）；增设国立艺术学校于杭州，请图画家林君风眠为校长，又计划第一次全国美术展览会，但此会开办时，我已离大学院。

大学院时代，设特约著作员，聘国内在学术上有贡献而不兼有给职者充之，听其自由著作，每月酌送补助费，吴稚晖、李石曾、周豫才诸君皆受聘。

我于六十一岁时参加中央政治会议，曾与吴稚晖、李石曾、张静江诸君提议在南京、北平、浙江等处设立研究院。通过南京一院，由大学院筹办，名曰国立中央研究院，一九二八年开办，我以大学院院长兼任中央研究院院长。我离大学院后，专任研究院院长，与教育界虽非无间接的关系，但对于教育行政，便不复参与了。

原载《传记文学》第十卷第一期（一九六七年元月号）

蔡孑民先生与我

王云五

我认识蔡孑民先生，始于一九一二年一月下旬，但我开始听到他的大名，则是在临时大总统府成立后一二日。由于报纸刊载各部首长的名字，蔡先生被列为教育总长，其时我从事教育工作已有六七年，平素对教育的制度备极关怀，因而对新政府的新教育首长，当然想略知其历史。不久，我便探悉蔡先生是一位翰林，却具有革命思想，且曾在上海组织中国教育会。这时候，我已由孙中山先生邀任临时大总统府秘书，正在清理手边未了的事，不日便要晋京任职，绝无另行求职之意。只是积久欲吐有关教育的意见，现在面对一位可以进言的主管部长，姑且尽我言责，至于能否发生影响，固所不计。于是，我便抽出一些工夫，写了一封建议书，现在追忆起来，大约包括以下各项建议：

（一）提高中等学校程度，废止各省所设的高等学堂，在大学附设一二年的预科，考选中等学校毕业生或相当程度者入学，预科毕业者升入本科。

（二）大学不限于国立，应准许私立；国立者不限于北平原设之一所，全国暂行分区各设一所。那时候我主张，除北平原有所谓京师大学堂外，南京、广州、汉口应尽先各设一所。

（三）各省得视需要，设专门学校，其修业年期较大学为短，注重实用。

按我国清末学制，各省设高等学堂一所，其大旨系仿日本的高等学校。唯日本所设的高等学校与大学有相当比例，程度也能衔接，故高等学校毕业生多能升入大学。我国各省分设高等学堂，其毕业人数断非设立京城唯一的国立大学所能容纳，且各省高等学堂虽相当于大学预科，然因程度不齐，多未能达成预科的作用，于是实际的作用仅成为高等的普通学校。我认为不如将中等学校程度提高，完成普通教育，其有志深造者，径行考升大学直接附设的预科，预科改由大学附设，其程度自较易与大学本科衔接。不若各省高等学堂所造就者，大半不能升入大学，徒成为普通教育之额外提高，在教育的作用上不免等于一种浪费。因此，我一方面主张增设国立大学，并分区设立，以便升学；一方面主张准许设置私立大学，使那时已具基础之若干教会学校得于符合条件后升格为大学，以宏造就。至于为适应需要，应准许各省设立专门学校，为期较大学为短，与清末的高等学堂和现在的专科学校相当，与大学分道扬镳，而改进当时高等学堂的空泛效用，使更合于实用。以上便是我对民国学制改进的建议大要。

我以一个未曾受过高等教育的青年，居然提供许多关于高等教育的意见，不能不说是一种大胆的尝试。真想不到此一建议书，从上海邮寄到南京教育部以后，不过十日左右，我便在南京临时大总统府服务中接到由上海家里转来的蔡先生的一封亲笔信，大意是说认为我所提供的意见极中肯，坚邀我来部"相助为理"。

我既承孙中山先生的厚意，在一席谈话之后，自动委以机要之职，现在又以尚未谋面，仅凭一纸意见书，承蔡先生邀请相助为理。在鱼与熊掌之间，既不应见异思迁，又不愿放弃久怀改进教育之心而一旦获得可能实现的机会，幸而在不得已请示孙先生之际，承他老人家爱护有加，令我半日留府服务，半日前往教育部相助。于是，我才敢持着蔡先生的手书，前往教育部面谒。想不到经此一度面谒之后，我对于蔡先生，不仅做了半年左右的属员，而且缔结了三十年的深交。尤其是在抗战初期，蔡先生因体弱不能跋涉远来后方，我因主持商务印书馆，不能不往返于后方与香港之间，初时同住商务印书馆的临时宿舍，继则时相过从。蔡先生视我如手足，我则视蔡先生如长兄，在蔡先生逝世时，我成为朋友中唯一的随侍病榻送终者。人生际遇真有不可思议之处。兹更就记忆，概述蔡先生与我三十年间的关系。

且说当时的教育部，草创伊始，还未曾订什么官制。记得在教育部服务的各人，都由蔡先生致送聘书，任为筹备员。工作上虽有差别，实际上也难免要分为主办的和协办的地位，却没有阶级高低的区分，所领津贴也一律为每月六十元。由于我只半日来部办公，而且是同人中年纪最轻的（当时只有二十四岁），当然不可能成为主办人员。那时候和我一起工作的有钟宪鬯（观光）、蒋竹庄（维乔）和汤爱理（中）诸君。钟君年事很高，曾在上海开办理化研习所，闻蔡先生一度加入听讲；蒋先生曾参加蔡先生主持的中国教育会；汤先生则系日本留学生，专攻法律。我们日常的工作，多半是讨论民国的新学制和课程，唯以临时大总统孙先生下野，政府不久便北迁，在南京时代，一切规划还没有定议。

是年三月，唐少川（绍仪）先生受任为国务总理后，南京政府各机关开始北迁。蔡先生仍任教育部总长，我也随往北京任职。这时候，我奉派为专门司第一科科长，前清学部员外郎路壬甫（孝植）为第二科科长，英国留学硕士杨焕之（曾诰）为第三科科长。我们的司长林少旭（棨）是专攻法律的留日毕业生，原任学部参事。至与我在南京共同工作之钟、蒋、汤三君，均任参事。北迁后的教育部次长是范静生（源濂）先生，原系学部郎中。我在长官和同事间资历最浅，年纪也最轻，但由于蔡先生之赏识，我也能努力工作，对上对下与对同僚均甚融洽。据我的主管司长说，我以一个毫无行政经验的人，不仅处理公务有如老吏，对于公文的起草修正，也无不适合分际。在蔡先生留京任职的几个月内，我的工作记得系以对大学令和专门学校令的起草，以及对京师大学堂的协助接收为主。上述两令实际上已把我在南京政府初成立时对蔡先生的三点建议完全采纳。至对于京师大学堂的接收之事，系由我与第三科科长杨君会同办理，我以一个初出茅庐且从未进入大学之门的青年，总算应付得宜，而会同办理之杨君却一切归功于我。因此，我在当时的教育部科长中，与普通教育司的许寿裳科长（后来迭任教育厅长，终于台省教育厅长任内）齐名。许先生是蔡先生的同乡后辈，我却是一个毫无关系的后进，同受蔡先生的拔擢，侧闻蔡先生常引以自慰。

但是好景不长，是年六月间，唐内阁以责任内阁不能负责而辞职。蔡先生本来与唐少川先生毫无渊源，却坚请连带辞职，其风度与唐先生原与袁世凯总统有深切关系而不惜坚辞者，同为政治界之美谈。唐内阁辞职后，由陆徵祥继而组阁；蔡先生去职后，则由原任次长范静生先生继任，而以原任蔡先生秘书长董恂士（鸿祎）君为次长。初时一切萧规曹随，尚无何问题发生。后来，由于专门司司长林少旭先生改任高等审判厅厅长；在他以法律专才从事司法工作，当然用得其长，问题便发生在他的继任人选上。林先生一向和我相处得很好，尤其对我的能力与负责精神不断表示赞扬，他在要离开教育部时，私下曾对我有所表示，并言将力保我继任专门司司长，及至他的新任命发表，司中同人也一致认为我之继任实为当然之事。想不到最后决定，却是以第二科路科长升任。路先生平时对我非常客气，骤膺此命，形色上也表示万分不安。后来，据林先生密告我，当他保举我继任之时，范总长好像满口答应，想不到经过几日后，范先生突然密告林先生，说以我的能力和负责精神，升任司长极适当，唯经详加考虑，以路先生资历极深，原任学部员外郎，与范先生仅次一级，一旦由资历较浅如我者擢升，难免不使路先生失望；好在我年事尚轻，来日方长，暂缓升任当无问题。范先生的抉择当然未可厚非，但我毕竟少不更事，乍闻新命，心里确不免有几分难过，幸而平素遇事尚能与他人易地设想，经过了一二日，也就释然。后来因为路司长侧重保守，司中同人富于积极精神的新进者颇多不满，甚至学部旧人，夙与路司长共事者间亦有同感，遂使我甚感困惑，除极力遏抑自己情感外，还矫情转劝他人。可是矫情的结果，偶然不免落出不自然的状态。消息间接传到刚从德国回来的蔡先生耳朵里，听说他曾传述意见，劝当局把我调任北京大学的预科学长，不知何故又有人从中阻挠，否则后来一段不必要的纠纷，当可消除于无形。蔡先生爱我之深，更可于此见之。

范先生不久也去职，接任者由海军总长刘冠雄兼署，但刘总长毕竟对教育为外行，仅历月余就请辞兼职，继而兼署者为农林总长陈振先。陈先生是留美农学专家，对于教育亦甚有兴趣，此次于一九一三年三月兼署教育总长，原想实干一番。他虽是广东人，与我同乡，但因我是外江的广东人，对同乡人物认识不多，与陈先生素未谋面。因此，当他到部之初，并不知有我这一位同乡。可是我之被卷入旋涡，真想不到竟起于我平素不重视的乡谊关系啊！

事情是这样的。由于江浙为文化最发达之区，教育界的杰出人物往往不能舍江浙二省而他求。因此，教育部此时的高级职员中，包括次长和四位参事中的三位与三位司长中的两位，都是籍隶江浙两省。这并不因为蔡先生是浙江人之故。兼署总长陈先生独以广东人出任最高首长，如果能与各位高级幕僚随和相处，像湖南籍的范前总长一般，那就当然不会发生问题。可是陈先生毕竟有些抱负，而且习闻美国政务官与事务官的关系，不免实行他的总长职权。初时为着发布一篇文告，吩咐原任的秘书人员起草，经办的秘书狃于故习，不免要商询主管司的意见。结果，对于总长的主张不免有重大的修正。陈先生以身为总长竟不能指挥一位秘书，实以农林部中并无适当人员可以调来相助，向其某一小同乡（新会县籍）诉苦。

他那位小同乡颇知我，力言近在教育部内的一位富有经验与能力的同乡何以不加利用。陈先生听了这段话，次日一早到部，便约见我详谈，既略知我的抱负，遂将其意欲发布的文告嘱我起草。我便在他的办公室内，花了不满两小时，写成二三千言的文告，送给陈先生核阅。他感到十分满意，因即表示要我以专门司第一科科长之职调兼总长的主任秘书。我认为既承赏识，自不难有施展抱负的机会，略不谦辞。以此兼职，我遂得出席部务会议，彼时的部务会议，系以部次长、参事、司长及主任秘书构成，主任秘书也具有相当的重要性。

在我参加的最初几次部务会议中，由于陈先生对各项议案不甚熟知其经过者，辄先征询我的意见，我因对部务大都熟悉，间有不甚了然者，必先调查档案，或向主管单位详询经过，于是多能对陈先生提供适当的意见，所以会议进行尚属顺利。后来却发生一项有关政治的问题，查那时候的国会议员被选资格中，包括有中央学会会员一项特殊资格。原规定颇为含糊，致有相当于专门学校的许多杂牌学校毕业生纷纷比附要求，从宽从严，应由教育部决定。在讨论此一问题的部务会议中，除社会教育司夏司长曾佑无意见外，其他参事三人（原额四人中有一人外调）与普通、专门两司司长意见一致，却与陈兼总长的主张相左。陈先生不肯屈服于多数之幕僚，而五位高级幕僚一致反对总长，致酿成僵持之局。那时候，我国的公务员服务法虽还没有颁定，但幕僚对于长官的主张虽得陈述相反的意见，唯一经长官决定，幕僚便应服从，绝不能以属员的多数团结对抗长官，此为世界一般政治的通则。因此，我不得不维护行政上的原则，力劝各参事、司长，在已尽其言责之后不宜过分坚持，想不到因此竟触众怒，认为我祖护同乡的长官。最后，全体参事、司长除社会教育司司长夏先生外，一致对陈总长以集体辞职为要挟，陈总长不为所动，皆予照准。除派我暂兼专门司司长外，并派杨科长曾浩及彭视学守正兼署参事。董次长为表示对于辞职参司五人之同情，亦请病假不到部。陈先生初时态度坚决，不予置理。我对这几位辞职的参事、司长，虽多从南京时代开始共事，平素感情也还融洽，可是为着政治上的原则，不得不支持陈总长，以免恶例一开，将来政务官不能发挥其对政治的作用，转为僚属集体把持，无异太阿倒持。如果陈先生能够坚持到底，此一原则或可确立不移。可惜得很，陈先生不知受到外间什么压力，突然请辞兼署教育总长之职，改由请假中之董次长暂代部务，不久又由汪大燮来长教部，于是已辞职照准之各位参事、司长，大都复职或转职，杨曾浩、彭守正二君也各回任本职，我只好出于辞职之一道了。此一事件发生后，在人情上，我似乎有些对不起几位从南京开始共事的朋友，尤以多系蔡先生所用之人，然而在公事上，我是问心无愧的。后来蔡先生听到此事，却未尝对我有何不满。二十年后，当我和蔡先生时相把晤之时，偶然谈起此事，我颇咎自己当时的少年气盛，但蔡先生认为我的主张绝对正确，并力言在处理公务之时，断不可顾及私情。

一九二一年，我开始担任商务印书馆的编译所所长，蔡先生也已从国外倦游归来。由于商务印书馆和我均与蔡先生有旧关系，对于编辑和校阅之任务，常向蔡先生请求指教或相助。前任编译所所长而现任该馆监理之张菊生先生和蔡先生为科举同年，对蔡先生的称谓常用其旧日的别号"鹤卿"，于是我也逐渐从"孑民"先生改称为鹤卿先生，倍益亲切。我对于商务印书馆编译出版方面有所创作，事前辄向蔡先生请教；个人偶有作述，亦几乎无一不请蔡先生指正。蔡先生对于我有所举措，无不鼓励有加。例如一九二五年至一九二六年间，我从事于检字法之研究，发明四角号码检字法，蔡先生首先为我作序，其末有如下之一段：

中国人创设这一类方法的，我所知道，自林玉堂先生五母笔，二十八子笔始。林先生的草案虽五六年前曾演给我看，然而他那具体的排列法，至今还没有发表；我还不能亲自演习，究竟便利到何等程度，我还不敢下断语。最近见到的，就是王云五先生这种四角号码检字法了。他变通永字八法的旧式而归纳笔画为十种；仿照平、上、去入四音的圈发法，而以四角的笔画为标准；又仍以电报号码的形式，以十数代表十笔，而以〇兼代无有笔画之角。这种钩心斗角的组织，真是巧妙极了。而最难得的是与他自己预定的八原则，都能丝丝入扣。王先生独任其劳，而给人人有永逸的实用，我们应如何感谢呢？

又一九二八年，当我创作中外图画统一分类法，向蔡先生请教时，他也自动为我作序，有片言道破内容的下列两段文字：

> 王云五先生博览深思，认为杜威的分类法比较地适用于中国，而又加以扩充，创出新的号码，如"十""廿""士"之类，多方活用。换句话说，就是一方面维持杜威的原有号码，毫不裁减；一方面却添出新创的类号来补充前人的缺点。这样一来，分类统一的困难，便可以完全消除了。

> 著者姓名，中文用偏旁，西文用字母，绝对不能合在一列。若是把中文译成西文，或把西文翻成中文，一定生许多分歧。其他如卡特所编的姓氏表，于每个姓氏给以一个号码，也是繁杂而无意义。要一种统一而又有意义可寻的方法，莫如采用公共的符号，可以兼摄两方的。这种公共的符号，又被云五先生觅得了。

一九二七年至一九二八年，我开始筹备"万有文库"初集的编印，其中对于书目的拟订，煞费思量，并欲借此以一个具体而微的图书馆，以低廉的价格和最便利的方法，供应于读书界。此一措施极承蔡先生鼓励，对于书目的决定，亦迭承指正，关于著译的人选，亦多承推荐。蔡先生的学生知好极多，自动恳求蔡先生向我介绍书稿或推荐职业者，蔡先生大都是来者不拒，

而且每一次都亲笔做简单的介绍。但他亲自对我说，他的介绍目的，只是让我知道其书稿或其人的来源，由我自行注意，因为他绝对没有工夫把每一部书稿都读过，或把每一个人的服务能力都考验过，才写信介绍。因为这是各有专长的事，一部书稿到了我们的编译所，也是分交有关的专家审查；一个人被推荐后，也应经过考验；所以他的介绍书只是使我注意其来历而已。至有特别推介之必要者，蔡先生的信定然写得较为具体而详尽。我领会此意，所以对于蔡先生的一般推介函，多不另做详尽的考虑。这一点可能是我与蔡先生性情不同的地方。我因为从事出版事业多年，遇事注重实际，对于介绍函绝少书写，尤其是习惯成了自然，一旦破例，辄易使人误会为真正的推介。蔡先生毕生度着学者的生活，同时富于中国的人情味，多年以来对于推介之请求既然是来者不拒，一旦予人以峻拒，定然使受者万分难堪。因此，到了晚年，他还是保持此种多年习惯。这完全是由于处境不同，我之尊重蔡先生的习惯，正如我自己保持自己的习惯一般。

一九二九年，我在商务印书馆任职已满一年，在编译所方面，应付二三百位的读书人还不感任何困难，而负担艰巨工作，特别是多至二千册的第一集"万有文库"也已顺利出版，假使我继续下去，对于原有的任务尚鲜有问题。问题却发生在与我本无直接关系的任务上。自从一九二六年以来，上海的劳资纠纷迭起，商务印书馆的工会是企业界中最具势力者之一。纠纷之起当然以印刷所为主，发行所及总务处次之；编译所间有少数人活跃，大多数皆为新旧学者，态度稳健。因此，工潮的发生，如果不是由印刷所所长从事局部的应付，便应由总经理协理与人事科长做全盘的应付，在理是不应轮到我头上的。但因那时候的总经理为印刷所所长鲍先生兼任，他年事已高，且平素笃实不善言辞，其他经协理等亦多属于这一类型，因此某一次工潮闹大了，我不能不挺身而出，结果应付尚属得当，一场风波随而平息。此后一遇劳资纠纷，资方都一致推我出马交涉，竟使不应负责的我转而负了全面的责任。这些消极的事，偶尔担负尚无不可，若渐渐变成家常便饭，对于一个需用脑力以应付出版计划和学术研究的人，那就未免近乎残酷了。因此之故，我对于商务印书馆的任务，原具有最高兴趣者，其兴趣便逐渐随工潮之继涨增高而低落，于是决心摆脱，并先设法物色替人。适数年前为编译所聘得何柏臣（炳松）君为史地部部长，经年来的注意观察，认为尚适于继我之任，于是开始做辞职的打算。适中央研究院成立，蔡先生担任院长，并罗致我的一位旧学生杨杏佛（铨）为总干事，杏佛又兼任社会科学研究所所长。我偶与杏佛谈及脱离商务印务馆之决心，杏佛初时力劝不可，经我详加剖析，卒亦赞同，因言社会科学研究所新成立，他以总干事兼任，原系暂局，设我辞商务职获准，愿举贤自代，一如八年前胡适之君举我代任商务编译所所长之故事，且同为我的及门，已有先例，应步后尘。我力言万万不可，因我对商务编译所正苦于行政成分太多，如能摆脱，只愿担任纯粹为学术致力之研究工作，否则我又何必薄商务而不为。杏佛卒以此事转告蔡先生，蔡先生深知我近来之辛劳，谓商务设许我脱离，则中央研究院极欢迎我来参加，但对杏佛之荐我自代，他赞成我的主张，谓社会科学研究所所长职务，虽不若商务编译所之烦，我既为节劳而辞商务，则中研院应聘我为研究员，使我得由八年来多半努力于行政者，转而殚精于研究工作。蔡先生之知我爱我，闻之使我至为感奋。经数度磋商，我对商务编译所卒达成推荐何柏臣君为代之愿望，而对中央研究院则接受专任研究员之聘约，然固辞不获已，仍兼该所法制组主任名义。好在开始时只是一人一组，仅有助理研究员三数人相助，譬如大学之系主任仍兼教授，与院长之难免行政工作者有别。

约莫在一九二九年九十月间，我便移转工作阵地于中央研究院社会科学研究所。我首先择定的一个研究问题便是"犯罪问题"，而以向若干监狱做个案调查为出发点，首先计划了一份调查表，并罗致了三位助理研究员，一是北大习法律的，一是燕京大学习社会学的，又一是东吴法学院习法律的。他们都很努力而合作。原拟以一年工夫从事调查，第二年则着手于分析与研究。想不到仅仅经过了三四个月的安静生活，我又给一件较前更麻烦的工作纠缠。原因是商务印书馆的总经理兼印刷所所长鲍先生突然逝世，继任人选在印刷所所长一职尚无问题，而对于总经理职务，董事会再三考虑，认为只有我最为适当，经一致通过后，分别推人劝驾。我本来为避麻烦而请辞，如果接受此职，麻烦有加无减，当然力为拒绝，可是经不了商务的元老和当局纷纷吁请，几于逐日到我的研究所或家中相劝。后来我以情不可却，乃提出一项不可能被接受的条件，就是说我虽曾在商务任职八年，但所经验者只限于编译和出版，总经理主持全局，尤须精于管理，必不得已我只好在名义上就职以后，即往欧美研究企业管理，为期至少半年，然后返国负责。此外，我还提及商务印书馆向来采取合议制，由总经理、两位协理和三位所长构成，此种制度不适于现代的管理，我如担任此席，似须取消合议制，改为总经理负责制。真想不到，这两条件都获董事会完全接受，于是不得已就职，即日以协理李拔可先生代理，我随即于一九三〇年三月左右出国考察；同时也就不得不放弃社会科学研究所的任务，蔡先生夙为商务印书馆好友，也只好答应我辞职，计任职不满半年，遂又结束了我第二次在蔡先生领导下的职务。

我在一九三〇年九十月间考察完毕，返国即在商务印书馆实行科学管理，越一年颇著成效。不幸于一九三二年一月二十八日闸北之战，商务印书馆总厂被日本飞机全部炸毁，不得已歇业半年，清理后于同年八月复业，赖科学管理之彻底推行，效率大增，恢复甚速。旋即发表印行"大学丛书"，以谋学术独立，经组织"大学丛书"委员会，审查书稿。委员会得蔡先生领衔倡导，全国学术专家无不乐予合作，迄于一九三七年八月全面抗战起，不满五年，印行之"大学丛书"多至三四百种。同时期内，我又编印"万有文库"第二集二千册，其中收入"国学基本丛书"及"汉译世界名著"各数百种，自拟定书目以迄校阅，也多赖蔡先生指导协助。

最后的一个阶段，蔡先生与我相处于香港，直至其去世时为止。一九三七年八月，上海发动全面抗战，我为着策划商务印书馆的应变工作，经于是年十月间离沪前往香港，因为商务印书馆在香港设有一个相当规模的印刷厂，一面为维持战时生产，一面为规划在后方设厂，以备长期抗战。到了香港不久，蔡先生亦自上海由周子竞、丁西林陪同来港，拟取道前往西南。唯自港前往西南道途跋涉，至为辛苦，蔡先生此时高年多病，恐不能支持。周、丁二君因我在香港，照料有人，遂以相托。我遂迎蔡先生到商务的临时宿舍，与我和商务自上海来此之二三同人相处。濒行周子竞以周夫人胞弟之资格，转述周夫人之嘱托，恐蔡先生饮酒过多，有碍健康，每日当以一次一大玻璃杯绍酒为限。我当然奉命维谨，仅于晚饭时供应绍酒一大杯，午饭不另供酒。未几内人携幼儿学善自上海续来，也同住于该宿舍。我以午间陪蔡先生用膳有内人及幼儿在，所以我自己便在商务印书馆办公室用膳，以省往返时间。内人知道蔡先生善饮，午间也供酒一大杯，晚膳时我不知此事，也照例供酒，于是每日一次增为二次，发觉后也不便更改。但以蔡先生的豪量，此区区者实不足道，唯自蔡夫人来港另租住宅后，闻每日仅以一次饮半杯，足见对蔡先生之健康更为审慎矣。蔡先生在宿舍内与我等相处约三个月，晨夕有暇，我和他畅谈今古，无所顾忌。蔡先生语多精辟，我皆择要记述于日记中，不幸在太平洋战事发生后，因我适留重庆，家人走避他处，寓中所存八九年日记均被焚毁，此时亦无从追忆。我们的宿舍系临时租赁跑马地崇正会馆的三楼全层，学善时甫入初中读书，假日或放学后余暇，辄由蔡先生携同沿跑马地一带散步，散步时闲话亦时有启发，以十一二岁之幼童，虽无写日记的习惯，然潜移默化已著效不鲜。

次年（一九三八年）二月，蔡夫人携儿女自上海来港，遂觅租房屋于九龙柯士丁道[1]，其地空旷，闻亦时携儿女散步。我因事忙，每星期仅能渡海访问一次，其间并由商务印书馆同人奉访一二次，探询有何事代为办理。时

---

[1] 今称为柯士甸道。——编者注

蔡先生目力渐弱，然仍不废读，我乃择由上海携来木板大字本书借供消遣，蔡先生阅毕，辄交商务同人携回，另行易取他书。每书阅毕，有意见辄函告我，现将手边所存有关此事之蔡先生亲笔函二通照录于后：

> 昨承枉顾领教为快。顷奉惠函，以弟目疾，选书之大字者备阅，深感关切。《游志汇编》，准于阅毕后缴换他书。又承赐《演繁露》一部，拜领，谢谢。

> 承赐借《游志汇编》二十册，字大，于晚间浏览，不感困难，今已读毕，奉还，谢谢。此书体例甚特别，无卷第，无序目，每篇自计页数，极似现代教科书中之活页文选，未知各种目录书中曾著录否。如尊处尚有其他大字之书，仍请便中检书一二部赐借为荷。

我素有读书和藏书之癖，私藏多至七八万册，皆留在上海，除来港时随带极少数外，商务印书馆陆续有人调香港办事，每次我均托其从沪寓中检带若干来港，因此港寓渐积渐多，且多系佳本，上述《游志汇编》即系明版罕传本。后来某日，我迎蔡先生及夫人等渡海来寓小叙，并参观我陆续自沪移来的较佳版本。越数日，接蔡先生手函，如次：

> 前星期备承招待，得纵览收藏珍品，又扰盛馔，感荷之至。昨承赐学政世兄所摄相片，甚为精美，永留纪念，谢谢。

以上所谓珍品，大部分当然是书籍，这些书籍实为蔡先生留港时期赖以消遣之要具。因为蔡先生来港目的，原系取道前往西南，主持中央研究院，无如抵港后初因患病不能远行，嗣则交通日益困难，只能暂留，遥领院务，然因此深居简出，轻易不肯公开露面。甚至对各方通信，亦常化名为"周子余"，盖周为夫人之姓，兼含"周余黎民，靡有孑遗"之义，以暗示"孑民"二字。至对我的通信，因系至好，且由专人转送，无不仍用"元培"或"培"字。

蔡先生留港期间，只有一次例外地公开演说，那就是在一九三九年五月二十日，出席香港圣约翰大礼堂美术展览会，并发表演说。是日中外名流毕集，主席为香港大学副校长史乐诗，香港总督罗富国爵士等均列席。蔡先生的演说词也临时由我担任英译。

蔡先生留港将及二年，此次独破例公开讲演，表面上似为爱好美术，实际上承他密告我业已决计近期离港前往后方，借此有关学术的集会出现一次，以示对香港公众的话别。又因彼时中英交谊甚笃，香港政府，特别是总督罗富国等，虽尊重蔡先生意见，不便正式应酬，然暗中爱护有加。此一集会为香港大学所发起，依英国通例，大学的副校长为实际的校长，而所谓校长辄由达官贵人挂名，彼时港督罗富国即兼任港大校长。蔡先生利用此一半官式的机会，与港督在此晤面，以示临别向地主道谢，实寓有深意，他人多无从悬揣，只看蔡先生经此一度公开出现后，直至一九四〇年三月逝世，并未第二次公开出现，便知其然。但是，蔡先生此次虽怀有不避辛劳跋涉前往后方的决心，卒因身体复感不适，愈后，仍荏弱不堪，蔡夫人爱护备至，坚阻其行，以至郁郁长逝于香港。深知蔡先生内心如我者，不禁为之扼腕也。

蔡先生在积极准备入内地时，忽患感冒，缠绵若干时日，愈后体力更衰弱，以致迟迟不克成行。同时，香港对内地之交通除飞行外，艰险益甚，而据医生断定，蔡先生体力实不耐飞行。于是迁延又迁延，直至次年（一九四〇年）三月三日在寓所失足仆地，病势加剧，次日依主治医师朱君（香港大学医科毕业开业甚久，并充商务印书馆特约医师）之劝告，于四日乘救护车入香港养和医院疗治。盖其时蔡先生已患胃出血，疑系胃溃疡，必须入院留治也。我得讯，急赶至九龙蔡先生寓所，恰好在救护车出发之时，乃随同前往医院，代为办理各种手续，并加请港大医学院胃肠专科教授来诊，据称系胃溃疡，业已大量出血，一面固须设法止血，另一面尤须急为输血。及血型检定，取得供血之人，急行输血，已近午夜。时蔡先生已昏迷不省人事，我与周夫人及其胞侄二人随侍病榻，至天明，尚无转机，医者言殆已绝望，及五日上午九时顷即告长逝，计享年七十有四。我为处理丧事，暂厝东华义庄，并为营葬于香港仔华人公墓。

原载《传记文学》第二卷第二期（一九六三年二月号）

对于蔡先生的一些回忆

毛子水

过去的师长里边，我现在常常记起的，是蔡孑民和胡适之两位先生。从我认识他们的时候起，一直到他们去世的时候，他们似乎没有一刻不想到把我们民族的文化以和世界最文明的民族相竞，没有一刻不想到使世界上的好人渐渐增多起来。他们把这两件事情作为他们一生中最重大的使命。

适之先生在世的时候，和我晤谈的时候比较多，而他崇高的人格，我几年来零星的叙述实在没能描画得像样。蔡先生在世时，我不常和他见面。（一九二四年四月，蔡先生偕周夫人赴德国 Koenigsberg[1] 出席康德二百岁生日纪念会，路过柏林，停留数天。他们在柏林参观柏林大学和美术学院、音乐学院，游览动物园、植物园，我都曾随同几位同学陪伴。）四十多年以来，他的宁静淡泊的志怀、正直和平的性行，在我心目中印象日以加深。现在离蔡先生一百岁的生日很近，因述一两件记得比较清楚的事情以志景仰。

---

[1] 即哥尼斯堡，原属德国东普鲁士，1945年划归苏联，次年改名为加里宁格勒。——编者注

蔡先生的姓名，在一九一二年南京政府成立时我才听到，当时蔡先生被任命为教育总长。我那时虽然刚由中学毕业，但自审才分，只能以读书做终生的事业，所以对于教育总长的人选比较注意。更使我对蔡先生注意的，是章太炎在新政府任命蔡先生为教育总长时曾有赞同的言论，章太炎先生是我那时最崇拜的学者。

在蔡先生教育总长任内，普通教育废止读经，大学废经科，而以经科分入文科之哲学、史学、文学三门。我当时虽然立志要成为一个经学家（章太炎先生"学术万端，不如说经之乐"的话，当时对我影响很深），但我对这件事深为赞同，因为我当时四书五经都已读过或涉猎过，颇知道这些书对于小学生和中学生并不十分适于诵读。我也知道经典里边蕴藏着许多古人的嘉言懿行，但我想，若把这些嘉言懿行有益于青年人心志的用简明的话述说在"修身教科书"（略等于现在的"公民课本"）里，岂不有用得多！

但对蔡先生提倡美育，我便不免怀疑了。实在说，一直到现在，我对这个问题还没有一个明确的见解。谈到这里，我必须先将我的偏见一提。我生来不能了解美术，有些我所以为"美"的东西，美术家并不以为美，而美术家有许多作品，我很难看出它们有什么美的地方。（我中年时，更有一个不好的偏见或不准确的统计：美术家品行不好的居多。那时候我曾这样想：蔡先生竭力提倡美育而品行却这样的纯正，这是因为蔡先生在提倡美育以前已有很坚定的德操了。）因此，我对蔡先生以美育代宗教的主张，只有一半的赞成。蔡先生以为西方文明国家的沿袭宗教仪式，乃一种历史上的习惯，我国振兴文化，似不必需要宗教。我对蔡先生的这个说法十分同意。（这当然不是说宪法中不应该有"信教自由"一条！）至于蔡先生以为纯粹的美育，所以陶养人们的感情，使有高尚纯洁的习惯，而使人我的见解、利己损人的想法渐渐消沮，则我到现在还没有完全相信，但我知道，蔡先生的话非特本于"心得"，亦有"古训"可征。以音乐来说，孔子就说过"成于乐"的话。〔比蔡先生年长六岁的英国（后赴美任教哈佛大学，改入美籍）哲学家怀德海[1]，亦十分重视音乐对陶冶性灵的功效。）因此，我究不敢以蔡先生的主张为不对。（像孔子、怀德海、蔡先生那样的人，都不会轻易出言的！）

讲到这里，我倒想起一个小故事来了。一九二〇年秋天到一九二一年的夏天，我在北平孔德学校任教中国语法的功课。有一回，校中开一个会议，讨论学生制服的式样。会中议论纷纭，最后又提到"美"的问题。我因听得不耐烦，便说道："一件衣服，能够做起来简单而穿起来又最适合身体，便可以算是'美'了。"蔡先生当时在会中，亦深以为然。后来孔德学生制服有没有照着这个原则去做，我也没有注意，但蔡先生对我这几句话的赞许，则使我以后对于世俗所爱好的锦绣纂组的衣裳更不喜欢。我尝这样想：若使讲美术学的人都像蔡先生那样，则美术学对我或不至像现在那样神秘，而我自然亦会喜欢它。

蔡先生自己说，"对于各家学说，依各国大学通例，循思想自由原则，兼容并包。无论何种学派，苟其言之成理，持之有故，尚不达自然淘汰之运命，即使彼此相反，也听他们自由发展"（见一九三〇年蔡先生所写的《我在教育界的经验》一文，和一九一九年三月十八日蔡先生答林琴南的信大致相同）。蔡先生的"兼容并包"，普通人多误解为"勉强混合"，实在说，蔡先生是有是非的择别的。譬如，他请刘申叔讲六朝文学，绝不会允许他提倡"帝制"；他请辜汤生教英诗，绝不会允许他提倡"复辟"。他所以没有请林琴南，据我的推测，并不是因为他以为林琴南的"文章"做得不好，更不是因为派系不同的缘故，而是因为林琴南对于做学问的见解，在蔡先生看来，已赶不上时代了。至于林琴南生平许多纯笃的行谊，我想亦是蔡先生所许与的。

我曾听胡适之先生谈过一段蔡先生和钱玄同问答的故事。这个故事好像还没有人记录过，现在我把它附在这里：

[1] 今译作怀特海。——编者注

钱玄同问："蔡先生，前清考翰林，都要字写得很好的才能考中，先生的字写得这样蹩脚，怎样能够考得翰林？"

蔡先生不慌不忙，笑嘻嘻地回答说："我也不知道，大概因为那时正风行黄山谷字体的缘故吧！"

这个故事告诉我们蔡先生的涵养，可惜胡先生自己没有把它记下来！

我常想，像蔡先生、胡先生那样的人，在制行上，比起世界上任何一位圣人，都不会比不上，可惜还没有人替他们写出可读的传记。就我个人讲，这一生能够得到这样的师长，可以说是一件最幸运的事情。荀子说："学莫便乎近其人。"两先生虽先后成为古人，然音容常在心目中，每有鄙陋的志虑，缅想正直中和的遗范，便爽然自笑。有这种经验的，同辈中当非少数。这真是可以互相告语的嘉话！

原载《传记文学》第十卷第一期（一九六七年元月号）

随侍蔡先生的经过及我对他的体认

姜绍谟

在九年前蔡先生一百零一岁生日的时候,我曾写了《随侍校长蔡先生琐忆》一文,刊在一九六八年元月《传记文学》第十二卷第一期。我见到和追随蔡先生比较迟,但是说迟嘛,在今天说起来,光阴迢递,年华逝水,也已经是五十多年前的事情了。

我于一九一八年秋季,考进北京大学法预科肄业,第二年就是五四运动。"五四"以后,蔡先生在校的时间不多,他常离开北京到欧洲各国开会或考察,因此我很少有机会和蔡先生接触。

策划夏超起义归附中央的经过

一九二四年,我从北大毕业,仍然留在北平,教教书,暗中从事国民党党务工作。到了一九二六年,国民革命军北伐,一路势如破竹,那时北京的段祺瑞政府，因国民党人在北京很活跃，想要一网打尽，有下令通缉国民党人之议。在通缉的名单中，年纪最轻、资历最浅的，是我和郭春涛兄，鲁迅的《而已集》中详记有被通缉者的姓名。因此，许多比较有钱的同志都避入东交民巷使馆区。但是，东交民巷我们是住不起的，于是我就躲到东城口袋胡同，同学许宝驹的家中，朝夕与许计议如何觅取机会，为国民党尽力。有一天，我忽然想起浙江省长夏超（定侯），为人机警有大志，绝不甘心屈居孙传芳之下，如有机会，必可举义反孙。此时如有机会策动夏超反正，东南半壁，影响甚大。我知道马叙伦（夷初）先生与夏有深交，此时马正在杭州，若由马向夏进言，夏必可言听计从。我们两人定计后，当天晚上就到东交民巷西口乌利文洋行楼上，去看易培基（寅村）先生，把我们的意见告诉他。他听了以后，大为嘉许。他说今晚时间不早了，准备把这件事告诉李石曾先生（时为北京政治分会主席，避居法国医院），要我们明晚去听消息。第二天晚上，我们复往谒见，他告诉我们李先生亦甚赞成。他将先去电与国民党中常委主席张静江先生接洽，要我们二人中，一人去杭州，一人留在北京和他保持联系。我们商定由许宝驹回浙江进行此事，我则留在北京静待好音。因为宝驹口才便给，说话比较动听，所以我推他前往。宝驹到了杭州，把我们的计划和经过情形告诉马夷初先生。马往见夏，晓以利害，夏极表赞成，决定反正。国民政府遂派夏超为浙江省长，兼国民革命军第十八军军长，许宝驹为十八军党代表，我则为十八军政治部主任。原定计划是夏接受国民政府任命，宣布反正，立刻出兵攻占上海，不料夏之警备队，装备虽好，但无作战经验，动作迟缓。孙传芳得知浙江政变的消息，先发制人，立即遣卢香亭部由上海进攻石湖荡，攻占嘉兴，直趋杭州；夏则功败垂成。

那时我还在北京，得到许宝驹的急电催促，但一时不能动身，需将大中中学和南花园北京特别市国民党党部等处经办之事交代清楚，始能成行。等我到达上海，夏已殉职，他的部队也已溃散。我若早到夏超军中，命运实不可知。夏超失败后，我就留在上海工作。

蔡先生派我返浙察看敌我形势

是年秋天，蔡先生已从欧洲回国，住在上海，我乃得有机会随侍左右。十一月，国民政府任蔡先生为浙江政治分会主席。当时有好多同志，不问情势如何，总想回到浙江去。杭州因为卢香亭的主力部队驻扎，杭、嘉、湖都在他的手中，当然不可能回去，然而有人认为我们有两个师的兵力可以依恃，就异想天开，主张先生在宁波成立省政府。蔡先生不表赞同。

先是孙传芳部周凤岐、余宪文两位师长由江西潜回浙江，相继反正。周就国民革命军第二十六军军长，驻桐庐；余就国民革命军第十九军军长，驻绍兴、萧山一带，与孙军、卢部隔钱塘江对峙。蔡先生之意是派人先去绍兴、萧山、桐庐考察一下周、余等实力究竟如何，当时决定派我先去看一看。那时沪杭铁路交通断绝，奉命之后，我偕同徐知白、徐钧溪二兄，前往绍、萧、桐庐等处。

周、余二人之部队，号称二军，其实力尚不足二师。军风纪及装备均甚差，仅有步枪及少数机关枪，并无重炮，士气颓丧，毫无斗志，绝不足以御劲敌。回程曾潜入杭州观察孙军情况，而卢香亭所部是久经战阵之师，较周、余所部略胜一筹。我并冒险往说杭郊孙部徐镇方旅反正，不得要领，悄然离去。唯火车不通，只有孙方军车往来沪杭之间，乃运用同学郭智石（其兄郭之江系孙方要人，为浙江实业厅厅长）之关系，搭乘孙军军车回到上海。

我将在绍、萧、桐庐及杭州所见情形报告蔡先生，蔡先生认为时机还没有成熟，必须等待国民革命军东路军由闽入浙，省政府始可在宁波成立。唯在沪同志迫不及待，仍旧主张先生在宁波成立浙江省政府。

随侍蔡先生回浙

一九二七年元月某日，浙江政治分会及省府同人（时国民政府任命褚辅成为浙江省政府主席）均从上海搭船，航行一夜，翌晨到达宁波，在纸业公会开座谈会，商讨省府成立日期。是日，第十九军已从萧、绍撤退，军长余宪文亦来列席。相见之后，蔡先生就问他，孙军渡江（钱塘江），贵军从萧、绍撤退，是否在曹娥八关一带设防。他含含糊糊，答说"是的"，不及其他。因此，会议亦未能决定省府成立之日期。会后我住在宁波青年会，看见满街都是兵员从前方退下。我遇见十九军政工人员王超凡兄，我就以蔡先生问余军长的话询问他。他说，全部都退下来了，你想，曹娥八关一带防线长达二百余里，我们只有一师人，如何防守得住。他是国民党的同志，对我讲实在话。当晚我即谒见蔡先生，报告军情。当时颇费踌躇，留在宁波固然不妥，返回上海亦有为难，最终决定先到象山小住。从此我就跟着蔡先生跑，可说是他的随侍人员。

关于蔡先生的学问，道德文章，诸位知道得都比我清楚，我因曾随侍多日，现在就来谈谈蔡先生的私生活。

蔡先生的日常生活

蔡先生平居俭朴，此行所带行李，仅铺盖袋一个、手提箱一个，箱内除换洗衣物以外，全是书籍、文具及日常用品。他左脚因病，早年曾动过手术，步行不大方便，每天都在寓所读书看报，晚间写信。他每天都有一信寄给夫人周女士，从不间断。信交我代发，能寄快信，必寄快信。

先生虽年届花甲，然身体康健，事必躬亲，从不假手于人。我们在象山旬日之间，四迁住所。每次搬动，我想替他整理行装，收拾零星物件，但是早晨起床，他就将铺盖及零星物件整理好了。随侍十余日，除每天替他寄信以外，实无一事要我帮忙。

蔡先生待人接物都很谦和。饮宴之时，不论男女老幼敬他喝酒，他必举杯回敬；敬他吸烟，不论烟之好坏，他都接受。蔡先生每顿饭都要吃一壶酒。我们在象山曾住黄公墅史文若兄家，史宅招待周到，每日早餐亦预备丰盛酒菜。我也颇能喝酒，陪蔡先生吃饭那是最好不过，但是早晨我没有喝酒的习惯。那时年轻荒唐，有一次，我把杯子倒过来，表示不愿意喝，其他人陪蔡先生喝。蔡先生当时没有说什么，事后他对我说，你不吃酒不要紧，倒一杯好了，摆在那里，你早上不吃不要勉强，你把酒杯倒过来表示你不喝，这样不大好。他讲话总是这样的，从不疾言厉色，当时也不说我没有礼貌。我受了教训以后，也跟蔡先生学，对主人的盛意不可推却，人家敬我一杯，必定举杯回敬。

蔡先生当时抽的是"梅兰芳"牌的香烟。他叫我们抽，我那时烟瘾很大，但是我们都不敢抽他的烟，因为在乡下哪里去买"梅兰芳"呢？他自己虽然抽的是"梅兰芳"，但是别人敬他，不论烟之好坏，他都接受。我因此了解他并不是爱好烟酒，他在交际时的吃烟喝酒，多半是因为主人的盛情难却。

随侍蔡先生由浙赴闽

我们在象山住了十来天，原想在象山先乘民船至临海，转赴温州，旋闻台州海面海盗甚多，出没无常而罢。最初史文若兄欲物色打手数人伴送，为蔡先生劝阻。蔡先生以为：第一，我们并无急事待办，迟走早走并无关系；第二，我等并无贵重物品，如遇海盗，任其各取所欲，当无危险，若加抵抗，万一不胜，危险更大。

后来我们从黄公礁搬到盐仓，才遇着从福建来浙装载带鱼的小帆船三艘，我们便搭乘这三船去福建。船很小，我们一行五人分乘二船，蔡先生和马夷初先生乘一船，我和另外两位同学三人一船，另一船装载行李。时东北季候风大作，一叶扁舟，漂泊海上，危险异常。我因晕船，终日蜷卧不能走动；蔡先生则不晕船，还能起来，吃饭。船行一天两夜就到达福建琯头地方，亦即林子超先生的故乡。时何应钦先生已攻下福州，八闽底定。

到了福建之后，不久我就和蔡先生分开了。他介绍我给何敬之先生，我奉委为东路军总指挥部参议，随何将军北伐入浙；蔡先生则与马先生等前往厦门，参观厦门大学、集美中学，然后由厦门径返上海。

为年轻人介绍工作，有求必应

一九二七年二月，革命军攻下浙江，蔡先生等从上海到杭州，我们同住在青年会，复得朝夕相处。

这时一般青年要从军从政的，都来见蔡先生，从早到晚络绎不绝，蔡先生一一接见。有求写介绍信的，则有求必应，请在客厅稍坐，立刻就写，毫不推诿。他写信很快，两三分钟就写好一封，而且都是亲笔，从不假手于人。我们替他代笔的，只是偶尔有人请他吃饭、讲演，因时间冲突不能去，他在帖子上批"致谢"二字，要我们写回信道谢。而他为他们写介绍信的，也不一定是北大毕业的。记得有一天晚上，时候已经不早，大概十点多钟，有一青年画家求见。我禀告蔡先生，有人求见，可否请他明晨再来。他说，请他进来好了。此人带了几张他自己画的人物、花卉之类，给蔡先生看，请求为他介绍工作。蔡先生问他能否画宣传品，他说可以，于是蔡先生就替他写信介绍白崇禧的东路军前敌总指挥部政治部主任潘宜之先生，请求录用。过了几天，蔡先生还问此人再来过没有，又问我潘宜之回信没有，还叫我去访潘主任，替他催促。可见蔡先生为人写介绍信，不是敷衍了事，而是诚心诚意地关照青年。

蔡先生小事谦和，大事认真

蔡先生在小事上很谦和，对于大问题，他却是很执着，绝不妥协的。

一九二七年四月十六日"清党"。浙江省"清党委员会"的委员为蔡先生、张人杰、沈定一、蒋伯诚、陈希豪、洪陆东、李超英、杭毅和我九人。会中设秘书、情报、审查三处，沈定一兼秘书处主任，我兼情报处及审查处主任。

在"清党"以前，国民党人对共产党人深恶痛绝，"清党委员会"成立那天，群情愤激，主张用最严厉的手段对付共产党，凡涉嫌的人，抓到就杀，当天晚上就从陆军监狱里提出二十余人枪决。

第二天早晨早餐后，蔡先生把我叫到他房里，很严肃地对我说："我们不能随便杀人！昨天那样办，太荒唐！太草率！太不好了！此后必须谨慎！必须做到三件事：第一，抓人，必须事先调查清楚，始可逮捕；第二，定罪，必须审问清楚，证据明白，才可判决；第三，杀人，必须其人罪大恶极，提出'清党委员会'，经会议决定，始可执行。青年误入歧途的很多，必须使人有个反省的机会才好！"后来浙江成立了特别法庭和反省院，都是受了蔡先生这些训示的影响。

原载《传记文学》第三十一卷第二期（一九七七年八月号）

宁粤和谈追随蔡先生的经过

程沧波

今天座谈会的主题是蔡先生的生平和思想，雪艇先生已经讲得很详细，我只有一点零碎的资料做一点补充。

与蔡先生接触的经过

蔡先生如还活着，今年应是一百十一岁了。他肖兔，当时南京有许多位是肖兔的，于（右任）、胡（汉民）、谭（延闿）都是肖兔的，他们比蔡先生小一轮；胡适之、孙哲生、王雪艇诸先生也是肖兔的，他们比蔡先生小两轮；我也是肖兔的，比蔡先生小三轮了。一九二七年至一九二八年在上海办报时，我跟蔡先生有相当多的接触。逮一九三一年我从英国回来，秋天以前，我在南京担任中央政治会议秘书，十分清闲。因为跟杨杏佛（铨）是很好的朋友，他那时正任中央研究院的总干事，蔡先生是院长，他们的办事处是在成贤街，我常到成贤街中央研究院总办事处去。蔡先生也常到南京，午饭时我时常陪他吃饭。这段时间差不多有一年余。杨杏佛先生平日事情很忙，交际多，有时他要出去，就请我陪蔡先生吃饭。蔡先生是很严肃的，但待人很温和。

蔡先生每饭必酒

陪蔡先生吃饭倒也是很有趣的，现在回想起来，那种气氛和味道实在非常之好。蔡先生这个人的特点就是淡，但他的人情味很浓，我们中国人可以体会到这一点。蔡先生吃饭，都是很普通的菜，也就是中央研究院的大锅菜。他每一顿饭时都要喝一点酒。酒壶是一个锡制的方形暖壶（里面是圆的，有夹层可以装开水），可盛四两酒，不一定是绍兴。我们都不吃酒，只看他自斟自酌，吃尽一壶也不再添。他不吃饭，用菜甚少，大概是有胃病的关系，每次只吃几片面包，酒是不可少的，每一顿都是这样。

北大学生在蔡先生面前全无拘束

蔡先生吃饭时不大说话，我们拿许多话题问他，引他说话，他的话头才会被引起来。我们问了许多问题，也听他说了许多事情，可惜没有记下来。席间也有许多趣事，我发现北大有几个高才生，在蔡先生面前言谈举止全无拘束。印象最深的是傅孟真，傅孟真他那个神气，奇形怪状，比手画脚，有时候大叫一声。我时常对他说，你实在应该打屁股！你在校长面前一点规矩也没有，做出各种怪样子。

虽然我不是北大的，但是我跟蔡先生多次接触，我对他实在是非常之佩服，陪他吃饭，听他谈话，在他面前真是如坐春风。这一段往事，印象极深，回味无穷。

宁粤和谈追随蔡先生

另外有一段经过，便是一九三一年初冬在上海举行的宁粤和谈，我有机会追随蔡先生。

一九三一年五月，广州另外成立中国国民党非常委员会，与南京对立，宁粤分裂。是年七八月间，长江大水灾，泛滥数省，灾情惨重。不久就是"九一八"，日人在沈阳制造事端，攻占东三省。"九一八"以后，十月下旬，宁粤和谈在上海举行。这次和谈我曾亲自参加，现在特为记述，或可为讲述蔡先生生平和研究民国史者的一点贡献。

民国以来有过好几次和谈。第一次是辛亥革命时南北议和，北方总代表是唐绍仪，南方总代表是伍廷芳，会议的地点是在南京市政厅，实际谈判的地方是在伍廷芳的家里——上海小沙渡路观渡庐。第二次和谈是在一九一九年，徐世昌方做大总统，南方则是孙中山先生的护法军政府，当时南方总代表是唐绍仪，北方总代表则为朱启钤，和议在上海举行，没有结果，而参加和议的人终日花天酒地。第三次就是一九三一年的宁粤和谈，十月二十七日正式在上海举行。

宁粤和谈双方的阵容

这一次宁粤和谈，广东的代表阵容浩大，如汪精卫、孙科、李文范、伍朝枢、邹鲁、陈友仁等，另外还有大批随员。南京的代表则为蔡先生、李石曾、陈铭枢、张溥泉、张静江等，后来还有吴铁城。这两方面的和谈代表，就阵容和性质来说，完全不同。南京的代表可说是第三者的立场，态度超然，这里面就年龄、资望来说，蔡先生可说是一个领袖人物。广州方面不仅代表多，随员也多，每次出席会议的有三四个秘书；南京代表团只有我一个秘书出席，虽然南京派来的人并不少，在上海威海卫路有一个办事处，但南京来的人都不肯去列席，说看不惯广东来的人。当时的情况很妙，宁粤双方的代表和随员大半都住在一个旅馆，但见面都不招呼，宛若敌国，壁垒分明。开会就在伍朝枢先生家里——观渡庐，是一栋英国式的洋楼，园子很大，有几百亩地，此园后来已拆除。

李文范与伍朝枢

会议开始，奇怪的是并没有一定的议事规程，大概是每次会议推一个主席，蔡先生做主席的次数很多。讨论的议题主要是国民政府的《组织法》。南京的代表可说完全采取守势，广东方面则取攻势，其中最激烈的是李文范，其次是伍朝枢。李文范常常很激动地跳出来骂，南京政府给他骂得狗血淋头，好像南京政府一无是处。伍朝枢则专门批评《国民政府组织法》，他冷嘲热骂的对象就是王亮畴（宠惠），因为《国民政府组织法》是王起草的。伍朝枢说，我从来没有看见过一位法学博士、法学权威起草的政府组织法，其中的主席一职居然没有任期！

蔡先生主持会议是超现实的

我讲这一段，主要是在表现蔡先生。蔡先生当时做主席，尽管李文范在那里跳，伍朝枢冷嘲热讽地骂，他坐在席上丝毫不动。不过，我这个做记录的却非常为难，广东方面一定要写"南京政府"，我觉得这不成体统，明明是国民政府，却偏要写成"南京政府""广东政府"，我就告诉蔡先生这样写不对，必须改正，若不向他提起，他也就随它过去。那时每天的记录几乎都发生问题，且只有我一个秘书，只有我一个人争，我总觉得不能把"南京政府"的字眼写在记录上。

从这里我们可看出蔡先生的伟大，他是超现实的，宁粤相争，尽管闹得满天星斗，但他处之泰然。这段时间，我跟蔡先生接触很多，不但白天有接触，晚上也常到他那里。他很少谈和谈的事，也不谈现实的问题，他很超然，眼光看得很远，仍然是谈教育、谈思想、谈文化。那时国难当头，外间请愿的很多，闹得一团糟，请愿的代表来了，都是汪精卫去挡。我记得有一回沈钧儒等人来请愿，和汪精卫大吵一顿，蔡先生则不过问这些事。

蔡先生重恕道

我在宁粤和谈期间和蔡先生朝夕相处，我觉得他真是精神超越一切了，对现实问题不加萦心。尽管天下汹汹，他认为问题的根本不在此，所以他始终不改变他的态度。和谈完了，我陪他回南京，我在车中问他许多问题，使我的见闻增益不少。我问他许多我们在历史上看不到的，尤其是辛亥开民国的史事。"九一八"以后，国难当头，上海有一批老先生领衔通电，要政府马上抗日，领衔者是马相伯（良）先生，其次是赵凤昌（竹君）先生。赵是我们常州同乡，有一次，我特地问蔡先生，人家说南京临时政府是在赵凤昌家里成立的，此人究竟如何？蔡先生说，国民党对不起他。我问这话怎讲，蔡先生说，害得后来袁世凯要为难他呀！可见蔡先生之为人非常注重恕道。我这段时间和他相处，他从不跟我谈时事，我陪他返京，接着就是四全大

会 [1]，他也不谈。我觉得他的境界太高了。

要发扬蔡先生的思想

一九三三年六月，杨杏佛被刺去世。当时什么人权大同盟 [2]，蔡先生是会长，杨是总干事。杨之遇难，蔡先生非常难过，此后即不常去南京。一九四〇年三月，蔡先生在香港去世，我适在港，曾往吊丧送殡。

刚才雪艇先生说，我们应该发扬蔡先生的思想，这事实在应该做。蔡先生在香港逝世，时北大同学许地山（落华生）先生在香港大学做中文系主任，不知道他根据什么考据，说出殡时要用鼓为前导，于是找来了十面鼓在出殡的行列前敲打，香港人因此出来看热闹，但大家不知"蔡元培"是什么人！三十年前香港人不知蔡元培，我们今天仍然需要发扬蔡先生的思想，阐述蔡先生的生平。

原载《传记文学》第三十一卷第二期（一九七七年八月号）

---

[1] 即中国国民党第四次全国代表大会。——编者注

[2] 即中国民权保障同盟，由宋庆龄、蔡元培、杨杏佛等人发起，一九三二年在上海成立，宋庆龄、蔡元培分任主席和副主席，杨杏佛任总干事。——编者注

蔡元培先生的革命思想与活动

邓嗣禹

    蔡元培（孑民，一八六八年至一九四〇年）是二十世纪前四十年融合中西学术，施诸实行，一甲前三名中的人物，其在教育文化上的贡献，或可升为状元；其嘉言懿行，前贤言之详矣。惜尚缺乏一部详细的传记或年谱（编者按："中央研究院"已出版陶英惠编著的《蔡元培年谱》上册），海外有两篇研究蔡先生的博士论文[1]，非传记体例，故其生平的革命志趣，似尚有商量的余地。他的头衔已很多，可再加一个革命教育家的帽子，他不是革命的理论家，也不是死心塌地、百折不回的实行家，而是一位先知先觉，开革命的先导，常立于新思潮的前线，常倾向于新的进步的运动。

    蔡元培先生是否为秘密社会分子，也想在此文中贡献一些证据。

    甲午战争与戊戌政变两大失败，予中国知识分子一大打击，蔡先生当然不算例外。在一八九四年，他已升为翰林院编修。平凡的人，很可以养尊处优，熟读经史，弄点文墨，唯命是从，而他喜涉猎译本西书。至一八九八年，他突然归绍兴老家，是何原因？

蔡元培不继续做翰林的原因

通常的说法，是因他同情戊戌变法运动，故弃职返里。[2]京官之同情维新者颇不乏人，何必抛弃铁饭碗？也许是蔡先生骨节高昂，不愿折腰。但蔡先生较我们所设想者，有更强硬的气节，他胆敢骂朝廷。据甘簃《睇向斋逞臆谈》：

> 元培入翰林，尝于同官酬酢间，诋贵胄昏庸不解事，唱"排满"之论，声至激烈；语闻于掌院学士（徐桐），面斥之曰："乱臣贼子，人人得而诛之！"[3]

蔡乃托病，请假南归，不愧为勇敢之革命家。返绍兴后，另起炉灶，创新门路，勤修日语，读和文书。日德文法颇相近，故日译德文书多，他能自由阅读，自由思想。痛定思痛，他觉得戊戌维新之所以失败，由于事先未造成一大批革新人才，只康、梁、谭嗣同等人，缺乏群众基础，历史上许多改革的失败，多由于此。所以，他决定从教育入手，训练一批新青年。

恰好是时有一所很新式的绍兴中西学堂，其中居然教英法文，不久加授日文。一所中学能授三种外国语言，在今日亦不多。一八九八年，中西学堂的校董聘蔡元培为监督（即校长），这是他服务于新式学校的开始。校中分新旧两派，旧派要学生习诗、古文词，学写八股文，以便中举；新派讲授物竞生存之进化论与物理、化学等科学，对于旧日尊君卑民、重男轻女的旧习随时有所纠正。旧派不以为然，运动校董，出而干涉。[4]结果，在一八九九年，蔡遂辞职。

教职员中，思想不同，对于学生，反而有益，能刺激学生的思维。在绍

兴中西学堂里，即已造出一位后来鼎鼎有名的蒋梦麟。蒋先生说：

> 我在中西学堂，学到……闪电是阴电和阳电撞击的结果，并不是
> 电神的镜子里发出来的闪光，雷的成因也相同，并非雷神击鼓所生，
> 使我放弃了我思想中怪力乱神的信仰。⑤

当时是迷信很盛行的社会，介绍一点新科学，打破若干鬼神的乌烟瘴
气，是为除旧布新的先决条件。蔡先生是一位可高可低的伟人，庚子年至次
年初，他偕友人为绍兴侨农创办小学一所。以翰林办小学，是等于割鸡用牛
刀。蔡先生只求对社会有益，其他非所计。

一九〇一年，蔡先生受聘为南洋公学特班的总教习。此校位于上海，是
一八九六年盛宣怀奏请设立的，一九二八年改为交通大学。特班学生四十
人，秀才廪生居多，戴顶子上课，皆能作八股文，而不一定能写普通的书
信。蔡先生因材施教，让学生自由读书，写日记，每月作长文一篇，发挥意
见，总教习亲自批改。评语中，常灌输民权思想。又教学生读日文，使自译
和文书，并为之改正。此班高才生有黄炎培、邵力子、谢无量等，其教员同
事有吴稚晖。吴先生说："孑民唯一的志愿，一定要盼望中国出些了不得的
大学问家。"⑥其实，蔡先生尚有其他的用意。

寓革命于教育

那时蔡元培先生与其他旅沪志士章炳麟、吴稚晖等，以译本教科书不适
用，非重订完善，不足以改良教育，故于一九〇二年四月发起组织中国教育
会，举蔡孑民为会长。因倡议之人均为名流硕彦，热心救国，故此会隐然为
东南各省革命之集团，谋推翻清朝政府。⑦

又有一爱国女学，由蒋观云等发起组织。蒋君赴日留学，请孑民代为管理。所谓爱国者，爱中国也，亦阴寓"排满"与排斥外国侵略之意。戊戌政变与庚子"拳乱"以后，学生渐渐觉得必须推翻清朝，建立自己的政权。

中国教育会与爱国女学的经费，多半出自上海富商哈同夫人逻迦陵女士（Mrs. Silas Hardoon），福建人，深信佛教，拜乌目山僧为师。山僧原名黄宗仰，曾受翁同龢熏陶，能作诗古文，又精于园林设计，被聘为工程师，建筑爱俪园，即哈同花园，此犹太富商对之推崇备至，言听计从。⑧一九○二年十一月十六日，上海南洋公学因教职员新旧思想之争，发生反抗学校的风潮，趋新教员吴稚晖、蔡元培辞职，全体学生二百余人退学，其在沪无家族可依而须住旅馆者，推代表向中国教育会求助。黄宗仰愿筹一切旅费，退学学生赖以维持于一时。然倚人篱下，终非长久之策。⑨

于是由中国教育会蔡元培、章炳麟等为退学学生组织爱国学社，租了两幢房子为校址。他校退学者，亦欢迎入爱国学社。被欢迎者之一，就是日后著名的章士钊，学陆军，转学后，请教兵操，元培社长亦亲自参加，受军训。爱国学社正式上课的时间不多，而主要活动是宣传革命，提倡军国民主义，大家要去当兵，成为国内唯一的革命机关。教职员每月要去张园演说一次，鼓吹爱国主义、"排满"革命等，无所顾忌。到爱国学社来的人越来越多，有邹容、《革命军》的读者，也有从日本归来者。如此高谈阔论，约有半年之久，外面引起官方的注意，内部章炳麟、吴稚晖发生龃龉，财政方面日起恐慌，无可奈何，与《苏报》联系，每月资助爱国学社一百元，而蔡元培、章士钊等为《苏报》写社论。蔡先生写过一篇《释仇满》，大意云：满人血统，久已与汉族混合，其语言文字，亦已为汉族所淘汰。吾国一皆汉族，满族之皇帝大臣，可乘间而杀之，但不必如邹容《革命军》所云"杀尽胡人"。可见孑民先生仁者之用心。然革命言论喧哗已久，居上海，大不易，危险多，其兄鉴清力劝元培留学。蔡先生以德国学术最优，欲赴德，即先去青岛学德文，不到一月，《苏报》案发生，章太炎、邹容入狱，爱国学社亦被解散。⑩

蔡元培在《俄事警闻》与《警钟日报》所宣传的革命方略

一九〇三年冬，蔡先生自青岛返沪，仍假中国教育会为活动机关。适俄人进兵奉天，举国骚然，乃与刘光汉（即刘师培）、陈竞全（甘肃名进士，累官知事，有钱，住上海租界）等人在上海发行一日报，名《俄事警闻》。文言与白话兼用，开始即谓"同人因俄占东三省，关系重大，特设警闻，以唤起国民，使共注意于抵制"，并列评清政府外交之失败。其抵制之法，是用社论：《告马贼》（十二月十九日）、《告会党》（十二月二十日）。一是哥老会，二是私盐帮，三是广西的会党。广西地方很穷，不免抢劫。官兵把这村的人通杀了，不如和岑制台春煊说："让你们去打俄国人，等到认真把俄国人打退了，全国里的人，都要大大地酬谢你们，你们也不至于再吃现在这种苦了。"

对盐枭的宣传，是"你们盐枭身体是很强的，胆力是很大的，团体是很固的，武艺是很精的。……你们盐枭中有名的是张士诚、刘铭传两个大人。张士诚……起兵泰州，不久即住苏州……好不快哉！刘铭传先前也是私盐贩子……后来清廷皇帝封他为一等子爵，岂不胜于卖私盐万万倍么？"（一九〇三年十二月二十六日，小报只一小张，无页数）⑪

《新年梦》在《俄事警闻》中连登数日（一九〇四年二月十七日至二十五日）。此文未署名，黄世晖撰《蔡孑民先生传略》，证明为蔡先生所作。他梦想要：一、恢复东三省；二、消灭各国在华的势力范围；三、撤去租界；也鼓吹"废财产、撤婚姻"的社会主义。他要学德、法、英三国语言，要进德国高等工业学校，兼研究哲学。"因为专门学问，德国最高。"这种梦想，蔡先生在一九〇七年实现了。⑫

《俄事警闻》只出了七十三日，一九〇四年二月二十六日，改为《警钟日报》，编纂方法一仍其旧，观点亦大致相同，谓"俄人不畏官军而畏马贼，马贼者，民族之代表也"⑬。稍后增加全国会党活动的消息，尤注意广西的大官与巨匪，另加刺客论，鼓励游侠，提倡中国之武士道。目清朝官厅为盗贼政府，言论日趋激昂，"排满"革命日益明显。结果，一九○五年三月，《警钟日报》被迫停刊。

《警钟日报》"本来就是蔡先生革命运动的刊物。译登俄国虚无党的历史，为国人种下革命思想"。这是当时在报馆任职的先师马鉴（季明）先生说的。他又描写只有蔡先生做独角戏，"天气非常寒冷，并无火炉，每晚总须写两篇文章。那时蔡先生右手冻疮溃裂，套了一只半截露指的手套，冷冰冰地继续工作，不避艰苦"⑭。

一九○四年七月二十日，登广告："蔡孑民敬白：孑民近担任爱国女学校事务，故《警钟》社编辑之役，已由汪允宗君主任。"⑮在辞职以前，六月十九日，有一篇社论《论会党有益于国》。略云："或者不察，谓会党为乱民之事。"社论说："有会党而乱，不如无会党而治。"会党"可以提倡民权，可以暗杀其君相，离间其臣民。……但使会党种子愈布愈多，终必有达其目的之一日。呜呼，观乎欧洲变法诸国，何一非由会党造其首基哉！……而俄国之虚无党，自学生、工人、军士，以至各种社会，几乎弥漫全国，波澜屡动。其未至于成功者直待时耳！环顾祖国会党，如中国之红灯、白莲、哥老、安清之类，其有如是之激昂而敏活者乎？吾方旦暮望之矣"⑯。

《论会党有益于国》的社论，多半是演独角戏的主编蔡孑民先生写的，从此我们可提出一问题：

蔡元培曾否加入秘密会党？

首先我们要对秘密会党下一定义。会党原始是少数志同道合之人，为达到某种目的，联结为党，有入党盟誓或仪式，严守秘密，不示他人，故称为秘密会党，一称秘密社会。社乃中国古代农村社会祭祀土神之所，即现代之土地祠，含有神秘之意，神秘是秘密社会常有的现象。

如此定义可以成立，可进而考察蔡先生所加入的团体。上述爱国学社为革命总机关，卸了《警钟日报》的主编之后，蔡先生为爱国女学堂校长，欲造成虚无党一派之女子，以便担任侦探与暗杀工作。他认为革命只有两途，一是暴动，一是暗杀，暗杀于女子更为相宜。蔡先生在爱国女学讲法国革命史、俄国虚无党历史[17]，惜其效果未易速成，但爱国女校仍为秘密革命机关。对辛亥革命有相当贡献的光复会，起初就设在此校中。

光复会的酝酿、密商、策划、组织，是在一九〇三年前后，肇始于东京，由军国民教育会流衍而成，初名暗杀团。[18]一九〇四年九月，中国教育会会长蔡元培探知龚宝铨（章炳麟女婿）之暗杀团来沪，他乃自动要求加入。于是更将规章详加修订，定名曰光复会，并推举蔡元培为会长，秘密结纳各地会党，壁垒为之一新。章炳麟、陶成章、徐锡麟、吴春旸、熊成基、吴樾、秋瑾等相继入会，极力联络江浙会党，从事革命。[19]光复会总部以办学为名来掩护革命运动，徐锡麟初办大通学堂，蔡先生常去讲演。因筹款困难，其弟元康来绍兴时，曾主张抢劫钱庄的运款来办学，陶成章反对，未实行。到各处奔跑，去运动会党，非蔡元培先生所长，而陶成章、徐锡麟等优于为之。如一九〇五年二月，锡麟自东阳至缙云，昼行百里，夜止丛社，多交其地奇才力士。[20]此种艰苦，非文质彬彬之蔡翰林所能受，他长于劳心，但不惯于劳力。

自一九〇五年八月二十日，同盟会在东京正式成立后，九月八日，以光复会会员吴春旸之推荐[21]，派蔡元培为上海同盟分会会长，从事于更切实有效的"反满"工作，秘密赁屋，学制炸弹。与其事者，必须采取传统秘密会社仪式，以免泄露消息。

开会时，设皇帝位，写誓书若干纸，如人数，各签名纸上，宰一鸡洒血于纸，跪而宣誓，并和鸡血于酒而饮之。其誓言，则每人各藏一纸，乃教授制（炸）药法，若干日而毕……未久而中国第一炸弹，发于考察宪政五大臣车上，孑民等知发者为吴（樾）君，则弹必出自杨（笃生）君手。㉒

以上引文是蔡先生口述，黄世晖笔记，并为"国民党党史委员会"出版之《革命之倡导与发展》所采用，似足为据。其守秘之严，"虽父子兄弟，也闭口不谈"㉓。此外尚有三旁证：

（一）时光复会的干部人才，如徐锡麟、秋瑾、敖嘉熊等，多为秘密社会分子，光复会的誓词为："黄河溯源浙江潮，卫我中华汉族豪。莫使满族留片甲，轩辕神胄是天骄。"㉔其他誓词不备引，与旧式会社相同。

（二）一九一七年，北京大学成立国史编纂处，由校长蔡元培兼处长，地理教授张相文为副主任。为编《国史前编》，蔡、张两氏联名致孙中山先生函，略云：

> 盖以民国成立以来，群言淆乱，是非不明。不有信史，何以昭示来兹？且饮水思源，尤不容忘其本来。故元培与编纂诸君，共同斟酌，拟自南京政府取消之日止，上溯清世秘密诸会党，效司马温公《通鉴外纪》之例，辑为一书，名曰《国史前编》。所以示民国开创如此之难也。唯兹诸会党既属秘密组织，迄今事过情迁，往往不能言其始末。再过数十年，窃恐昔年事迹，不免日益湮没，滋可惧也，所幸先生以开国元勋，不吝教言，征文考献，皆将于是赖之矣。㉕

中山先生复函云："近方从事著述……其中一章所述者为'革命缘起'……足为尊处编纂国史之干骼。若更求其详，当从海外各地征集材料，乃可汇备采择。……清世秘密诸会党……于共和革命，关系实浅，似宜另编

为秘密会党史,而不以杂厕民国史中。"(一九一九年一月十四日)㉖

民国成立六年后,蔡元培先生饮水思源,不忘本末,请为清世诸会党作《前编》,可见他与会党有特殊之关系或兴趣,把一位地理学家张相文拉出来做陪客,以免孤掌难鸣。

逾七日,蔡、张再函请向海外征文。大概孙先生因公忙,海外搜集秘社资料不易,迄无下文,绝非如朱元璋之对付小明王,否认与白莲、红巾之关系。现在已有《革命之倡导与发展》,可供学人参考。

(三)五四运动前后,林语堂去北大请蔡先生作书序,在会客室中稍候。最使他触目的,是北大校长候客室中玻璃架内,陈列着一些炸弹、手榴弹。林语堂"心里想,此人未可以外貌求之,还是个蘧伯玉吧?"蘧伯玉名瑗,孔子弟子,"外宽而内直,自设于隐括之中,直己而不直人。汲汲于仁,以善自终"㉗。盖有古代豪侠之风,他自认制炸弹,饮鸡血酒,是一件荣耀之事,故在玻璃架内陈列之。

在人证方面,台北有一位与子民有师生及其他职务深切关系的唐嗣尧先生,亦云:"子民师不惜以翰林学士之尊,而秘密结合义勇豪杰之士。"㉘

读以上蔡先生在《警钟日报》之社论及以后的言行与证据,他是否为会党分子的假定,似可以证实。蔡先生不以此为侮辱,反以此为荣耀。因为清朝末年,爱国志士热血沸腾,只择目的,不择手段,在巴黎出版的《新世纪》,公开号召:"去矣,与会党为伍!"㉙民国元勋孙总理,早已承认加入了会党。其次如黄兴,据冯自由说:"黄先生乃哥老会首领,亦系洪门最大宗派之人物。"黄克强先生回答说:"今日兄弟承洪门手足欢迎,无任感激之至。"黄谓与冯自由君共事甚久云云㉚。可见冯自由的介绍词谓黄兴为哥老会领袖,是有根据的。其他大人物与大学者加入会党者亦不少。出乎本文范围,不备列。与会党为伍为一时潮流,不足为奇。

光复会与同盟会之离合

大致来说，同盟会为兴中会、华兴会与光复会的组合或同盟，夷考其实，成立以后，华兴会之名罕用；而光复会与同盟会时合时离，或貌合神离，或明争暗斗。然其总目标，是推翻清朝统治。此文只能说一梗概，因为蔡先生一九〇七年五月至一九一一年十月在欧洲。

蔡先生出国后，光复会之领导人物，为章炳麟及女婿龚宝铨与其至交陶成章、徐锡麟、秋瑾等。他们要组织光复军，欲在浙江、上海等处发难，要求同盟会总部接济款项。同盟会无以应，陶成章乃去南洋，与在南洋教书的李燮和（湘省富翁）以复兴光复会名义筹款，并上书总部，请易孙文，以黄兴代之。[31] 经黄兴与蔡元培等极力调和，至辛亥年共同合作，促成武昌起义，加速光复各省。

共患难易，共安乐难。浙江新政府成立后，浙人初属意于陶成章。谢心尧案，"陶成章为洪门之重要分子"。开会选举，蒋尊簋当选。成章即于一九一二年一月十四日，被人刺杀于上海广慈医院。[32]

陶死后，光复会一蹶不振，临时大总统孙中山先生急电沪军都督陈其美，谓"陶被人暗刺，不胜骇异。陶君抱革命宗旨十有余年……光复之际，陶君实有巨功……务令凶徒就获，切切"[33]。凶手虽终未拿获，然亦可见孙中山先生之宽宏大量与公允。且尚不只此，他电陈炯明嘱调解在岭东同盟、光复二会会员之轧轹，电文略云：

> 同盟、光复二会，在昔同为革命之团体。……同盟会实行革命之历史，粤人知之较详，不待论述。光复会则有徐锡麟之杀恩铭，熊成基之袭安庆，近者攻上海，复浙江，下金陵，则光复会新旧部人，皆与有力，其功表见于天下。[34]

此种至公无私的精神，令人肃然起敬。而章炳麟《中华民国开国前革命史》序，谓冯自由少阿私之见诚然，但太炎先生为光复会、共进会焦达峰等表功，未提孙文之名，未言同盟会之贡献，犹曰："夸诞之士乃欲一切笼为己有，亦曷足怪乎？"㉟与孙中山先生之评断相比较，不啻有天渊之别。此亦《尸子》所云："不痴不狂，其名不扬者乎？"

同盟会之组织，后于兴中会及光复会，而此二者，对于辛亥革命，俱有相当贡献。武昌起义以前，革命失败者至少十五次，由兴中会及同盟会发动者十次，黄兴参与者共六次，光复会、华兴会主持者三分之一，而秘密会党分子，直接间接（以新军名义），几乎无役不与。在清政府眼中，兴中、华兴、同盟等团体，无一不是秘密会党，被禁止、捕杀。然同盟会不免以首功自骄，故蔡元培先生在一九一二年九月一日对"同盟会在粤支部讲词"云：

> 中华民国是同盟会人所构造而成，此论者所常言者也，但今日希望于诸君者：第一，以后我同志断不要说这句话。盖同盟会之与民国，不过关系甚密切而已，此则天下自有公评，不必我同志以此自诩……至惹起社会上人之反对。㊱

所以，章太炎先生之序革命前史，不表同盟会之功，恐是反感的表现。沈云龙先生说得好：

> 今之治革命史者，徒知炫言同盟会系沿兴中会一脉相承而来，而有意忽略华兴会、光复会与同盟会之渊源，是不免为扬己抑人之成见所拘囿。冯自由谓："国人对辛亥革命前伟业，多数典忘祖，喜谤前辈，此真民国盛衰存亡之大关键。"诚慨乎言之矣。㊲

按太史公书之所以永垂不朽，是在能包括社会各阶层，兼叙游侠。伯拉图^[1]云，公平是能予人以应得之份。（Plato says, Justice is to render each his due.）吾人知纂修民国史之专家，必早已谂知史迁之史法、史德，恪遵孙总理廓然大公、宽宏大量之精神，无须愚者之一虑。

蔡元培在思想方面站在时代的前线

蔡先生对中外古今的文化，讲消化，不守旧，不盲从，择其善者而采纳之，故能融化中西新旧于一炉。他是一贯的左与新，绝不因年龄与地位而改变。从清末至民国，他的思想总是一贯的，而且是一致的。在二十世纪初年，他对虚无主义、无政府主义、社会主义都表示兴趣，做过宣传。^㊳

孑民先生具有智、仁、勇三德。在智的方面，他是一位刻苦用功的学者，在短期内，能学会日、德、法、英文，做过教育总长后，仍能去德国上课，世所罕见。他能容纳异己，目光远大，择人之长而舍其短。他如不长北大数年，恐怕北大师生仍在醉生梦死，为升官发财着想，若干年后，才慢慢讲求改变。他长北大，让教员学生的思想自由发展，自由辩论，自由发表，杂志如雨后春笋，思潮如波涛澎湃。老顽固、新洪水与猛兽，皆在他的羽翼下无忧无虑、平平安安地竞争，造成一大批人才，为全国效忠，为其他大学做模范。孑民先生之发扬文化，其功不在禹下，他一生任事做官，总是合则留，不合则去，当非大智莫办。^㊴南港"中央研究院"，应当有蔡孑民一铜像，以资学人景仰。（按：南港"中央研究院"有元培馆，馆内有蔡氏铜像。）

在仁的方面，蔡先生具备温良恭俭让。对任何人，无疾言厉色，为青年谋事，有求必应，令人感动他的帮助，朋友、学生为政治受刑狱之苦楚，他必尽量援助，使之出狱。凡有一技之长者，必使有用武之地，人皆尊之为仁

---

[1] 今译作柏拉图。——编者注

慈和蔼，易于亲近的长者。

在勇的方面，他在翰林掌院学士之前敢公开批评朝政，非勇不可。他终身没有离开思想斗争的阵地：他为破除迷信而斗争⑩，为推翻清朝专制而斗争，为反对北洋军阀而斗争，为拥护民族自由而斗争，为民主宪政而斗争，他是一位脚踏实地的教育思想的革命家⑪。最后，蔡孑民为保护人权而斗争，推行无党派、无国家、无善恶的三无主义，此更非勇不可。一九三二年十二月三十日，蔡元培先生用中国民权保障同盟副主席名义招待新闻记者，致辞云：

　　我等所愿意保障的是人权，我等的对象就是人，既同是人，就有一种共同应受保障的普通人权，所以我等第一无党派的成见：因为各党各派所持的，已超越普遍人权以上，我等绝无专为一党一派的人效力，而不顾其他的。第二，我等无国家的界限：因为无论甲国人或乙国人，既同是人，就不应因国籍的区别而加以歧视；但因地点接近与否的关系，对本国人效力的机会多，而对外国人效力的机会少一点是有的。但外国人亦自有便于为他效力的同志，照分工条件，并无轩轾。第三，我等对于已定罪或未定罪的人，亦无甚区别：未定罪的人，其人权不应受人蹂躏，是当然的事；已定罪的人，若是冤的，亦当然有救济之必要。至于已定罪而并不冤的人，若依照嫉恶如仇的心理，似可不顾一切了，然人的罪过，在犯罪学家，归之于生理的缺陷；在社会主义，归之于社会的因缘；即在罚当其罪的根据上，本尚有考虑的余地。所以古人有"如得其情，哀矜勿喜"的箴言，又有略迹原情的观察，即使在法律制裁之下，对于当其罪之罚，不能不认为当然，而不应再于当然之罚以上再有所加；苟有所加则亦有保障之必要，例如狱中之私刑虐待等是。所以我等于无罪或有罪之人，亦无所歧视。诸君所主持的新闻，或以爱国之故，而对于本国特别爱护；又或以与一党一派有特别关系之故，而政见上常有拥护甲党攻击乙党之态度；此诚不必免，亦不可免者。然希望诸君对于普遍人权，能超越国家、党派的关系，以下判断，这是鄙人所盼望的。[42]

文中所提出的，有罪无罪，狱中私刑虐待，在蔡先生可以仁道主义概括之。中国民权保障同盟的会长是宋庆龄，会员包括杨铨（杏佛）、林语堂、鲁迅、邹韬奋等。此会主要工作，是设法营救陈独秀和牛兰，电请释放许德珩及平津被捕之学生与工人，与"五四"时代要求释放学生如出一辙。

中国民权保障同盟的性质和义务是：一、争取释放国内政治犯，工作对象是一大批不知名的囚犯；二、向政治犯提供法律的辩护及其他援助，调查监狱状况，公布国内剥夺公民权利的事实；三、协助争取出版、言论、集会和结社的自由。[43]

从一九二八年起，蔡先生长中央研究院，其总干事或行政秘书为杨铨（杏佛，一八九三年至一九三三年）。此人说是干才，能一面谈话，一面对客挥毫写信，曾在康奈尔大学学习工程，在哈佛大学习商业管理，回国后，历任东南大学等校行政兼教授工作。一九二五年随孙中山先生北上，任秘书职，后任孙中山先生丧事筹备处干事，并从事北伐军在上海的地下工作。一九二八年任中央研究院总干事，轻于蔡先生的年龄二十多岁，以长辈待之，两三年合作同事无间言。[44]

不料一九三三年六月十八日晨，杨铨在上海被刺死，南京政府严令缉凶，亦始终未获，是否杀鸡儆猴，不得而知。此后宋、蔡虽仍为社会贤达，但少作要求释放政治犯的言行。蔡先生的健康亦渐衰。一九三七年沪宁失守，隐居香港养病。虽仍遥领中央研究院，但极少公开发表言论。一九四〇年病终，载满令誉，永耀文坛。唯有一事，为人所未言，即蔡、宋数人之人权运动（Human Rights Movement）为四十余年后美国卡特总统人权运动之先声，此亦始料所不及。

一九八一年三月十八日于美国印第安纳大学历史学系撞钟室

注释

① *Ts'ai Yuan-pei and the Political Revolution in Modern China* by William John Duiker III, Ph.D., Georgetown University, 1968. 463p. *Ts'ai Yuan-pei from Confucian Scholar to Chancellor of Peking University, 1868—1923: the Evolution of a Patient Reformer* by Eugene Stephen, Ph.D., The Ohio State University, 1970. 182p.

② 李若一：《蔡先生的政治思想》（台北："商务印书馆""人人文库"，1961 年），第 197 页。

③ 甘簃：《睇向斋逞臆谈》，《申报·自由谈》，1931 年 12 月 15 日，及厂民《蔡元培》，在孙常炜编《蔡元培先生全集》（台北："商务印书馆"，1968 年），第 1348 页。以下简称《全集》。

④ 蔡元培：《我在教育界的经验》，《全集》，第 677 页。

⑤ 蒋梦麟：《西湖》（台北："《中华日报》"社，1959 年），第 29 页。

⑥ 吴敬恒：《蔡先生的志愿》，《全集》，第 1369 页。

⑦ 罗家伦主编、黄季陆增订《国父年谱》（台北："中国国民党党史料编纂委员会"，1969 年），第 149 页。以下简称《国父年谱》。

⑧ 蔡元培：《记宗仰上人轶事》，《全集》，第 675 页。

⑨《国父年谱》，第 149—150 页。

⑩《南洋中学一九〇二年罢课风潮和爱国学社——座谈记录》，《辛亥革命回忆录》（中华书局，1962 年）集四，第 63—77 页；萧一山：《一代宗师蔡孑民先生》，《学术季刊》二卷一期（1953 年 9 月），第 125—126 页；蔡元培：《我在教育界的经验》，《全集》，第 675 页。

⑪ 黄世晖：《蔡孑民先生传略》，《全集》，第 1309 页。

⑫《新年梦》，在《俄事警闻》中，"中国国民党党史料编纂委员会"1968 年影印行世，又见《全集》，第 439—450 页，此排印本，间有错字。又参《蔡元培先生年谱》上卷。

⑬《警钟日报》，在罗家伦编"中华民国史料丛编"册一，1904 年 2 月 26 日，无页数。

⑭ 马鉴：《纪念蔡孑民先生》，《全集》，第 1533—1534 页。

⑮《警钟日报》，在罗家伦编"中华民国史料丛编"册三，第 146 号。

⑯ 同上，1904 年 6 月 19 日第一版。

⑰《我在教育界的经验》，《全集》，第 678 页。

⑱ 冯自由：《中华民国开国前革命史》第二册，第三十五章，光复会（台北："世界书局"，1954 年影印），第 19—33 页。又参小野川秀美：《光復會の成立》（京都）《东方学报》四一（1970 年 3 月），第 531—544 页。

⑲ 吕复之：《革命策源地之绍兴大通学堂》，《浙江月刊》一卷七期（1969 年 3 月），第 15 页。此文作者为大通学堂的学生。

㉑ 罗耀九：《光复会性质探讨》，《厦门大学学报》（社会科学）一期（1960年），第69—70页；冯自由：《革命逸史》册五，第61—62页（台北："商务印书馆"，1965年），及陈魏：《光复会前期的活动断片》，《辛亥革命回忆录》册四，第127—129页。

㉑《国父年谱》，第201页。一说介绍子民入同盟会者为何海樵，今从《年谱》。

㉒ 黄世晖：《蔡子民先生传略》，《全集》，第1310页；《革命之倡导与发展》（台北："党史委员会"编，1963年）册十，第367—368页；萧一山：《一代宗师蔡孑民先生》，《学术季刊》二卷一期（1953年9月），第126页。同一饮鸡血酒的故事，而被二三权威著作采用，必非无稽之言。许金城《民国野史》亦云"蔡元培制炸弹，吴樾以之炸出洋考察宪政大臣"，"近代中国史料丛刊"（台北：文海出版社影印版，册九七七，第24页）及小野川秀美（见上引，第535页）亦言及饮雄鸡血酒之盟誓，可见证据充足。

㉓ 沈瓞民：《记光复会二三事》，载《辛亥革命回忆录》（中华书局，1962年）集四，第141—142页。

㉔ 罗耀九（同上引），第73页，及吕复之（同上引），第15页。

㉕ 蔡元培等《为〈国史前编〉与孙中山先生通讯》，载张子文：《一组书简的集合》，《传记文学》卷十一，期一（1967年7月），第18—19页。

㉖《国父全集》（台北："中央党史会"，1973年6月）第三册，第590页。

㉗《全集》，第1470—1471页；《史记》卷六七第1页下，有关于蘧伯玉个性的写照。

㉘ "立法委员"唐嗣尧先生答客问，用中文打字机打出一篇优美的文章，题为《蔡先生生平事略》，其末段云：

> 孑民先生一生好学不倦，读书为乐；生活简朴，毫无官气；气度恢宏，兼容并包；待人诚恳，处事公正；赋性恬淡，不事名利；崇尚气节，力行信义；明辨是非，主张公道；礼贤下士，察纳雅言；奖掖后进，不遗余力。使人尽其才，为国效力。不仅为中国学人之模范，亦为中国近百年来之完人。

丙辰年春唐嗣尧记述于台北

谨对唐先生致万分谢忱。

㉙《新世纪》，在巴黎出版，1908年4月11日，作者署名"反"，标题《去矣，与会党为伍！》。《新世纪》杂志，东京：大安株式会社，1966年影印。

㉚《民国杂志》旧金山出版（1904年）第六期，第5页。敬谢黄克强先生女婿薛君度教授，惠赐剪报复印本。

㉛ 冯自由：《革命逸史》（台北："商务印书馆"，1965年）集五，第64—74页，《国父年谱》，第290页。

㉜ 谢心尧：《辛亥革命各省光复纪略》，《樾风》半月刊，卷二〇（1936年10月），第51页。刺杀陶成章者为谁，现已成为秘密的公开，非本文范围之内，不备述。读者欲知其详，可参考《蒋介石秘录》，台北《中央日报》全译本，册四，第58—60页。

㉝《总理全书》（"中央党史史料委员会"编，台北："中央文物供应社"，1955—1956年）册六，第23—26页。

㉞ 同上。

㉟《太炎文录续编》卷二下，第10—20页。

㊱《蔡元培先生全集》，第707页。

㊲ 沈云龙：《现代政治人物述评》（台北：文海出版社，1966年），第27页。沈氏又云："甚且混国史与党史而为一，功则归己，过则诿诸他人，一咮百和，莫之敢忤。"同上，第85页。耘农（沈云龙）：《记同盟会与光复会之党争》，《民主潮》卷五，期十八（1955年9月），第16—17页。谢谢Richard Lynn教授，从他处代作一复制本。又参邓嗣禹《海内外会党对辛亥革命之贡献》，吴相湘编"中国现代史丛刊"册五（1964年），第1—22页。

㊳ 蒋维乔：《民国教育总长蔡元培》，《全集》，第133—142页，及Chow Tse-tsung: *The May Fourth Movement* (Cambridge: Harvard University Press, 1960)，第97、216、217及243页注。

㊴ 参《传记文学》一八三号（1977年8月）专题人物座谈会——蔡元培。其他国内外，后者包括日本学人，凡是研究过蔡元培先生者，据浅见所及，几一致予以佳评，恕未能备列长短论文，与各书中的断章叙说。

㊵ 蔡先生破除迷信，是从学理方面入手，上面提到蒋梦麟先生觉悟了有关雷之迷信，此处将附加一叙井上圆了的《妖怪学》。此人此书，很少受到注意，实则蔡先生受了井上圆了一点启发与影响。蔡先生把他的《妖怪学讲义》，在一九〇五年以前，就十之六七译成中文。井上自序云："余之发行《妖怪学讲义》者，实有不得已者在焉。余尝以为吾邦之鸿业：一半既成，一半未成。……是余所以投身于教育海，日夜孜孜，图报国恩于万一。……余独自为妖怪学之研究，于兹十年矣。"故此书材料丰富，组织精密，条分缕析，如剥春笋。译文简明流畅，能引人入胜。若干章段，似非涉猎中国文史数千卷者莫辨，读完此书，将迷信盘根究底，碍难立足。然则作者之背景，岂可不略加考察耶？井上圆了（一八五九年至一九一九年）是文学、哲学、佛学与汉学家。曾习中国文史，又在长崎学英文。一八八五年，毕业于东京大学，因不喜时俗，醉心欧化，乃创办一杂志，名《日本人》。一八八八年游欧，逾年归。一九〇二年再游欧，研究神怪学（mythology），以便矫正普通的迷信。一九一九年去上海、天津、北京等处游览，在大连讲演时，以脑充血逝世。所著尚有《伦理学讲义》，蔡先生之游欧洲与著作，似受其影响。

㊶ 蔡尚思：《蔡先生学术思想传记》（上海：棠棣出版社，1950年），第2—9页。

㊷ 上海《申报》，1932年12月31日。

㊸ 同㊶，第163—166页。

㊹ 杨小佛（杨铨之子）：《杨杏佛与中国民权同盟会》，《历史研究》十二期（1978年），第68—74页，及Howard L. Boorman and Richard C. Howard (eds), *Biographical Dictionary of Republican China* (New York: Columbia University Press, 1971)Vol. iv, p5—6.

原载《传记文学》第三十九卷第三期（一九八一年九月号）

辛亥革命前后的蔡元培

陶英惠

由清朝翰林到革命志士

清末的革命运动有一显著的特色：几个重要的革命团体，如兴中会、华兴会、光复会以及同盟会等，其领导阶层多为新知识分子，拥有传统功名者很少，而具有翰林头衔者尤属罕见。当时仍然是学而优则仕的时代，翰林院则是全国高级政治人才的渊薮，蔡元培以一个商家子弟，在翰林院中，已由庶吉士升补为编修，仕路已通，但他放弃了十年寒窗、梦寐以求而得来的大好出路，献身于革命活动，可以说是一个非常突出的例子。

蔡元培生于同治六年（一八六八年），也就是太平天国失败后的第三年，比孙中山先生小不足两岁。太平天国这时虽已失败，但余波仍在荡漾。郭湛波在其《近代中国思想史》中论及孙、蔡两人的革命思想时说：

> 我们从历史的眼光来看，近代思想的演变来看，"太平天国运动"

实代表反中国传统的思想，而荡平"太平天国运动"的曾国藩，实代表中国传统的思想。"国父"说"闻太平天国遗老讲洪杨故事，即以洪秀全第二自许，革命动机于是萌芽"。他的思想，是从这方面发展。蔡先生在二十八岁（一八九四年）以前，由秀才而举人，而进士，而翰林院编修，思想是从另一方面发展。两大伟人，初期的思想发展是"殊途"的。（第二百二十四页）

蔡元培在二十八岁以前，其生活方式及所受的教育仍是传统的、旧式的，所继承的也是传统的思想：人道的、理性的、反神道的、反宗教的。他曾在《释仇满》一文中说："洪杨之事，应和之者率出于子女玉帛之嗜好；其所残害，无所谓满汉之界；而出死力以抵抗之破坏之者，乃实在大多数之汉族。"〔光绪二十九年（一九〇三年）三月十四、十五日《苏报》〕这段话的原意是用以说明太平天国的"反满"，种族之见十分薄弱，但也看出他对太平天国流露着微词。尽管他与中山先生初期的思想发展是"殊途"的，但加入同盟会之后，便是"同归"了。

蔡元培之所以逐渐走上革命的路途，一方面是受甲午战败的刺激，另一方面则是自维新运动中获得启示。由于甲午失败，国人自梦中惊醒，不仅"新政"的呼声甚高，对"西学"的注意也趋于积极。蔡元培也因此开始涉猎译本西书，以间接吸取世界新知识。此举对他以后的思想行为，是一个大的转捩点。维新派的言论和行动，在当时曾产生了强烈的震撼，及至政变发生，蔡元培对清朝政府的腐败深感失望，同时也看出革命的不可避免，遂毅然与清廷诀别，弃职回里，开始其革命"排满"的艰苦历程。

对革命与"排满"的卓见

在清代二百六十八年中，满汉两族间始终有一道很深的鸿沟，自从太平天国将汉族对满族的新仇旧恨挑起，西方的民族独立、民权革命的思潮亦相继输入，更加强了"反满"的情绪。光绪二十九年（一九〇三年）春，上海的舆论界"仇满"之声浪甚高，张园演说会中，本合革命与"排满"为一谈，而持极端"排满"论的邹容在其《革命军》中尤抱杀尽满人的见解。蔡元培虽然也主张革命"排满"，但他的意念是基于清朝政府的无力抗拒外侮，并非基于历史上的种族仇恨，所以对邹容的激烈主张不表赞同，特发表《释仇满》一文，以表示其看法。他认为种族之别有二，一曰血液，一曰风习。当时汉满两族通婚之事已屡见不鲜，满人之血统，久已与汉族混合；至于语言文字、起居行习，亦为汉人所同化，所可为满人标识者，只有其世袭爵位，及不营实业而坐食之特权而已。若满人自觉，能放弃其特权，则汉人绝无杀尽满人之必要。

他认为当时"仇满"论之所以盛，是政治思想发达的结果：因为世界进化，已演成多数压制少数时期，风潮所趋，绝不容使少数特权独留于亚东社会，此为政略之争。"仇满"之动机虽在政略，且联想所及，不免混杂有过去种族之见，但重心应全在政略上，绝非纯粹种族之见。而且，由于世运所趋，非以多数幸福为目的者，无成立之理，凡少数特权，没有不被摧败的。

这是他首次公开发表的一篇政论性文章，其头脑冷静、不尚浮夸以及无所不容之襟怀跃然纸上。他不是一个狭隘的民族主义者，而是从整个中华民族的利益着眼，要是过分强调满汉的种族之见，势将两受其害。因为革命党如坚持杀尽满人，必加强满人的团结，以求自保，其将增加革命的阻力，至为显然。更值得注意者，他不仅主张推翻清朝的政权，同时也清楚地指出了世界潮流所趋在民主政治，其最大的理想是建立一个真正民主政治的国家。及至武昌起义后，他的看法才普遍为革命党人所接受。在议和的纲领中，对清室列有种种优待条件，清室因而迅即退位，促成了五族共和。于此可见其对"排满"见解之卓越。

春申江边的革命风潮

蔡元培在戊戌政变后辞职返里，担任绍兴中西学堂的监督（即校长）。校中的教员有新旧两派，他与杜亚泉等属于新派，提倡物竞生存之进化论，对旧日尊君卑民、重男轻女的旧习随时有所纠正，引起旧派的反对，遂辞职，于光绪二十七年（一九〇一年）赴沪，展开了他多彩多姿的革命生活。当时在上海与革命有关的组织，他无不参加活动，或为主要发起人，或负其总责。

聚集在上海的各方志士，在列强虎视于外、清廷鱼烂于内的情况下，都想从事救亡的工作。大家目标既然一致，咸认有加以组织的必要，否则力量不能集中，也不易收效，遂有中国教育会的成立。论者谓中国教育会是近代中国第一个寓革命于教育的团体，其后上海的一切革命活动，大都与该会有关。

教育会是光绪二十八年（一九〇二年）三月成立的，发起人为蔡元培、叶瀚（浩吾）、蒋智由（观云）、钟观光（宪鬯）等，公举蔡元培为会长。先后加入的重要会员，计有吴敬恒（稚晖）、章炳麟（太炎）、黄宗仰（乌目山僧）、林獬（少泉）、蒋维乔（竹庄）、邹容、陈范（梦坡）等，以及爱国学社的绝大部分社员。其成立的宗旨是编印教科书，但事实演变，成为上海教育团体从事革命活动的大本营。

与教育会有关的革命团体，如爱国女学、爱国学社、《苏报》《俄事警闻》及《警钟日报》等，其活动有一最大的特点，即：表面普及常识，暗中鼓吹革命，也就是寓革命工作于教育事业之中。蔡元培在绍兴中西学堂及南洋公学任教时，即开始提倡民权、女权，以散布革命的种子，而由教育会经办的爱国女学、爱国学社，更含有革命的性质。仅由这两个学校的名称上，亦不难看出他爱国之深心。其中爱国学社系光绪二十八年（一九〇二年）十月十七日南洋公学发生风潮，蔡元培将退学生介绍给教育会，募款所成立的，故关系特别密切，学社的人几乎都加入了教育会，而教育会仿佛就是学社的校董会。全校师生都议论时政，公言革命无忌，空气极为自由，遂成为传播革命思想的中心，诚如章炳麟所说："多述明清兴废之事，意不在学也。"

蔡元培在主持爱国女学期间，凡革命同志，如徐锡麟、秋瑾、陶成章、杨守仁、黄兴等到上海时，他都借该校为招待接洽之机关。他办学的方针，并不取贤母良妻主义，乃欲造就虚无党一派之女子，在校中为学生讲法国革命史及俄国虚无主义等。蔡元培"觉得革命只有两途：一是暴动，一是暗杀。在爱国学社中竭力助成军事训练，算是下暴动的种子。又以暗杀于女子更为相宜，于爱国女学，预备下暗杀的种子"（《我在教育界的经验》）。由于暴动、暗杀最好的武器是炸弹，所以他在爱国女学中特别注重理化，以试造炸弹。当时与他一起研制炸弹的同志，有钟观光、王季同、杨守仁、何海樵、苏凤初、孙毓筠等，而黄兴、蒯若木也自东京送来弹壳相助。辛亥革命时，爱国女学的学生多有从事南京之役者，便是这个时期教育的成效。

《苏报》原是一份同情变法及君宪的报纸，直到爱国学社成立后，《苏报》主人陈范与蔡元培、吴敬恒、章炳麟等相结纳，方与学社订约，每日由学社教员撰论说一篇，苏报馆则每月津贴学社一百元以为酬，这才转变为革命性的报纸。南洋公学的风潮，已揭开了近代中国学生革命运动的序幕，《苏报》又特辟"学界风潮"一栏，报道各地官立学堂腐败情形，鼓动学生退学。于是，学生反抗学校当局不合理的压迫乃成为全国普遍的风气。南京陆师学堂、浙江求是大学堂、杭州陆师学堂等，相继发生学潮。年轻的一代从驯服变为反抗，使清廷穷于应付。学潮发生的原因很多，但《苏报》的鼓动要为重要原因之一，则无疑问。

蔡元培除了在学校中鼓吹革命外，又以教育会的名义在张园举办了一连串的演说会，发表革命及"排满"言论，遂使张园成为一处讨论政治或鼓吹革命的集会场所，更产生了广泛的影响。所有的演说词以及教育会、爱国学社与东京方面各革命团体的活动，《苏报》均以显著地位予以披露，气势甚壮，可以说是教育会成立后的全盛时期。至光绪二十九年（一九〇三年）五月，教育会与爱国学社为主属问题发生内讧，而《苏报》则改请章士钊为主笔，刊载章炳麟之《康有为》《客民篇》《读〈革命军〉》《序〈革命军〉》等文，言论之激烈，达于极点，并直呼清帝为小丑，遂引发了轰动一时的《苏报》案。上海的革命活动，受到严重打击。

由"排满"而渐及反帝国主义

《苏报》被封后，蔡元培又与陈竟全、王小徐等创办《俄事警闻》报，于光绪二十九年（一九〇三年）十月二十七日发刊，其发刊的动机为"同人因俄占东三省，关系重大，特设警闻，以唤起国民，使共注意于抵制此事之策"，并在创刊的同时发起组织"对俄同志会"，以研究对付东三省问题之法。这时上海革命志士的注意力，显然不再像《苏报》时代专致力于"排满"，对帝国主义的侵略，也在谋求抵制之策。蔡元培曾用白话写了一篇小说《新年梦》，在《俄事警闻》报上发表。在该文中，他假借一自号"中国一民"者梦游之见闻，表达一个严肃问题：怎样才能造一个新中国？在外交方面，他提出了应办的三件事：第一，恢复东三省；第二，消灭各国的势力范围；第三，撤去租界。等这三件事完成后，再由中国提出弭兵会，设万国公法裁判所，练世界军维持和平，于是世界大同。论者谓这是国人倡议废除不平等条约的最早记录。至光绪三十年（一九〇四年）正月十一日，《俄事警闻》改名《警钟日报》，正式揭出以"抵御外侮，恢复国权"为目的，其反帝国主义之旗帜，益为明显。终因揭露德国人在山东经营铁路、开采煤矿等密谋，引起上海德领事交涉，而于光绪三十一年（一九〇五年）二月被迫停刊。

同盟会成立前后的活动

光绪三十一年（一九〇五年）七月二十日，中国同盟会在东京正式成立。蔡元培于九月二十九日由何海樵介绍入会，旋由吴春旸推荐为上海分会会长。在当时同盟会的领导阶层中，他与黄兴、张继在上海即相熟，对中山先生虽然心仪已久，但尚未谋面。他之所以被推为上海分会会长，因素很多，主要是与他在上海所主持的种种革命活动及光复会会长的身份有关。

光复会是由留日学生所组军国民教育会暗杀团演变而来。暗杀团团员龚宝铨等到沪，与蔡元培洽商，于光绪三十年（一九〇四年）冬成立光复会，推蔡为会长。光复会之组织，本为暗杀计，然亦招罗暴动者。暴动则须借重秘密会党，时陶成章在浙江金、衢、严、处等地联络各处会党，准备联合行动；绍兴一带，则另有一派会党，由徐锡麟、王金发、竺绍康等统率。二派之间各不相谋。蔡元培因与陶、徐二人均相识，特邀二人到沪，恳切商谈，促使浙东两派革命党互相合作，均加入光复会（见蔡元培《自写年谱》手稿）。蔡元培德行有余，声望亦高，足资号召，但就从事实际工作和活动而言，则非其所长。故自陶、徐入会后，光复会领导之重任便落在他们两人身上。

同盟会成立后，革命的重心在日本，上海因《苏报》案后部分同志星散，声势大不如前。蔡元培在此期间的活动，显然也没有加入同盟会之前那么活跃。据现存一份不太完全的《中国同盟会成立初期（乙巳、丙午两年）之会员名册》记载，经他主盟入会的有十三人。又曾加入暗杀团，赁屋学制炸弹。光绪三十二年（一九〇六年）五月十二日，邹容墓前纪念塔落成，特举行纪念会，蔡元培当场发表演说，据蒋维乔在《中国教育会之回忆》一文中说："蔡先生是日之演辞，特别警策。因此，陈英士闻而感奋，回里变卖不动产，从事实际革命工作，后来成就伟大事业，发端乃始于此。"足见其感人之深。

同盟会成立后，兴中会和华兴会的名义不复存在，但光复会在江、浙、皖一带的组织，并未因同盟会的成立而改组，仍沿用光复旧名。光复会的骨干如章炳麟、陶成章等，在同盟会筹组期间都没有直接参与，在同盟会成立后，虽与不少光复会会员相继加入了同盟会，但终因两会领袖间的个人冲突导致分裂，分途发展。蔡元培虽曾为光复会会长，由于素性恢廓，并无自限于光复会之意，自加入同盟会后，即以整个革命团体之一分子自居，不似章、陶诸人之隘。其革命救国的事业，从此即与三民主义的革命大业化合为一，凡事均以整个革命团体的立场为着眼点。

赴欧游学吸取新知

光绪三十三年（一九〇七年）五月，蔡元培随出使德国大臣孙宝琦赴德留学。他之所以决心赴德留学，固然是由于追求新知的志愿心切，但对革命前途的悲观也是因素之一，这可由他于宣统二年（一九一〇年）致吴敬恒的信中见之：

> 弟之所见，恐平民革命之剧，在支那终不能有好结果，现在所可预期者，唯有两途，幸则为土耳其之革命，如汉民君《以土耳其革命告我国军人》篇所言，弟颇赞成之；不幸，则支那民族演犹太人之印版文字，分居于各强国政府之下，而守其不洁、贪、吝、迷信旧宗教（以儒家之祖先教代摩西教）之习惯，历劫不变，其中一部分占势力于经济（界），又有一小部分为忽出忽没之暗杀党，一小部分为学术家，而平时受人诟詈凌虐，又无端而忽受虐杀，——如犹太人以往及现在之历史。二者何去何从，恐不出十年，可以解决也。……弟自与爱国学社诀别时起，脑筋之历史，出入于犹太的支那民族之最后两小部分中，在上海时，因后小部分之目的无可进行之路，而专注意于

前者，其间颇有艰难秘密之历史，其后卒以途穷而移于后者。到德以后，则专向后者之路进行，而于前者之关系，则尚时时触接。

此函对他离开爱国学社以后的活动——或从事暗杀或立志学术，有一非常具体的说明。事实上，在光复会成立后，大权落在徐锡麟和陶成章身上，他已不被重视；同盟会成立后，更是人才济济，显不出他的重要；而暗杀活动又困难重重。所以，只有本着他的专长向学术方面发展，才有留学之举。他之出国留学，只是暂时放下国内的实际革命生活，去求取新知，再充实自己，以贯彻其戊戌政变后培养革新人才以达到革命目的之素志。他在旧学方面已经有了深厚的根底，但在西学方面，自己感到不能满足。他到德国后，入来比锡大学，尽管过的是半佣半丐、十分艰困的生活，但仍潜心研究，心无旁骛，所听的课甚多，凡哲学、文学、文明史、人类学、实验心理学、美学等，只要时间不冲突，都去听，兴趣非常广泛。其求知若渴及苦学的精神，可于一九一一年一月四日与吴敬恒的论学书中见其一斑：

……勉赴学问云云，则虽不敢不以此自鞭辟，而来此已逾三年，拾取零星知识，如于满屋散钱中，暗摸其一二，而无从连贯；又或拾得他人弃掷之钱串，而曾不名一钱，欲摸索一二相当之钱以串之，而顾东失西，都无着落，唯终日手忙脚乱，常若债负，与日俱增，而不知所届，偶或悍然不顾，引我无目的之乐天观，以强自排遣，则弟之避债台也。盖弟从前受中国读书人之恶习太深，年来虽痛自洗濯，而终未能脱去。又生平有小题大做之脾气，详于小则不能不遗其大，自知其失而终不能改，故沉溺于苦海之中而不能度也。所幸半佣半丐之生涯，尚可勉强过去，再历数年，或者摸得之散钱稍富，而渐有适当于断烂钱串者，得联合以为小小之结束，则庶几不负故人之期望矣。

吴敬恒复函谓:"先生学问愈高,则不自满之处愈多。此即进步锐速之证。"但闻其半佣半丐之窘状,则兀然不自安,为之搔首踌躇者久之。

维护革命的领导中心

蔡元培在德国虽然专心苦读,但对整个革命活动,特别是影响革命大业的事,仍然十分关心,可由下述二事见之:(一)章太炎与吴敬恒为《苏报》案的论战;(二)章炳麟与陶成章攻击中山先生事件。

章炳麟在爱国学社时,即对吴敬恒有意见,及《苏报》案发,章、邹入狱,乃疑为吴氏所陷。至光绪三十三年(一九〇七年)二月十二日,所撰《邹容传》在日本刊行之《革命评论》第十号发表,文中对吴颇有微词,因而引起两人之笔战。时章主编之《民报》与吴主编之《新世纪》,遂成为笔战战场。这两个同为宣传革命之重要刊物,至是竟因《苏报》案旧事而内部互讦,诚为革命阵营中一大不幸事件。吴质问章氏之重点,在求《邹容传》中所云之证人,证人既不可得,若章承认为想当然语,即不再追究,但章则避重就轻,不做正面答复,只一味漫骂,不仅攻击吴氏本人,并且词连《新世纪》的主张。笔战伊始,蔡元培即曾仗义为吴剖白,以《苏报》案当事人之一的资格,谓章、邹之入狱绝非吴氏所陷害,并列举事实为证,希望此案早作结束,以免造成分裂,但未能如愿。

一波未平,一波又起。至宣统元年(一九〇九年),又发生章炳麟在日本神户之《日华新报》撰文攻讦中山先生,以及陶成章假七省同盟会会员名义在海外散发攻讦中山先生传单事件。吴敬恒在明了真相后,特于《新世纪》连续撰文指责章、陶,主持公道。此举之重要性,正如吴相湘师在《吴稚晖促进国家统一》文中所云:

吴先生这一行动是非常重要的，因为章、陶文字在华侨社会间所引致的误解和混乱，获得了澄清。中国同盟会的大分裂在千钧一发间因此没有真正爆发开来，这对于中国国民革命的影响是不言而喻的。

这时，蔡元培虽在闭门读书，但对此等大事，则无法忘情。他虽曾对陶成章之"朴挚耐劳"自认"万万不及"，颇致好评，但于陶之厚诬中山先生则极为不满，此可于他致吴敬恒函中见之：

> 南海末路如此，已矣，不能复有所为矣。吾党凋枯，亦复尔尔，令人痛哭。陶君之内讧，尤为无理取闹。此公本有此等脾气，前与徐（锡麟）、陈诸君结为特别死党（凡五人），在东京时，亦以党款故，与徐君龃龉，驰函各处攻徐君，谓其有异志，然徐君卒不出一诋陶语，识者曾以是判徐、陶之优劣。及徐君殉义，则是非更昭然矣。吾族终不免有专制性质，以政府万能之信仰，移而用之于党魁，始而责望，终而怨怼，真令人短气。

并在致吴敬恒的另一函中，对章炳麟之"大放其丑语"，认为尤不可原谅：

> 奉惠书并承示各函件，感谢之至。先生曾于《新世纪》中斥陶氏攻孙之檄，而特先之以保皇党之丑历史，苦心孤诣，深可感动。不意枚叔又以《民报》题名之小故，而大放其丑语，不特使反对党畏忌中山之梦为之惊醒（反对党心目中恐亦只有孙文，未必有普通革党之观念，盖专制国无论政府或文人，其观念皆如此也），而且因以洞悉党中穷困崩析之状，此人真党中下愚不移之败类也。

在此短短数语中，其维护革命团体安全及领导中心威信之精神，不言而喻。

武昌起义后协助宣传

武昌起义时，蔡元培正由德国民族学家但采尔（T. W. Dantzel）之介绍，与维坎斯多弗一新式中学教员野该尔相识，往该校参观。在该校住一星期，忽见报载武昌起义的消息，为之喜而不寐。有一位德国朋友问他，这一次的革命是否可以成功，即肯定地答以必可成功，因为革命预备已很久了。他在阳历十月十八夜致吴敬恒函中亦持同样乐观的态度："盖弟意蜀事本早有头绪，湖南、广东、安徽皆迭起而已者，得湖北为之中权，必将势如破竹。"及见清廷起用袁世凯为湖广总督之讯，他对革命前途之"十分乐天观，生一顿挫"。他在致吴的同信中谈及对此事的看法："弟以为袁世凯者，必不至复为曾国藩，然未必肯为华盛顿，故彼之出山，意在破坏革命，而即借此以自帝。"就在这几句话中，把民国成立后几年中国历史之演变，看得了如指掌。

当时，蔡元培"一方面愧不能荷弋行间，稍尽义务；一方面以为大局旦夕可定，日盼好消息，或无目前自尽国民一分子义务之余地"。袁之出山，使其脑中乐观悲观更起迭现，遂决定先积极从事影响德国舆论的工作，"以杜其干涉之渐，而为他日易于承认新政府之地"。此与中山先生在美获知武昌起义消息后，不立即返国，而认为当时应先尽力于革命事业者，不在疆场之上，乃在樽俎之间，遂绕道欧洲从外交方面致力的见解，可谓不谋而合。蔡元培因即于十月十八日回来比锡，转赴柏林，与留德学界俞大纯、李偑君、顾兆熊（孟余）等，集资发电致上海《民立报》及香港《中国日报》，表赞成新政府之公见，谓外国均赞同吾党，绝不干涉。此举甚为重要，不仅可助长国内革命运动的声势，亦有促使各省共起响应的作用。

关于拍电报之事，蔡元培在阳历十月二十四日致吴敬恒函中说："同人之意，用汉文及英文皆将为上海电局所捡，乃用德文，不意德国电局既收而又打回，谓语涉妨害治安。现则改用骈文式，冀电报生不甚了解，或不至搁置也。"后来罗家伦阅读此信时说："我至今看到这种波折，一方面佩服蔡先生及其友人用心之苦，同时也不禁大笑；笑的是原来'骈文'有此用处，我现在才了解其不可废也！"（见《逝者如斯集》第八十五页）

蔡元培在同一信中，又提到对外国宣传之事，于致国内报馆电中，"又加入孙文举袁世凯为总统事，于昨夜始发也。孙之推袁，确否固不可知，然此等消息，除离间满、袁外，于半新半旧之人心极有影响，外交亦然。如德国政界推服袁甚至，故俞慎翁特奉一电，请公以英文电示此讯，并勿参疑词，以便转示德报馆，易于取信"。中山先生于阳历十一月十六日，也就是蔡等电报发出后的第二十四天，才自巴黎致电国内，主张速定临时总统人选，举黎元洪或袁世凯皆可，目的在求早日巩固国基。蔡元培之所以在电报中加入并不确有之举袁为总统事，目的在离间清廷与袁的关系，并影响人心和外国政府对革命党的态度。可见他为求达到革命成功的目的，竟不惜捏造消息，其热爱国家、戮力革命之精神，令人敬佩！

蔡元培同时又与留德同学共同研商如何使我新政府易为外国所承认，决定公推数人与新闻记者交涉，并作文数篇，送登各报。他们每天聚集在同学会，购报传观，将革命新闻用朱笔画出，并节译大要书于黑板，大家或欢跃，或叹惋，或怀疑，莫不发于革命速成之心，情绪十分热烈！

当时汉阳炮厂派到柏林调查制炮之术的刘庆恩，为四川人，将同学会中的龙旗撕破，代以三色旗。他也觅得克虏伯厂所调查之清军现在炮位及其实力表，认为革命战争非短期内可结束，而北攻最重要的武器为炮，革命军如欲迅速获胜，必须向克虏伯速购具有更为优越性能的炮位。此种新式攻城炮，每尊约五万马克，八尊则四十万，折合美金十万，留德学界无力筹出，乃于阳历十月二十六日与蔡元培联名致函中山先生，商请筹款。如获见允，运输之事，由炮厂任之；选购、验收及军中运用之事，则由刘庆恩及另一在柏林研究炮术之周树廉任之。时中山先生适由美抵英，与吴敬恒约晤于伦敦。蔡元培恐他与刘的名字，中山先生未必记得，或未足取信，故特致函吴氏，请他设法助力。

由以上诸事，当可看出辛亥武昌起义时，蔡元培与留欧革命党人积极活动的一斑！

毅然返国参赞大计

蔡元培在阳历十月二十四日致吴敬恒函中，即有"弟恐不能久留此间"之语，当时正是革命初起，成败未定，国命尚极度艰危的时候，他在协助留德学界致力宣传工作之余，显然已有回国赴难、共同奋斗的决心。在柏林将近一个月，接陈其美电报，催其回国，乃取道西伯利亚东归，于阳历十二月一日抵上海。

到上海后，即与黄兴、张謇、汤寿潜、章炳麟等参加筹建中华民国各省代表会议。十二月四日，各省代表在会中公举黄兴为假定大元帅，黎元洪为假定副元帅。关于选举经过，蔡元培在《辛亥那一年》文中记载云：

> 有一日，说是有一个省代表会，将于第二日举大元帅，大约举黎宋卿先生的多一点。我因为听说黎先生本来不是赞成起义的，又那时候很有与北军妥协的消息，觉得举黎不妥，特地到汤蛰仙先生处，同他磋商，适章太炎先生亦在座，详细讨论，彼等亦赞成我举黄的提议。但汤先生不肯于第二日直接举黄，而要求我亦到会，于会中推我为代表而投票举黄，不知何以要有如此曲折？我那时也不求甚解而允之。第二日，开选举会，依汤先生所定之手续，我投票举黄，章先

及其他有选举权者皆举黄，盖事前受章、汤两先生疏通了。大元帅举定后，章先生忽起立，垂涕而道，大意说："黎先生究系首难的人物，不可辜负他，现在大元帅既选定，请设一副元帅，并举黎先生任之。"全体赞成。

此中曲折，与一般记载稍有出入。黄兴当选大元帅后，并未赴宁就职。各省代表会又于十二月十六日重行选举，推黎为大元帅，黄为副元帅。黎初不接受，经赴鄂四代表解释后，始允承受。十二月二十九日，各省代表会在南京公推中山先生为中华民国临时政府第一任大总统，于一九一二年元旦在南京就职，并着手组织内阁，任命蔡元培为教育部总长，于一月三日在各省代表会中通过。其间经过，据蔡元培在《自写年谱》手稿中云："（孙中山先生）欲组织临时政府，命薛仙舟先生来招我，将以任教育总长，我力辞之。……我到南京后，见孙先生面辞，不见许。"于一月五日正式任命为教育总长。从此，蔡元培便将其精力投注于教育、学术及文化事业，因而产生了极为深远的影响。

结　语

综括蔡元培在清末的革命活动，他所做的不是冲锋陷阵的工作，而是弃其所短，用其所长，从教育方面着手，以启发青年爱国的思想，培养革新人才，透过教育的潜移默化，而促成革命的新形势。尽管在辛亥以前，他曾将教育当作革命的一种手段，但他是真相信教育的永久价值，所以在民国成立后，便一直站在教育的岗位上，出其多年所学，为国家贡献了他的一生。

甲午以后的上海，志士云集，朝气蓬勃，蔡元培曾以领导者的地位，用不同的方式为革命而努力，如组织团体，以言论鼓吹，下暗杀与暴动的种子等，都是启发民智、开通风气的重要工作。这期间的种种活动，就整个革命运动来说，很清楚地可以看出是国内革命的伏流，直接间接促成了同盟会的组织，而使各革命团体走上联合的路子。唯光复会系以偏狭的民族主义为主，不及同盟会的目标远大。蔡元培之所以由光复会而加入同盟会，这可能是重要原因之一。以后两会之间所发生的种种冲突，蔡元培总是站在整个革命团体的立场上予以调和、弥缝。

同盟会的成立，似乎是蔡元培在清末革命事业上的分水岭：在此以前，他多半居于领导地位，显得相当活跃；加入同盟会后，由于人才济济，他已不再像以前那么重要，而且革命前途也不太乐观，所以决心改从学术方面报国。虽然他曾谦虚地说，"对于创建共和，亦未稍尽汗血之劳"（见《我之欧战观》一文），但总起来看，他对整个清末的革命运动，还是有其重要贡献的！

原载《传记文学》第三十八卷第三期（一九八一年三月号）

蔡元培时代的北京大学与五四运动

罗家伦　口述　马星野（伟）　笔记

　　以一所大学来转移一个时代学术或社会的风气，进而影响到整个国家青年的思想，恐怕要算蔡孑民时代的北京大学。北京大学现在已经有三十二年的历史，最初是京师大学堂，里面分进士馆、史学馆、医学馆等，无一馆的学生不是官气十足的。据最初一班的人说，差不多一个学生要用一个听差，上课的时候，有听差来通知"老爷，上课了！"于是，这些学生老爷才由鸦片床上爬起来，睡眼蒙眬地带着一个听差到课堂去。医学馆比较多些洋气，但是和进士馆也不过是五十步与百步之差别而已。等到辛亥革命以后，称为国立北京大学，最初一些做过校长的人，对于这个学校也没有什么改革，到了袁世凯时代，由胡仁源代理校长。胡仁源为人，一切都是不足道，但是听说当时不曾列名于筹安会，上劝进表，倒也算是庸中佼佼者。蔡孑民做北京大学校长这件事，是范源濂发动的，因为他对蔡孑民极其推重，同时国民党的人分为两派，一派是赞成蔡去的，一派是反对蔡去的。直到五四运动以后，反对派之态度才改变过来。

蔡到北大的一年，适巧是我进北大的一年，当时的情形，可以说是暮气沉沉，真是腐败极了。教员之中，没有一点学术兴趣的表现。学生在各部挂名兼差的很多，而且逛窑子个个都是健将，所以当时北京窑子里有两院一堂之称（两院者参议院、众议院，一堂者京师大学堂也）。蔡初去时，本科分为四科，有四个学长，蔡接事后，重聘四科的学长——文科学长陈独秀、理科学长夏元瑮、法科学长王建祖、工科学长温宗宇，并决定工科按期结束以后，并入北洋大学，而将北洋大学法科并入北大。这件事自然引起工科中很多人反对，只是教员也很不高兴。文科方面，则生气较多，胡适之是新从美国回来，章行严也到学堂来教几点钟逻辑。国文方面，蔡挑了一批章太炎的学生，如黄侃（季刚）、钱玄同、沈兼士、沈尹默、朱希祖，更有一位经学大师刘师培和一位两足书柜陈汉章。还有一位刘半农，本来是在上海作无聊小说的，后来陈独秀请他到预科教国文。当时大家很看不上他，不过慢慢地他也走上正路了。英文方面，则有辜鸿铭教外国诗，从前有几个英国人——英国下等流氓——在里面教英文，蔡到以后，一气把他们辞退了。这件事闹到英国公使馆出来干涉，而蔡不为之动，所以把无聊的外国教员肃清了一下，但是以后所添的外国教员也并不高明，除了一位地质系的葛利普是一位特出的学者，替中国在地质学上打下了一个很坚固的基础。理科方面，则有秦汾、何育杰、王烈、王星拱一般人。法科则以官僚任教为多，如余棨昌、张孝簃等都是大理院厅长一流的官。法科一直等到一九二〇年下半年王世杰、周鲠生等加入北京大学以后才日见起色，最初实在没有什么大的整顿。

所谓文化运动的出发点，还是文科。我方才说过，文科的人物很有趣味，因为蔡对于聘请教授是主张兼容并包的，凡是一种学说苟能言之成理，持之有故，只要在学术上是说得过去的，他总让其在大学中有机会去发展。所以，拖辫子复辟的辜鸿铭、筹安六君子的刘师培，以至于主张急进的陈独秀，都能熔化在一炉，而北京大学遂有百派争鸣之势。（蔡之取兼容并包主义，有时候也有太过度的地方。从前有一位刘少少，作了一部《新改老》，可笑极了，蔡先生也让他在北大开一门功课，可笑得很。）

各派之中，势力最大而且最易号召者便是所谓新旧文学两派。陈独秀没有进北京大学以前，就在上海亚东书局办了一本杂志，叫作《青年》，胡适之不过是一个投稿的人，而易白沙这些人都是这本杂志的主干。胡适之发表《文学改良刍议》一文，以八事相号召，此文发表以后，陈独秀就作了一篇《文学革命论》，其主张较胡适之更为激烈，故"文学革命"四字乃是陈独秀提出来的。胡适之接上又作了一篇《建设的文学革命论》，因为他本来于革命二字有点害怕，所以于文学革命之前面戴了一个"建设"的帽子。胡适之初到北京大学，我曾去看他，他的胆子还是很小，对一般旧教员的态度还是十分谦恭。后来因为他主张改良文学，而陈独秀、钱玄同等更变本加厉，大吹大擂，于是胡之气焰因而大盛，这里仿佛有点群众心理的作用在内。当时陈独秀提出文学革命的时候，大家已经吓得目瞪口呆了，而钱玄同更加提出废除汉字的主张，所以许多人更目之为怪诞。他们因为要找一个反对的人做骂的对象，所以钱玄同便写了一封假名的信，用"王敬轩"的假名字，这封信是特地用旧派口吻反对文学革命的。当时刘半农就作了一篇什么连刁刘氏、鲜灵芝都包括进去的复信，狗血喷头地把这位钱玄同先生的化身王敬轩骂了一顿。这封信措辞轻薄，惹引了不少的反感，后来新青年社中人亦甚感懊丧。刘半农还有一篇《作揖主义》，也是同样轻薄口吻的文字，所以大家都看不大起。

当时《新青年》是由六个人轮流编辑的，陈独秀笔锋很厉，主张十分尖刻，思想很快，而且好作惊人之语。他的毛病是聪明远过于学问，所以只宜于作批评社会的文字，而不宜于作学术研究的文字。胡适之在当时还是小心翼翼的，他回国第一年的工夫，拼命地在写他的《中国哲学史大纲》上卷，他自己亲手抄了两道，的确下过一番苦功。（但是，这是以他在美国的博士论文《先秦名学史》为骨干而以中文写成的，所以写起来比较快，一年就完事了。）当时他所作的《建设的文学革命论》很引起大家的同情，他作了一些似词非词、似诗非诗的所谓白话诗，虽然失之于浅薄，但是在过渡的时代里，是很适合于一般人口味的。钱玄同本来是一个研究音韵学的人，是章太炎的学生，是自己主张白话却满口说文言的人，是于新知识所得很少却满口说新东西的人，所以大家常说他有神经病，因为他也是一个精神恍惚、好说大话的人。他的哥哥钱洵，做过意大利公使，他很怕他的哥哥，他在外面一向主张很激烈，见到了哥哥，却一点也不激烈了。他当时主张废姓、废汉字，因此大家更觉得这种主张可怕，而更觉得他同疯子一样。沈尹默也是一个编辑，但他是很深沉而喜治红老之学（《红楼梦》与《道德经》）的人，手持一把羽扇，大有谋士的态度。北京大学许多纵横捭阖的事体，都是他经手的。他不做文章，也不会做，但是因为他常作白话诗，而胡适之赞赏他的诗作得好，所以也就成为《新青年》六编辑之一。更有一位莫名其妙的，便是陶孟和。陶是英国的留学生，他外国书看得很多，是一位很好的读书顾问，但是他的中国文字太坏了，而且他读书不若胡适之之能得简，且没有综括之能力，做出来的文章非常笨（后来他还出了一部《孟和文存》，真是可笑之至）。但是，因为他能够谈什么社会问题、家庭制度等，所以他也成为一位编辑。第六位编辑是刘半农，他的地位和工作，我以前已经说过一点了，当时大家对他很不重视，乃是一种实在情形。后来北京大学派他到法国研究音韵学，对他乃是一种很大的帮助。

《新青年》除了六位编辑以外，更有许多投稿的人，如李大钊是当时北京大学图书馆主任，他的文章写得很好，人也很朴素。周作人是极注意写小品文字的，他的《自己的园地》等一类稿件，都是那时候写成的。鲁迅即周树人，乃是周作人的哥哥，当时在教育部做一个科长，还是蔡子民做教育总长时代找他进部的。以后他宦隐于教育部者多年，这时候也出来打边鼓，作《狂人日记》《药》等传诵一时的小说。

至于旧派方面，刘师培在学问方面是被公认为泰斗的，他赋性柔弱，对于此类问题不去计较。黄季刚则天天诗酒谩骂，在课堂上不教书，只是骂人，尤其是对钱玄同，开口便说玄同是什么东西，他那种讲义不是抄着我的吗？他对于胡适之文学革命的主张，见人便提出来骂，他有时在课堂上大声地说："胡适之说作白话文痛快，世界上哪里有痛快的事？金圣叹说过，世界上最痛的事，莫过于砍头；世界上最快的事，莫过于饮酒。胡适之如果要痛快，可以去喝了酒，再仰起颈子来给人砍掉。"这种村夫骂座的话，其中尖酸刻薄的地方很多，而一部分学生从而和之，以后遂成为国故派。

还有一个人，读书很多，自命不凡，并太息痛恨于新文学运动，便是陈汉章。（陈汉章乃是前清一位举人，京师大学堂时代，本要请他来做教习，他因为自己没有得到翰林，听说京师大学堂毕业以后可得翰林，故不愿为教师而自愿为学生。他有一个兄弟，乃是一个进士。当年他兄弟中进士的时候，要在他家祠堂中央挂一个表，他坚决反对，他说你的表不能挂在祠堂中央，中央要留给我中翰林的时候才可以挂。哪知道他在当年十二月可以得翰林的，八月间便是辛亥革命，所以到了现在，他到祠堂里尚不敢抬头仰视。）他所读的书确是很多，《十三经注疏》中三礼的白文和注疏，他都能个个字背出。他一上讲堂，便写黑板，写完以后，一大篷黑胡子变成了白胡子。他博闻强记而不能消化，有一次，我问他中国的弹词起于何时，他说，我等一会儿再告诉你。我问他是上午九时，到了十一时，接到他一封信，上面写了二十七条都是关于弹词起源的东西，但是没有一个结论，只是一篇材料的登记而已。他自负不凡，以为自己了不得，只有黄季刚、刘申叔还可以和他谈谈。这位先生也是当时北大一特色。还有朱希祖、马叙伦等人，则游移于新旧之间，讲不到什么立场的。

从《新青年》出来以后，学生方面，也有不少受到影响的，像傅斯年、顾颉刚等一流人，本来中国诗作得很好的，黄季刚等当年也很器重他们，但是后来都变了，所以黄季刚等因为他们倒旧派的戈，恨之刺骨（最近朱家骅要请傅斯年做中央大学文学院院长，黄季刚马上要辞职）。

当时我们除了读书以外，实在有一种自由讨论的空气。那时我们几个人比较读外国书的风气很盛，其中以傅斯年、汪敬熙和我三个人尤其喜买外国书。大学的图书馆，对于新书的设备比以前也好些。大家见面的时候，便讨论自己所读的书籍，而回去的时候，便去看书或写信给日本凡善书社定买外国书。除了早晚在宿舍里常常争一个不平以外，还有两个地方是我们聚合的场所：一个是汉花园北大一院二层楼上国文教员休息室，如钱玄同等人，是时常在这个地方的；另外一个地方是一层楼的图书馆主任室（即李大钊的房子）。在这两个地方，无师生之别，也没有客气及礼节等一套，大家到来大家就辩，大家提出问题来大家互相问难。大约每天到了下午三时以后，这两个房间人都是满的。当时大家称二层楼那座房子为群言堂（取群居终日言不及义语），而在房子中的多半是南方人。一层楼那座房子，则称为饱无堂（取饱食终日无所用心语），而在房子中的则以北方人为主体。（李大钊本人是北方人；饱食终日无所用心，是顾亭林批评北方人的；群居终日言不及义，是他批评南方人的话。）这两座房子里面，当时确是充满学术自由的空气，大家都是持一种处士横议的态度。谈天的时候也没有时间观念，有时候从饱无堂出来，走到群言堂，或者从群言堂出来，走到饱无堂，总以讨论尽兴为止。饱无堂还有一种好处，因为李大钊是图书馆主任，所以每逢图书馆有新书到，他们可以首先看到，而这些新书遂成为讨论之资料。当时的文学革命可以说是从这两个地方讨论出来的，对于旧社会制度和旧思想的抨击也产生于这两个地方。

这两个地方的人物，虽然以教授为主体，但是也有许多学生时常光临，至于天天在那里的，恐怕只有我和傅孟真（斯年）两个人，因为我们的新潮社和饱无堂只隔着两个房间。当时学生界的思想也有一个剧烈的变动。最初北大学生看外国书的很少，到了我们的时候，看外国书的便比较多起来。傅孟真和我两个人，每月都要向日本凡善株式会社（代收西书的书店）报效一点款子。傅孟真是抛弃了黄季刚要传章太炎的道统给他的资格，叛了他的老师来谈文学革命的。他的中国文学很有根底，尤其是于六朝时代的文学，他从前最喜欢读李义山的诗，后来骂李义山是妖。我说："当时你自己也高兴着李义山的时候呢？"他回答说："那个时候我自己也是妖。"与傅孟真同房间的有顾颉刚，俞平伯、汪敬熙和我都是他房间里的不速之客，天天要去，去了就争辩。还有一位狄君武（膺）是和傅孟真同房间的，但是他一天到晚咿咿唔唔在作中国小品文字，以斗方名士自命。大家群起而骂他，且当面骂他为"赤犬公"（因"狄"字为"火"及"犬"构成），他也无可如何。这虽然是一件小事，但是可见北大当时各种分子杂居一处的情形及大家有一种学术自由的空气。

因为大家谈天的结果，并且因为不甚满意于《新青年》的一部分文章，当时大家便说，若是我们也来办一本杂志，一定可以和《新青年》抗衡，于是《新潮》杂志便应运而生了。《新潮》的英文名字为 *The Renaissance*，也可以看出当时大家自命不凡的态度。这本杂志第一期出来以后，忽然大大风行，初版只印了一千份，不到十天便要再版，再版印了三千份，不到一个月又是三版，三版又印了三千份。以后亚东书局拿去印成合订本，又是三千份。以一部学生所做的杂志，陡然有这样大的销数，是出乎大家意料的。最初大家办这本杂志的时候，还抱着好玩的心理。等到社会看重了，销数一多，大家一方面有一种高兴的心理，一方面有一种害怕的心理。因为害怕，所以研究的空气愈加紧张，而《新潮》第二、三、四、五各期，从客观方面看来，却比第一期要进步一些。

当时负责编辑的是我和孟真两个，经理人是徐彦之和康白情两个，社员不过二十多个人，其中有顾颉刚、汪敬熙、俞平伯、江绍原、王星拱、周作人、孙伏园、叶绍钧等几位。孟真当时喜欢谈哲学，谈人生观，他还作了几个古书新评，是很有趣味的；我着重于谈文学和思想问题，对当时的出版界常常加以暴烈的批评。有些文字，现在看是太幼稚了，但是在当时于破坏方面的效力，确是有一点的。比较起来，我那篇《什么是文学》在当时很有相当的影响，《驳胡先骕君的〈中国文学改良论〉》也很受当时的注意。颉刚的文字，多半是关于掊击旧家庭制度和旧社会制度，关于妇女问题，也有许多篇文章加以讨论，当时大家以为是骇人听闻的话。有妇女人格问题一篇，主张女子应当有独立的人格，这篇东西被江瀚看见了，拿去给徐世昌看，说是近代的青年思想至此，那还得了。于是徐世昌拿这本《新潮》交给傅增湘，傅示意于蔡孑民，要他辞退两个教员，开除两个学生，就是当时所谓"四凶"，两个是《新青年》的编辑，两个是《新潮》的编辑。蔡孑民先生当时坚持不肯，他复林琴南的那封信，不只是对林琴南说话，并且是对徐世昌而发的。林琴南的背后是徐树铮，也就是段祺瑞，是代表当时军人派之意见，而徐世昌也是所谓北洋文治派的领袖，当时北大同时受北洋文武两派之反对，其情形之危险也可想而知。但是蔡孑民这封信，得到了绝大舆论上之胜利，反因而学术界对他非常敬仰，这真是蔡先生有道德勇气（moral courage）的地方。于是所谓新文化运动，到了这个时候，其势遂不可遏抑。

还有一个《每周评论》，也是很值得注意的。它是陈独秀、李大钊和新潮社几个人合办的，是一份短小精悍的小报，不料这个刊物遂成为以后一切小报的祖宗，不过它的性质是完全谈文艺、谈思想和批评现实的政治社会问题的。这个刊物在当时有很大的影响，那时候进步党讨论系的《国民公报》（蓝公武、孙洪伊为主笔）和研究系的《晨报》（蒲殿俊、张梓芳、陈博生为主笔）也先后在北京响应；在上海方面，则戴季陶奉中山先生的命令，办《星期评论》，同《每周评论》几乎是姊妹报纸，关于文学、政治社会等问题，也加以猛烈批评。而上海的进步党所办的《时事新报》也闻风景从，张东荪和张君劢等还办了一个《解放与改造》，虽然谈社会问题比较多些，却也是响应文学革命的刊物。自此以后，所谓新文化运动似乎布满全国了。

新文化运动之所以布满全国，中间还有两个政治运动在里面，第一个运动是比五四运动早一年，因为反对对日的参战借款和"中日密约"而起的。那时候还是冯国璋做总统，段祺瑞做内阁总理，这个反日运动，是由日本留学生发动的。我记得有一天晚上，两个留日学生的代表，其中一个叫阮湘，在北大西斋饭厅慷慨激昂地演说，大家莫不义愤填膺，但终觉束手无策。最后我跑上讲台对着大家说，这个事体，徒然气愤也没有用处，我们如果是有胆量的，明天便结队到新华门围总统府去，逼迫冯国璋取消成约，若是他用军警干涉，我们要抱有流血之决心。这句话出来以后，大家受了极大的刺激，当场表决，第二天去闯新华门。到了那时候，果然北大学生同其他几校的学生集合在新华门门口，一直围到下午五点多钟，大家才散。哪知道回来以后，蔡先生提出辞呈。蔡先生之辞职是会使北大发生根本危险的，这件事我们是很不愿意的。我自己是不愿意北大坍台的，而顾颉刚反把我痛骂一顿。后来费了很大的力气，才叫冯国璋把蔡先生的辞呈退回，我们自己也去对蔡先生说，这件事体，完全是同学为着国家大问题而出，不是不顾北大。经过一再解释，蔡先生也就答应下来，这场风波也就结束。这是学生运动的第一次，也是学生反对帝国主义和军阀勾结而有所表示的第一次，这是五四运动的先声，然而这件事很少有人提起。（说句没出息的话，这也是民众请愿的第一次。）

有了这件事做引子，再加上所谓新文化运动和文学革命，五四运动的产生，几乎是事有必至。自从这次请愿以后，北大有一部分学生组织了一个国民杂志社，其中的重要人物是易克嶷、段锡朋、许德珩、周长宪、孟寿椿等。当时他们也要我加入这个组织，但是我对这种比较狭义国家观的刊物不很热心，而且自己还要专心去办《新潮》，对于《国民》杂志，只算是一个赞助者吧！

《国民》杂志里的人，多半是实行的人；新潮杂志社的人，多半是偏重于学术方面的人。五四运动发生以后，学生会里的组织分为七股，各股的主任几乎是《国民》杂志和《新潮》杂志二社的人平分的，这两本杂志，也可以说是五四运动的基础。

在此地附带说几句话以结束新文化运动的叙述。当时还有一派北大学生和教员办了一本杂志，叫作《国故》，其目的在于和《新潮》对抗。这一派的主干，在教员之中，便是黄侃；学生之中，便是张煊（后来是张学良的机要秘书）。他们关于文艺的理论，是非常薄弱的，其掊击新文学的地方，也不能自圆其说。其中登了许多文艺的文字，也多半是故国斜阳的吟呻而已。所以《国故》杂志出来，很不能引起各方面的注意和重视，而且有许多人很轻视它，办了不久也就停止了。毛子水在《新潮》上作了一篇《怎样用科学方法来研究国故》[1]，倒惹起许多旧学家的称许。当时对于新文学的抵抗力不外三种：一种是林琴南派，一种是东南大学的胡先骕和他所办的《学衡》杂志，一种是北京大学内部的《国故》杂志。但是综合起来，抵抗力还是很薄弱的。

现在讲到五四运动了。五四运动产生的重要原因，不外乎下列几种：第一是前次新华门事件的连续；第二是新文化运动所产生的思想变化的结果；第三是大家受了蔡孑民的影响，一变从前羡慕官僚的心理而为鄙视官僚军阀的心理，并且大家有一种以气节相标榜的态度，有意去撄官僚军阀之锋；第四是正当巴黎和会的时候，感觉到中国受人支配和帝国主义国家协以谋我的痛苦。正是那一年的三四月里，朝鲜发生徒手革命，也给大家以深刻刺激（当时我到北大图书馆去看报，注意到大家都在抢记载朝鲜徒手革命的报纸看）。第五，因为受欧战以后各国革命潮流的激荡（特别是当时蔡孑民提倡所谓德国是军国主义，战败是应当的，并且当时国际联盟的论调甚高，北大也常常有这一类的讲演）。

以上是这一事件的原因，至于这件事体具体的酿成，则完全由于中国在巴黎和会上的失败。四月里，日本要求中国撤换两个专使的消息纷纷传来，北大学生开了一个会，并且捐了几百块钱打电报，一方面打电报给巴黎和会的中国代表，要求他们坚持，一方面通电全国，反对因为外国压迫而撤换本

[1] 即《国故和科学精神》一文。——编者注

国专使的事。这两封电报打出以后，所捐的电报费还存三百元左右，于是用四个干事的姓名，共同负责，存在学生银行里。到五月一、二日的时候，外交消息一天恶似一天，傅孟真、许德珩、周炳琳、周长宪和我等几个人，商量要在北京采取一种积极反抗的举动。但是我们当时一方面想对于国事有所主张，一方面对于北大又要保存，所以我们有一项非正式的成议，要在五月七日国耻纪念日，由北大学生在天安门外率领一班群众暴动，因为这样一来，北大的责任便可以减轻。

五月三日那一天，清华大学举行纪念典礼，许多北大的人都到清华去参观，我也去了，直到晚上八九点钟才回来。不料三日那一天，邵飘萍到北大来报告，说是山东问题已经失败，于是在校的一班同学在北河沿法科第三院召集临时会议，最初由邵飘萍报告，以后由许德珩等一班人慷慨激昂地演说。还有一个刘仁静（他是共产党中很重要的人物），当时还不过十八岁，带了一把小刀，要在大会场上自杀。还有一位，要断指写血书的。于是当场主持的几个人，不能维持我们以前决定的五七发难的成议，当场议决在第二天（即五月四日）联合各学校行动，并且当场从北大学生中推出二十个委员负责召集，我也是其中一个，由他们各学校联络进行。我们九点钟由清华回来，看见他们会也要开完了，什么决议都已经定好了，当时我们还埋怨许德珩，说是我们说好在五月七日行动，而现在改了期，不是要把北大断送了吗？可是埋怨尽管埋怨，大家的决议还是大家的决议，是不能更改的。于是他们叫我连带签了字，把前存学生银行的三百元拿出来买了竹布，费了一夜工夫，请北大的书法研究会及画法研究会的同学来帮忙，做了三千多面旗子，除了北大学生个个有旗子外，其余还可以送给旁的学校。（所以当时大家疑心五四运动有金钱做背景，不然为什么北大穷学生临时有这许多钱去做旗子呢？其实这钱是打电报省下来的。）各代表当夜分途至各学校接洽，约定了第二天一点钟在天安门会齐。当夜十一点钟的时候，各代表在北大开了一个预备会议，当场举出了三个总代表，一个是我，一个是江绍原，一个是张廷济，并且推我写了一个五四运动宣言，由狄君武送到北京大学印刷所去印了五万份。第二天的早上，我们还预备了一份英文的备忘录，送给各国使馆。

到下午一点钟，大家便齐集在天安门了。我们三个所谓总代表，因为预备各种文件，直到一点十分才到天安门，当时步军统领李长泰、警察总监吴炳湘都已经先我们而到，对大家讲了一番话，劝大家解散。当时众怒难犯，哪一个肯听？于是大家从天安门出发，一走走到东交民巷口，便被警察挡住了。只有我和江绍原两个人到使馆去找美国公使。那一天，芮恩施到西山去了，由他的参赞出来见我们，他对我们很表示同情，说了一番很漂亮的话，并且说由他去和使馆界的警察交涉，让他们放我们通过。我们从美国公使馆出来以后，又到了别的几个使馆，告诉他们我们示威的意思。回转身来到美使馆去问美参赞同使馆界警察交涉允许我们通过的结果怎样，他说，使馆界的警察是答应可以的，但是刚才警察总监有电话来，说是不可以让学生们通过，所以我们不能这样办。这个消息一传出来，大家更是愤怒。当我们报告交涉经过的时候，大家便要求我们硬挤进去，后来想硬撞不成事体，反而给别的国家以不好的印象，于是大家便高呼口号"我们去除国贼吧！"于是掉转大旗，向曹汝霖家前进（曹家在赵家楼）。

曹汝霖的房子，是一座很大的满洲王府式的平房，我们到他家门前时，大门已经关了，门口站着一大队荷枪实弹的警察。大家到门口便大骂国贼，最初拿旗子向屋顶丢去，后来打破了短墙的一扇窗子，大家便爬进去。首先进去的人，据我所见，乃是北大的蔡镇瀛，一个预理科的学生，和高等工业学校一个姓水的。大家看他们进去了，于是接上爬进去几十个人，把大门打开，而曹宅的院子里还站着许多警察，因为学生向他们极力宣传，所以他们已没有什么抵抗。

适巧那一天曹汝霖同章宗祥、陆宗舆和一个日本资本家在那里商议事情，他们以为有警察保护，是不要紧的。我们打进去的时候，曹汝霖便换了警察的衣服，混在警察堆里，从后墙跳出去。陆宗舆是怎样逃走的，我们却不知道，听说是他也来喊口号，喊打倒卖国贼，混在群众里逃走的，是否确实，便不知道了。章宗祥比较老实，他和那个日本人一道躲在一个小房间里，群众跑进去的时候，日本人还掩护着他，于是大家便知道他是一个要人，群众便把他们围了起来。不久，一个北大的校工进来，他说自己是认识章宗祥的，并且说这就是章宗祥，于是大家便动手打起来。打了一顿，忽然有人说"打错了"，大家便一哄而散，于是这个日本人和曹家的用人把章宗祥抬了出去，停在一间杂货店里。群众中忽然有人叫"刚才并没有打错"，大家便去找章宗祥，在后门杂货店中找着了，当时这个日本人还掩护着他。群众便用杂货店中的鸡蛋来丢这个日本人，重新把章宗祥拖进曹宅，拆散了一张铁床，拿铁床的棍子来打他，所以当时他确是遍体鳞伤，大家以为他已经死过去了。

曹家的装饰品、古玩……简直是打得干干净净，他姨太太和他女儿房间里的许多香水，都一捶一捶地打碎在地上，当时香气四溢，不可向迩。我还亲眼看见江绍原拿了一床红绸的被子，拖在地上，撕了一块红绸，拿在手里，乱晃几下，说是"胜利了！胜利了！"至于放火的举动，乃是由高等师范的学生开始的，我看见有两个学生，自身上掏出许多自来火，如果他们事前没有这个意思，为什么要在身上带这许多自来火呢？结果，曹宅烧起来了，徐世昌便下了紧急命令，叫军警捉人。那时候傅孟真把他一本日记簿，上面写着许多代表名氏的，往火里一丢，马上烧掉了。我们是从前门出来的，当时街上都是救火队和水夫，已经拥挤不堪，很难通行。在曹宅里没有出来的，还有几十个人，于是当场被捕。

我从赵家楼出来以后，便向北大东斋（即第一宿舍）去，当时自己实在疲倦极了，从五点钟睡到六点钟，六点钟以后，重新振刷精神开始活动。当时派定了很多代表，向各学校联络，预备在第二天，全北京高等以上的学校，自大清早起一律罢课。那天晚上适派我到各报馆去解释这件事体，等到十几家重要报馆都跑空以后，已经是半夜三点多钟了，所以我那一晚便没有睡。第二天早上，果然全北京专门以上的学校一律罢课，并且各校代表齐集北大一院第三十六课堂开会。学生联合会的组织，就是那个时候形成的。

当时各学校的中心，自然是北京大学，至于北大主持这个运动的躯干，要算是新潮社及国民杂志社里的人。在"五四"那天，大家曾经开了一个会，本来要推傅斯年做临时主席，忽然有一个浙江籍的学生姓陶的，打了傅斯年一拳，这一拳就把傅斯年打得不干了。自此以后，五四运动和傅斯年便不发生关系了，因为他是一个感情用事的人，一拳被打，万念俱灰了。我当时因为在各处接洽的事太多，所以不愿意做会场上固定的事。大家一想再想，最后推出段锡朋来，由他做北大学生会的代表，就是北京学生联合会的主席。段锡朋在"五四"以前，北大学生很少有知道他的，他总是穿一件蓝竹布大衫，扇一把大折扇，开口就是我们庐陵欧阳公的文章气节，所以大家都当他有几分迂气。哪知道被选举出来以后，他处理事务非常灵敏，运用群众，大有特长，于是他的名气陡然闻于全北京。

这一次，蔡子民先生确是有一种特别的表现，就是"五四"事情出来以后，他不和前次一样辞职，反而联合各大学的校长，要求北京政府释放被捕的学生。到了五月六日那一天，他们接洽好了，听说吴炳湘竭力奔走，要求各校校长于五月七日命令全体学生复课，以此为条件，可以赦放在捕的学生。徐世昌也有这样的主张，因为他们知道，如果长久地罢课下去，一定是要出事的，而且五月七日是国耻日，更容易出事。我们全体罢课的决议，乃是五月五日通过的，五月六日的晚上十点多钟，蔡子民与汤尔和（医专校长）以及其他专门以上学校的校长到北大的校长室，把我们找去，说是现在同吴炳湘已经有这样一种了解，只要明天全体复课，他就可以立刻放人。

当时去见这几位校长的，有我及方豪（俶新）等四五个人，他们都说："昨天才决意罢课，明天便要复课，乃是办不到的，我们也负不起这个责任。"我说："现在如果尽让同学们关在里面，也不成事，况且我们这一次有放火及殴伤等重大情节（当时章宗祥还没有脱离危险境界，有两天没有大小便，医生说他命在旦夕了），适巧政府又捉去我们几个人，用这几个人去抵命，也是没有办法的事。"因此，我便问他们几位校长说："若是我们明天复课，他们不放人，怎样办？"他们说："我们可以用生命人格为担保，而且吴炳湘也曾发誓过，'如果复课而不放学生，我吴炳湘便是你们终身的儿子'。"于是我以为既然如此，我们明天复课好了。但是我这句话说出来，许多人便反对，以为我们答应下来乃是越权，许多同去的人也是反对我的意见的。我说："现在为减少被难同学之危险，这件事非如此办不可，我们只有从权办理了。"

于是当夜我们分成五队，去通知全体同学明天复课。除每个宿舍派一队外，其他两队是负责通知宿舍附近公寓里的同学的。大家出发的时候，已经是十二点钟，同学们完全睡着了，一个一个房间敲起门来，把睡熟的人叫醒了，告诉他们这件事，他们还不相信，还要费许多心血去解释，解释不明白的时候，还要受大家的责骂。半夜醒转过来的人，相对讲话，口中臭气是最令人受不了的，这可以说是我在那一晚特别记得深刻的一种感觉。幸而能得大多数同学之了解，谢谢大家对我们还有最低限度的信任，所以第二天北京各大学便先后复课了。到了十点钟，全部被捕的同学从警察所被送回学校来，大家都列队在门口迎接，当时那种痛哭流涕的情形，真是有家人父子于乱离巨劫以后相遇时之同样感觉。

当时章宗祥还没有脱离危险期，时时有死耗之传闻，刚巧北大有一位同学叫郭钦光，在这个时候死了。他本来是有肺病的，在"五四"那一天，大约因为跑得太用力了，吐血加重，不久便死了。当时大家怕章宗祥和我们打官司，所以定下一个策略（这个策略之最初主动者便是狄君武），硬说郭钦光乃是在"五四"那一天被曹家用人打死的。于是郭钦光遂成为五四运动中唯一的烈士，受各处追悼会之无数鲜花美酒吊祭和挽章哀辞的追悼，上海还有一位女士，当众痛哭郭烈士。郭君那一天因为走路过多，身体过劳而使肺病加重乃是确实的，我们应该同情他，但是把他造成"五四"的烈士，全国亦以烈士待之，多少未免有点滑稽。

等到被捕的全放出来了，章宗祥也被打了，曹汝霖的房子也被烧了，照常理说，这件事情可以告一个段落了。但是当时有两种情形，是绝不能使这件事告一个段落的：一是山东问题还没有了结，而且一天比一天失败下去；二是蔡子民先生于五月七日学生出狱以后，便当夜出京，没有一个人知道地跑了。跑的时候，他留下一封信，就是那最出名的"杀君马者道旁儿，民亦劳止，汔可小休"（这封信的头两句话如此）。这封信出来后，许多人很费推测，于是大家去询问国文教授，请他们去查这个典故的来源。这些国文教授见大家纷纷请教，当时也得意了一下。蔡先生去了以后，北京大学自然是第一个恐慌的，为维持北京大学，北大学生不得不继续闹下去，而且不能不联合旁的学校学生一同闹下去，于是五四运动又重新紧张起来了。

经过这次事变，北京大学遂成为政府的眼中钉，这是不可讳言的事实。为铲除外交上的障碍，政府方面也很想对北京的学生界下一番毒手，这个情形，学生界也是完全知道的。但是在北京方面，学生运动已到了一筹莫展的地步，于是便遣派代表到上海去组织全国学生联合会，第一批南下的是段锡朋、陈剑修、许德珩、黄日葵、祁大鹏（中国大学）、瞿世英（燕京大学）等。他们到了上海以后，就联合上海及各省学生代表组织全国学生联合会。到了五月底，各处的布置已经有点头绪了，于是我们在北京接到段锡朋的密电，说是可以相机发难。

到了六月三日那一天，于全北京的学生里挑了五百多人，分队出发演讲，那一天被捕的有一百多人。第二天，继续派人出去演讲，大家都带好了毯子在身上，是预备被捕的，当天被捕的大概有四百多人。第三天，被捕的达九百人之多，监狱关不下，于是把北大的第三院改为临时拘留所，外面用密密层层的刺刀和机关枪守着，如临大敌一般。到了六月四日，我们想把恐怖的新闻电打出去，我就带了四十几块钱去打电报，哪知道我一出去，侦探便跟着我，于是我跑到日本邮局去拿一本凡善株式会社寄来的书。侦探在前面守着，哪知道那个日本邮局有一个后门，我就从后门走了。结果，居然被我把那封电报拍到上海去了。上海方面接到这封电报以后，全体学生便出发，除分散传单外，并向各家店铺要求罢市，甚至于要求不遂，向商店老板面跪下去。到了六月四日，全上海罢市了，别的地方跟着罢市的也有好几处，而天津方面，因为一个南开学生马骏，在商会代表面前用一只碗向自己的脑壳一砸，表示他要求的决绝，商会方面的人大为感动，也罢市了。因此，北京学生与政府短兵相接的时候，学生方面，正是无可奈何的时候，忽而得到了这种有力的声援，刹那间，个个悲欢交集、哀痛淋漓，而声势遂大振。

当时上海、天津方面向政府提出的条件，第一就是释放被捕学生，第二就是罢免卖国贼曹、陆、章，第三就是不签《巴黎和约》。而这三个条件中，以释放学生为先决条件，所以五日那天晚上，北大三院方面军警的帐幕在半夜三更便悄悄地撤去了。当时拘禁在里面的学生还不肯出来，因为他们一出来，便减少了天津及上海方面的紧张空气。到了第二天，步兵统领衙门和警察所派人来道歉，他们才肯出来。还有拘禁在警察所和步兵衙门里的，他们请他们出来，而却不肯，以后预备了汽车和爆竹送他们出狱，还是不肯。最后一个总务处长连连向他们作揖说："各位先生已经成名了，赶快上车吧！"至于罢免曹、陆、章的命令，也随着下来，以由学生运动扩大成的民众运动使内阁局部改组，在当时看来，也算是一件可以诧异的事情了。不过山东问题还没有拒绝签字，北京教育界还有受摧残的危险，这两件事是大家最不安心的。

到了七月和约要签字的时候，北京大学联合各校学生又一次会在新华门，在新华门门口睡了两天两夜。同时巴黎方面的学生同华侨也闻风兴起，逼迫中国专使，不许他们签字。拒约运动，因为内外夹攻，所以终能实现原来的主张，而为后来的华盛顿会议留下争回山东的余地。至于北京各大学被摧残的问题，也是使大家寝不安枕的。政府的目的是要逼走蔡孑民先生，所以他们要胡仁源买通一批投考的学生，来占据北大学生会，硬把学生会的图章抢去，以学生会的名义欢迎胡仁源到校。同时教育部方面，胡仁源已预备好上任的汽车。谁知此谋不密，被北大学生会中人知道了，当时便召集紧急会议，每个人发一个特别符号，集合在第三院。时三院的被买及投考学生正议"夺帅印"的事，还没有完结，哪知这边去了两三百个人，一个个地把他们擒住了，并且带了纱麻绳把他们捆将起来，便在法科大礼堂设立公案，举出了五个审判官，来审判这些人的罪状。他们也陆续地把被买经过供将出来，大家又逼他们写悔过书，写了悔过书，还要他们在悔过书上盖手印，再拍了一个相，然后便把他们放了。这幕滑稽戏遂因此终了，而他们抢北大的计划因而失败，但是他们继续向法庭控诉北大学生会的职员，以为私设法庭和逼迫人行使无义务之行为（这条法律怕是永久没有人用过的）。于是法庭拿了学生会中二十余人下狱，其中有孟寿椿、鲁士毅等。在打官司的时候，学生会要我去做代表，我几乎天天晚上要和律师刘崇佑接洽。许多上诉状都是我写的，这场官司打完了，我倒因此得到了许多关于法律的知识。

这一幕取成都的戏没有唱成功，而胡仁源也知道北大不容易占据，他们的野心亦因此减少了一点。那时候蔡子民先生派蒋梦麟先生到北大来，以总务长的资格做他的私人代表。到了双十节左右，学生会派我到杭州去接蔡先生回校，蔡先生遂慨然答应回来。蔡先生到校的时候，刚巧是双十节，各学生便捐了一批钱，教员也捐了一些钱，共几百块钱，去买了几万个馒头，上面盖着红戳子"劳工神圣"四个字及其他成语，在那天分发给北京各平民，都由北大学生去发。这真是面包运动，也是一件值得回忆的事。当时北大的学生，生活是很苦的，一间房子里住着七八个人，最小的房子才只住三个人。说起饭来，包饭只有四块五办一月，两块钱是现洋，两块五是中交票（当时中国交通银行的票一块只合四毛），所以吃一月的饭只合三块钱。当时学生吃饭的时候，除了五个菜以外，每人还分两个馒头，大家抢着吃，吃饭是先打锣的，故有"锣声动地，碗底朝天"之谣。这是北大生活的一点回忆，是附带记载于此的。

五四运动到了这个地方，似乎应该告一段落了，但是到了那年年底，因为要逼迫政府取消军事协定，学生和政府又起了一个大冲突，这个冲突使北京大学的第一院和第三院又重重被围。当时政府命令通缉我和方豪等几个人，我当时住在嵩祝寺八号，吃饭的时候，忽而来了八个马队，把我的前门围住了。我从后门走到黄振玉（现在南京中央饭店的经理）家里，由他家里戴了一副黑眼镜和一顶风帽，逃到北大一院。因为他们正派我做代表，叫我和张国焘（现在共产党的领袖）一同去。傍晚时分，我们由一院后门逃出，经过铁狮子胡同，想到永定门上车（只有普通快车是在永定门停的），哪知道到了永定门，车已开了，于是跑到李光宇家里坐了半夜。半夜时候，又到永定门去上车，车又开了，于是我只得和张国焘坐待城门开门。当时很怕守城的问我们是做什么的，因为城门上有自鸣钟，纵有鸡鸣狗盗，也一律不济事的。我们等他开城门，总是不开，到城门开了，火车又走了，于是我们两个人只得直接沿着火车轨道走去，到了丰台，登车南下。南下过了一个多月，又回到北京。这段故事虽然是我自己的经历，写在此地，也算是五四运动的余波吧！

自此以后，学生运动也就衰落下去了，衰落下去的原因很多，主要的原因，据我观察：第一，青年做事往往有一鼓作气再衰三竭之势。第二，第一次学生运动的时候，负责的大家都是用功的学生，静则思动，所以他们精力都很充足，思想也很周到，行动也很有计划，但是后来动久而不能静，有许多人只知道动而不知道读书，于是乎其动乃成为盲动。第三，最初动的学生，是抱着一种牺牲的精神，不是为着出风头来参加这些运动的。因为最初的几个人声名较大，大家知道的多了，于是乎有许多人以为这是成名的捷径，乃是出风头的最好方法，于是个个想起来动，结果必至于一败涂地。第四，政治力量的参入。五四运动的时候，可以说是没有一个人是有政治色彩或有政治目的而在活动的，当时只是纯粹的青年血气冲动。到了后来，各种政治成分都参与进去了，所以往往起内部的破裂，于是学生行动也就不能一致。

至于五四运动的影响，有人以为它的成绩是拒绝《巴黎和约》的签字，为后来收回山东之余地，更有人以为曹、陆、章之罢免也是一种未曾有之胜利，这都是皮相之谈而已。五四运动真正的影响，第一是青年参加国是运动的开始，唤起了全国青年对国家问题的意识；第二是把青年运动扩大为民众运动，造成了民众的许多组织；第三是扩大了新文化运动的势力，因为必要经过五四运动，新文化运动的影响及国语文学之势力才能普及于青年及一般民众。

从整顿北京大学，改革课程内容，唤起青年对自身人格的重视，以至于产生文学革命和所谓新文化运动，对社会的制度、固有的权威加以理性地批评和大胆地攻击，再至于产生五四运动，为中国近代一般青年和民众直接参与国家问题和社会运动的开始，这个大波澜虽然是种种时代的动量促成功的，但是当时蔡孑民时代的北京大学，是一切动力的发动机，是将来写这个时代历史的人不能不注意到的。

一九三一年八月二十六日晚上整理毕于北太平洋舟中

原载《传记文学》第五十四卷第五期（一九八九年五月号）

青山有幸埋忠骨——蔡元培先生晚年在香港及逝世经过

关国煊

今年是中央研究院院长蔡元培（孑民）先生逝世五十周年，蔡先生生命中的最后四年——说得准确些，是两年四个月零七天——是在香港度过的。

一九三七年七月七日，抗战军兴，是时刚于去年欢度七十寿辰的蔡先生居于上海〔蔡先生生于清同治六年（一八六七年）十二月十七日，即一八六八年一月十一日，若以公元计算，一九三七年蔡先生虚龄七十〕。八月，上海"八一三"事变起，任上海市文化界救亡协会理事兼国际宣传委员会委员。十一月十三日，上海弃守，避居上海租界"孤岛"。二十七日，七十岁的蔡先生由中央研究院物理研究所所长丁燮林（巽甫），工程研究所所长、内弟周仁（子竞）陪同，匆匆由上海乘船前往香港，拟经河内前往大后方主持中央研究院院务。二十九日晚七时，船抵香港〔见蔡先生《致张元济函》，高平叔《蔡元培年谱》以蔡晬盎函告作十二月底，陶英惠《蔡元培

（孑民）小传》作"二十七年一月走香港"不确〕。香港是蔡先生的重游旧地，光绪十九年（一八九三年）曾至香港小住。三十日，晤商务印书馆总经理王云五（岫庐），蔡先生乃商务印书馆董事（董事长张元济），"承其转属香港分馆主任黄汉生君照料一切"。十二月一日，由王云五"导观港中本馆，印刷厂（引案：香港分馆在港岛中环皇后道中，印刷厂在北角英皇道）规模宏大，布置周密；闻印刷尚有余力，唯运输正在规划耳"（《致张元济函》）。王云五《蔡孑民先生与我》记云：

> 自港前往西南道途跋涉，至为辛苦，蔡先生此时高年多病（引案：于一九三六年冬大病之后，身体日渐衰弱），恐不能支持。周、丁二君因我在香港，照料有人，遂以相托。我遂迎蔡先生到商务的临时宿舍，与我和商务自上海来此之二三同人相处。濒行周子竞以周夫人胞弟之资格，转述周夫人之嘱托，恐蔡先生饮酒过多，有碍健康，每日当以一次一大玻璃杯绍酒为限。我当然奉命维谨，仅于晚饭时供应绍酒一大杯，午饭不另供酒。未几内人携幼儿学善（引案：王氏第七子，时年十岁）自上海续来，也同住于该宿舍。我以午间陪蔡先生用膳有内人及幼儿在，所以我自己便在商务印书馆办公室用膳，以省往返时间。内人知道蔡先生善饮，午间也供酒一大杯，晚膳时我不知此事，也照例供酒，于是每日一次增为二次，发觉后也不便更改。……蔡先生在宿舍内与我等相处约三个月，晨夕有暇，我和他畅谈今古，无所顾忌。蔡先生语多精辟……我们的宿舍系临时租赁跑马地崇正会馆的三楼全层（引案：香港崇正会馆位于跑马地摩利臣山道八十四至八十六号，楼高四层，于一九二九年十二月十日开幕，一九七一年六月改建为今日楼高十三层的崇正大厦），学善时甫入初中读书，假日或放学后余暇，辄由蔡先生携同沿跑马地一带散步，散步时闲话亦时有启发。

十二月二十五日，闻前国务总理熊希龄（秉三）病逝香港旅馆，挽之以联，联云："宦海倦游，还山小试慈幼院；鞠躬尽瘁，救世惜无老子军。"（翌年一月为熊希龄撰写碑文。）二十九日下午五时，继室周峻（养浩，婚后蔡先生以友相待，昵称之为养友），挈女睟盎，子怀新、英多，乘船由上海安抵香港，暂寓陈彬龢（松轩）宅中。睟盎时年十一，怀新九岁，英多八岁。

一九三八年一月二十九日，一家人搬往九龙尖沙咀柯士甸道一五六号京士柏大厦（King's Park Building）楼下二号〔此据一九三八年十月七日蔡先生《致王世杰函》，同年一月二十八日蔡先生《致王云五函》作"新居为九龙沃斯丁（但或作柯斯甸，皆 Austin 之译音）路底一六五号中之第二号"，误。Austin 之正式译名为柯士甸，作沃斯丁、柯斯甸、柯士丁、奥斯甸不确，柯士甸道（Austin Road）、柯士甸路（Austin Avenue）为相近的两条马路，前者止于一六二号，后者至二十八号。当年之京士柏大厦现已改建为花园大厦（Garden Mansion）〕。蔡先生喜新居"较为宽广"，附近"其地空旷"，可以"时携儿女散步"。〔一九八八年十月中旬，蔡睟盎、怀新姊弟应邀至港，出席由商务印书馆香港分馆为纪念蔡元培诞辰一百二十周年而举行的"蔡元培生平事迹图片文物展览"开幕礼，并接受记者访问。二十二日，香港《大公报》刊出该报记者冼洁贞《蔡元培科举殿试真迹揭秘——蔡睟盎、怀新姊弟谈可亲可爱的父亲》，略云"蔡睟盎说，一九三七年开始，他们随父母到达香港，曾至（香港）英皇道永兴街居住，直至父亲在一九四〇年逝世后，仍居上址"不确，王云五于蔡先生逝世之日，跋蔡先生最后遗墨云"余与内子伴蔡夫人自医院返九龙"可证。疑上址为陈彬龢宅，蔡先生去世后，蔡夫人等为免睹物思人，复暂寓陈宅。〕

由于初到香港，子女插班不易，蔡宅"客厅一半改作书塾，蔡夫人自课儿女。客厅中并悬有临时秋千，以备儿女游戏运动之用。蔡先生租房用名及

所刻名片，都用周子余三字。居常以不见客为原则，所以往来无一生客，因
之见客也就很少"（萧瑜《蔡子民先生自述身家轶事》）。秋，蔡晬盎三姊弟
入邻近的位于漆咸道与柯士甸道、柯士甸路之间的圣玛利女校就读〔入学
事见蔡先生《复次子蔡无忌函》。圣玛利女校正名为嘉诺撒圣玛利书院（St.
Mary's Canossian College），学校的正门在柯士甸道一五八至一六二号，即京
士柏大厦的右边。若依蔡晬盎所说当时蔡家居于港岛北角永兴街，以当年的
交通情况而言，起码要两车一船始能返校，每日一往一返至少要三个钟头〕。
翌年，由于年龄关系，怀新、英多"不许再在女校附读，故改进拔萃男书
院"（Diocesan Boy's School，通称拔萃男校，校址为九龙亚皆老街一三一
号）。由于圣玛利女校、拔萃男书院是教会办的英文学校，前者由罗马天主
教会创办，后者由英国基督教圣公会创办，"学校偏重英文，故家中增习国
文"，兼"家中专课国文之教员"为蔡先生的临时秘书、北大校友余天民，
"一星期两次"。蔡先生尊师重道，《蔡元培全集》中有一九三八年蔡先生致
余天民函数封，读之可见东翁对西席的重视，与慈父对子女学业的关注：

　　承赐小女、小儿等佳作（唯奖饰太过，殊不敢当耳），弟为彼等
讲解，均喜欢无量，感谢不已。英多以旧历午年生，最喜看马、画
马，特写一马奉赠，借博一粲，兼表谢忱。

　　十一日（星期六）午后，小女等拟往香港就医，国文工（功）课
拟请移诸午前（因午前学校放假），自十点钟起。如蒙允诺至感。

　　本月二十六日（星期一），小女等应任夫人（陈衡哲）之约，往
任寓，早去晚归，请给假一日为荷（星期三仍请照常授课）。

　　星期三（十五日），小女晬盎于午后在校中照常上课，而小儿怀

新、英多咳嗽未愈，敬请放假一日，于星期六照常上课。

蔡先生抵港之后，即过着半隐居的生活，"绝对不应酬，不轻易见客"
(《复次子蔡无忌函》)。由于年老体弱，而且酒能伤身，是以"自蔡夫人来
港另租住宅后，闻每日仅以一次饮半杯，足见对蔡先生之健康更为审慎矣"
(《蔡子民先生与我》)。有人曾经说过，好太太是丈夫年老时身边的好护士，
证之蔡夫人周峻，信焉！蔡先生对于夫人，自然亦有所表示，继一九三六年
三月赋七律五首贺夫人四十六岁生日之后，一九三九年三月复于客中赋《为
夫人周养浩寿》七律一首，诗云："蛩蛮生涯十六年，耐劳嗜学尚依然；岛
居颇恨图书少，春至欣看花鸟妍；儿女承欢凭意匠，亲朋话旧煦心田；一尊
介寿山阴酒，万壑千岩在眼前。"五月五日，长女威廉（母亲黄世振，夫婿
林文铮）以产后疾病逝昆明，蔡先生到七月才知道威廉已不在人世，"亟以
告养友，始知养友早已得此恶消息，且已电汇法币四百予文铮充丧用，饮泣
数夜，但恐我伤心，相约秘不让我知耳"，闻耗，含泪撰文为悼。

蔡先生由于健康关系，被迫滞留香港，以迄去世，抵港后的健康情况，
一九三八年初病足，不良于行。五月二十日，破例出席由宋庆龄创办的"保
卫中国大同盟"及"香港国防医药筹赈会"假港岛花园道圣约翰教堂副堂举
办的美术展览会开幕礼，并发表演说，由王云五担任英译。是日"由廖（梦
醒）女士接先父先母从九龙渡海至香港，宋庆龄备车见候，同往圣约翰大礼
堂"（蔡睟盎《宋庆龄与蔡元培的情谊》），"此一集会为香港大学所发起，依
英国通例，大学的副校长为实际的校长，而所谓校长辄由达官贵人挂名，彼
时港督罗富国即兼任港大校长。蔡先生利用此一半官式的机会，与港督在此
晤面，以示临别向地主道谢，实寓有深意，他人多无从悬揣，只看蔡先生经
此一度公开出现后，直至一九四〇年三月逝世，并未第二次公开出现，便知
其然。但是，蔡先生此次虽怀有不避辛劳跋涉前往后方的决心，卒因身体复
感不适，愈后，仍荏弱不堪，蔡夫人爱护备至，坚阻其行，以至郁郁长逝于

香港。深知蔡先生内心如我者，不禁为之扼腕也"（《蔡孑民先生与我》）。蔡先生"复感不适"，主要是八月七日一病，是日"忽患头晕，请医生诊验，谓是血压太低，谓消化力弱，血液留滞于胃。故脑患贫血，宜使脑多休息，食后切勿即用脑力，并服补血剂。二十余日来，除十日晨间晕眩稍剧外，已渐痊愈。不轻见客，不常写信，而卧阅书，以消永日"（九月五日《复王敬礼函》；高平叔《蔡元培年谱》以"忽患头晕"一事，误系于九月七日）。八月二十二日，中央研究院会计处主任王敬礼（毅侯）曾致函中央研究院总干事朱家骅（骝先），报告蔡先生病况：

> 顷得香港雷女士来信，言孑民院长患病甚至倾跌；当时蔡夫人甚为恐惧，日来渐见康复。医云：用脑过度及贫血，是以头目昏晕。血压较平时低，只有五十余至六十度上下。得病已将旬日，现时已能起坐，略事行走，饮食等渐次增进，唯精神及面色尚未复元。现遵医嘱：不见客，勿劳心，勿用脑。

病中仍如平常，不喜欢因自己的事麻烦别人。十月七日，蔡先生致函前教育部部长王世杰（雪艇），谈到自己的近况："弟留港已半年余，病后体弱，不适于奔走，北不能至渝，南不能到桂滇，非常歉憾。幸此地适处三方面交通中心，函商尚便，聊以自宽而已。"十二月十四日，蔡先生有复张元济（菊生）一函，提到："弟在此不常见客，本为避烦起见。自八九月间患脑贫血症后，益不敢不节劳。但近数月，觉调养有效。"话虽如此，实则"愈后体力更衰弱，以致迟迟不克成行。同时，香港对内地之交通除飞行外，艰险益甚，而据医生断定，蔡先生体力实不耐飞行"，以至于"国破山河在"之日，纵然报国有心，限于年老体衰，无法"归队"。其苦闷的心情，不言而喻，幸有子女承欢膝下，暂忘客中寂寥。

对于子女的教育，蔡先生一向极为重视，早在光绪二十六年（一九〇〇年）所写的一篇《夫妇公约》中，特别提到："养子而不教，不可也。教子之职，六岁以前，妇任之；六岁以后，夫任之。教子当令有专门之业，以养其身。"蔡先生对于子女，绝不会重男轻女，或者重女轻男，而是一视同仁。"生男生女无悲喜，不要轻分瓦与璋"，子女要五育兼重，因为"今日书痴非必要，练身第一要康强"（蔡先生《晔儿十岁生日》）。香港素来寸金尺土，蔡宅"客厅中并悬有临时秋千，以备儿女游戏运动之用"，可见蔡先生夫妇对体育的重视。

蔡先生虽然长期担任大学校长，所接触的都是大学生，但年逾花甲仍不失其"赤子之心"，很懂得儿童心理，很懂得因势利导，对于儿童节，十分重视。一九三四年四月四日，曾偕夫人出席上海市庆祝儿童节大会，并发表演说。一九三九年四月四日，蔡先生在家中与妻儿子女集会庆祝儿童节，到有客人余天民、何尚平（伊榘）、任鸿隽（叔永）夫人陈衡哲（莎菲）及其女以都、以书（乳名书书）与子以安（乳名安安）等人。蔡先生还郑重其事担任庆祝会主席，讲了话，各人亦讲了话。早在四日前写有一首《儿童节歌》，其词曰："好儿童，好儿童，未来世界在掌中；若非今日勤准备，将来落伍憾无穷。好儿童，好儿童，而今国难正重重，后方多尽一分力，前方将士早成功。"庆祝会上蔡晔盎抽到一张纸条，上面写着她讲的题目："我的爸爸。"蔡先生对此会很满意，对子女们说："下次儿童节，可邀几个小朋友来参加！"可惜翌年的儿童节，主席已经去世了！当年蔡晔盎"我的爸爸"的内容不得而知，蔡怀新四十多年后回忆说："印象中的父亲很喜欢说故事，经常说些人类的起源、中外名人故事给我们听，又把《说文》里关于文字演变的概念深入浅出地向我们解释。我还记得，每当儿童节时，父亲就会请些小朋友回家来，写诗、题字，又鼓励小朋友们去表演点节目。"

在谈过蔡先生抵港后的健康情形、家庭生活后，回转笔来再看看他在港主持院务会议、参加社会活动以及读书写作等情况。

抗战以前，中央研究院设总办事处，天文、气象、地质、心理（后改名心理学）、社会科学（后改名社会）、动植物、历史语言七研究所于南京，物理、化学、工程（后改名工学）三研究所于上海。一九三七年八月，淞沪之战起，京沪成为日军进攻的主要目标，中央研究院奉命西迁，初步决定：上海三所撤往云南昆明，南京七所除地质研究所撤往广西桂林，气象研究所撤往四川重庆外，其余五所撤退到湖南长沙，总办事处在湖北汉口办公。十一月，总办事处由汉口南迁长沙。十二月，疏散至长沙五所及总办事处以战火日渐迫近，计划再度后撤，分别撤往桂林或昆明。

一九三八年一月，中央研究院总干事朱家骅虽然卸除浙江省政府主席职务（主浙期间，总干事一职由傅斯年代理），以"委座嘱在左右相助，且有数事见命"，特致函蔡先生辞去总干事一职，荐傅斯年（孟真）承其乏，"否则请公就其他各所长中择一兼任，或竟向外物色，总以及早解决为妙"，蔡先生复信慰留。二月二十八日，在香港酒店主持中央研究院一九三八年第一次院务会议，到有总干事朱家骅及天文研究所所长余青松、气象研究所所长竺可桢（藕舫）、地质研究所所长李四光（仲揆）、心理研究所所长汪敬熙（缉斋）、社会科学研究所所长陶孟和（履恭）、动植物研究所所长王家楫（仲济）、历史语言研究所所长傅斯年、物理研究所所长丁燮林、化学研究所所长庄长恭（丕可）、工程研究所所长周仁十人。会议通过七项议案，正式决定天文、物理、化学、工程、历史语言五研究所迁往昆明，地质、心理、社会科学、动植物四研究所迁往桂林，气象研究所及总办事处迁往重庆。三月，致函朱家骅，云："中研院全仗鼎力维持，务恳即到院视事。"总干事一向是院长的主要助手，当院长滞留国外之时，总干事的地位更形重要，由于朱家骅出任中国国民党中央党部秘书长，又兼代青年团书记长，不但无法"到院视事"，而且向院长请辞。一向为朱家骅所最信任的傅斯年，因历史语言研究所迁滇，以不能兼顾为由，"偏于此时坚决地不肯继续代行"，令全无心理准备的蔡先生病中感到十分困扰，为此事朝夕操心。九月九日，复予朱家骅一函，"请宽以一个月之期，弟何时筹得较妥之办法，即当奉闻"。十月七日，致函前教育部部长、现任国民参政会秘书长、中央研究院第一届聘任评议员王世杰，请"屈就总干事之职"，王世杰以国民参政会秘书长职务繁剧，难以应命。二十一日，蔡先生致电王世杰，提出请王兼任。二十九日，接王复电，知前电"所提议之兼任，亦不可能，良为怅惘"。十一月初，致书中华教育文化基金董事会（简称"中基会"）干事长任鸿隽，请出任巨艰。十日，蔡先生函知傅斯年，提到任鸿隽"虽答允，而有一条件，须于两个月后，始可决定"，在"此两个月的犹豫期间"，仍由朱家骅居总干事之名，而由傅斯年代行。至于任鸿隽，"俟渠于两个月内往桂林、昆明及重庆考察一次，始能决定。如无别种阻碍，则明年一月间必可到院办事"（蔡先生《致朱家骅函》）。十二月，任鸿隽继杨铨（杏佛）、丁文江（在君）、朱家骅之后，就任中央研究院第四任总干事。至此，困扰多时的总干事问题总算告一段落。

一九三八年七月，当总干事问题尚未解决之时，化学研究所所长庄长恭至港，坚决要求辞去所长职务，愿以研究员之身专心研究，蔡先生答以"容考虑再商"（见蔡先生《杂记》手稿。"中央研究院"总办事处秘书组编印之《中央研究院史初稿》以庄所长之任期至一九三八年四月止，疑误），其后由总干事兼任化学研究所所长。不料一波刚平，一波又起，一九三九年一月，地质研究所所长李四光来信说，"关于地理研究所之筹备工作实无暇兼顾"，遂改请气象研究所所长竺可桢兼理此事。

一九三九年三月一日，原应在去年四月召开的中央研究院第一届评议会第四次年会在昆明举行，院长兼评议会议长蔡元培"因体弱多病，不胜航空之劳"，不能由香港飞赴昆明主持会议（由聘任评议员王世杰任临时主席），特手撰开会词一篇，寄交大会，由评议会秘书翁文灏（咏霓）代为宣读。讲词最后提到："中央研究院自分别迁至重庆、桂林及昆明以后，一切工作继续进行，对于特殊工作，亦随时增进，各所长分别报告后，深望诸先生详加考察，有所指示。至于全国各研究机关及其他实业机关，应如何联络进行，前三次会议中，均有各方面之设计，现在当有变通或补充之必要，亦望诸先生注意之之。"会议其中一项决议为成立第二届评议员选举筹备委员会，委员有朱家骅、王世杰、傅斯年、陶孟和、叶企孙、任鸿隽、翁文灏七人，由翁文灏任主任。一九四〇年一月十一日，蔡先生致函翁文灏，提到评议员的产生程序为："筹委会拟出一候选人参考名单，由各所长开列，院长做最后决定。"但由于自己的健康关系，"不能即来重庆，与诸先生共同进行。若在此决定，或有怀疑之点，绝无可以请教之人，甚感困难。今谨以最后决定之权，奉托先生执行。先生如有疑问，征求其他六先生之意见较易也"〔结果第一届评议会第五次年会于一九四〇年三月二十二日选出第二届聘任评议员姜立夫（蒋佐）、吴有训（正之）、李书华（润章）等三十人，时距蔡先生之逝十七日〕。同月，总干事任鸿隽来函，请为该院一九三七年度至一九三九年度总报告书写封面，写毕即寄重庆。正如蔡先生《致王世杰函》所说，"幸此地适处三方面（引案：指渝、桂、滇）交通中心，函商尚便"，得以遥领院务，以迄去世。

"老骥伏枥，志在千里；烈士暮年，壮心不已。"曹操（孟德）《步出夏门行》的四句诗正好借来形容蔡先生滞港时的心情，尽管因健康关系未能前往大后方，尽管碍于环境在港过着半隐居的生活，与此同时，对于社会活动，并非完全停止。一九三八年一月二十三日，国际反侵略运动大会中国分会在汉口总商会大礼堂召开成立大会，宋庆龄、毛泽东（润之）、陈绍禹（王明）等被选为该会名誉主席团成员，周恩来（翔宇）、邓颖超（文淑）、潘梓年（任庵）等任理事会理事，并发表《告世界友人书》，又推定蔡元培、宋庆龄等为出席二月十二日在伦敦举行的国际和平运动大会特别会议代表。二月，接到国际反侵略运动大会中国分会来电，请"届时往伦敦出席"，因病未能前往。三月二十七日，中华全国文艺界抗敌协会（简称"文协"）假汉口总商会大礼堂举行成立大会，名誉主席团由蔡元培、周恩来、罗曼·罗兰（Romain Rolland）、史沫特莱（Agnes Smedley）等十三人组成。同月，应邀前往参观香港大学，并由港大中文系教授许地山（赞堃）陪同，访晤副校长史乐诗博士〔Dr. D. J. Sloss，蔡先生《杂记》手稿译作斯洛司教授。是时港大校长由第二十任港督罗富国爵士（Sir Geoffry Northcote）兼任〕。四月十一日，陕甘宁边区国防教育会第一次代表大会在延安召开，蔡元培、宋庆龄、毛泽东、陈立夫（祖燕）、陶行知（知行）等为名誉主席团，由沙可夫主持会议。二十三日，"吴玉章来"（《杂记》手稿），吴出席国际反侵略运动大会后经港返国。吴玉章（永珊）《纪念蔡孑民先生》记云："道经香港得以晤谈时，他犹欣欣然以国共能重新合作共赴国难，为国家民族之大幸。"二十六日，出席中华教育文化基金董事会在香港举行的预备会议。二十七日上午，以董事长身份主持中华教育文化基金董事会第十四次年会，午间，招待与会者在九龙半岛酒店便餐。

五月，谭云山由印度到香港，带到印度诗哲、印度国际大学（Visva Bharati）创办人泰戈尔（Rabindranath Tagore）一函，敦请蔡元培为国际大学中国学院之护导（patron，国际大学创于一九二一年，中国学院设于一九三七年）。六月六日，中华全国美术界抗敌协会成立于武汉，任名誉理事（主席张善子）。十二日，中华全国木刻界抗敌协会成立于武汉，任名誉理事（赖少其等二十八人为理事）。七月一日，与萧瑜（子升）发起组织居友社，社友有宋子文、张人杰（静江）等人。居友（Jean Marie Guyau，一八五四年至一八八八年）[1]为法国近代著名伦理学家、美学家、文学家、教育家。蔡先生《居友社社友题名录小引》（据是月十一日《日记》，此小引系萧瑜代作，由蔡先生亲笔书写）云：

> 余夙有以美育代宗教之说，与居友所论，亦多暗合。近顷李〔引案：李煜瀛（石曾）〕、萧诸君先后归自欧洲，与余过从谈论，时及居友，均觉有介绍居友学说于中国而发挥光大之必要；萧君及王君代之且于云南有居友学校之创立，行见提倡与研究之同志日益增多，此皆

---

[1] 今译作居约。——编者注

121

居友之友也，因组织居友社，并广征社友题记姓名，以为纪念居友与推广居学之一助云。

九日，以"衰病不能出席故宫博物院理事会"为由，呈请辞去理事长职务。二十日，致电巴黎中国大使馆（大使顾维钧）转李石曾，再由李转世界反侵略大会，反对日机滥炸中国不设防的城市，"务请议定有效办法，实行制止，妇孺老弱幸甚，人道主义幸甚"。八月，国际联盟（简称"国联"）即将开大会讨论制裁日本侵略中国，国际反侵略运动大会中国分会发起文化界联名致电"国联"呼吁，电请蔡先生领衔，当即复电同意。九月二十三日，与郭沫若（鼎堂）共同领衔代表中国文化界致电"国联"大会主席，请即对日本侵略者实施制裁，电文指出："暴日对华侵略，撕毁国联盟约，无异对全人类挑衅。……希即依盟约第十七条，对暴日实施最大限度之制裁。……当此侵略狂焰蔓延全国之际，我国决为民族独立与世界和平奋斗到底。"十月中旬，"李游子持沈雁冰函来访，以发起鲁迅逝世二周年纪念会缘起属签名，允之"（《杂记》手稿）。二十二日，香港文化界中国记者公会、大众文艺等团体在港岛铜锣湾加连路山道孔圣堂举行鲁迅逝世二周年纪念会，出席者有许地山、茅盾（沈雁冰）等人，蔡先生因病未有渡海参加。

一九三九年春，与徐谦（季龙）、冯自由（建华）、陈庸公（容光）等在港发起组织"诗学研究社"，编辑《中华民国诗三百首》，是书"原为抗战宣传而作"，"但既欲集民国纪元来全国名流之诗词，精加编选，以飨后学，并就正于海内贤达，则又未便限于抗战之作"，"不料编纂未竣，而蔡、徐二老，先后逝世"。《中华民国诗三百首》刊行于一九四一年八月，由国民政府主席林森（子超）题签，内收蔡先生诗六首〔另附词《满江红》（反侵略歌）一首，即《国际反侵略运动大会中国分会会歌》〕，部分为全集未载，亟录之于后：

西湖荷

潋滟湖光里，荷花别样红。

水波清似许，莲叶碧无穷。

伫看三潭月，行吟曲院风。

凭栏香冉冉，把棹乐融融。

西湖柳

青青湖上柳，袅袅舞纤腰。

堤畔闻莺啭，桥边看絮飘。

鹅黄方吐艳，鸭绿又添娇。

苏小门前往，依依几万条。

咏茉莉

为何冉冉坐旁香，缘有茉莉在我房。

气与芝兰同臭味，瑞同蓂荚卜嘉祥。

轻裁玉药送诗兴，笑插冰姿助夜凉。

雅韵孤标真可爱，昼眠清梦也芬芳。

岫云

云在层岩上，浑无出岫心。

烟霞同啸傲，泉石卜知音。

岩泉

泉在层岩下，源头活水清。

出山嫌世浊，抱璞守廉贞。

秋夜感怀

刚是炎炎天气候，霎时天末又凉风。

听来西陆蝉声唱，正与去秋一一同。

七月四日，国际反侵略运动大会中国分会来函，告以被推为该会第二届名誉主席。七日，菲律宾马尼拉《华侨商报》出版抗战建国纪念日特刊，刊出蔡先生题词："积两年之奋斗，祈最后之胜利。"（启功、牟小东编之《蔡元培先生手迹》注释四四作"一九四〇年元旦"，蔡建国《蔡元培画传》图二四三说明作"去世前不久，为抗战建国纪念日特刊题词"不确。案：一九三八年七月四日，国民政府定七月七日为抗战建国纪念日。）三十日，许地山、冯裕芳、张一麐（仲仁）、马鉴（季明）、罗翼群（逸尘）等假港大冯平山图书馆成立香港新文字学会，推行以易写易学的拼音字取代方块字，以扫除文盲，开启民智，由张一麐任理事长。九月，香港新文字学会聘蔡先生为名誉理事长，同月为香港新文字学会题词："扫除文盲，愈速愈妙；其所用之工具，愈简愈妙；香港新文字学会利用之新文字，简矣。其有速效，盖可无疑。"十月，致函管理中英庚款董事会董事长朱家骅，询以中英庚款能否补助香港新文字学会。十二月七日，为国际反侵略运动大会中国分会作会歌，用《满江红》词调：

> 公理昭彰，战胜强权在今日。慨不问，领土大小，军容赢绌。文化同肩维护任，武装合组抵抗术，把野心军阀尽排除，齐努力。
>
> 我中华，泱泱国。爱和平，御强敌。两年来，博得同情洋溢。独立宁辞经百战，众擎无愧参全责。与友邦共奏凯旋歌，显成绩。

爱国之情，情见乎词！同月，又发一信予朱家骅，为香港新文字学会请求管理中英庚款董事会给予补助。是年，应教育部部长陈立夫之聘，任国际论文竞赛国内征文评判委员会委员。一九四〇年二月五日，陕甘宁边区自然科学研究会成立于延安，推蔡元培等为大会名誉主席团，吴玉章当选为会长。二十日，延安各界宪政促进会举行成立大会，推蔡元培、宋庆龄、毛泽东等三十人为大会名誉主席团，吴玉章当选为会长。

蔡先生到老的求知欲是非一般人所能及的，尽管"岛居颇恨图书少"

（《为夫人周养浩寿》），尽管"目力渐弱，然仍不废读"，于是王云五"乃择由上海携来木板大字本书借供消遣，蔡先生阅毕，辄交商务同人携回，另行易取他书。每书阅毕，有意见辄函告我"（《蔡子民先生与我》）。根据现存的资料，他起码阅读过《湘绮楼日记》第十八至三十二册、《演繁露》《武装欧洲》《比较文学史》《石鼓文研究》（以上一九三八年）、《心理学》《希腊罗马古代社会研究》《西行漫记》（以上一九三九年）、《游志汇编》二十册（一九四〇年）等书。所写的诗文，数量甚多，如：《萧瑜〈居友学说评论〉序》《和周泽青〈戊寅岁朝〉韵》《跋任鸿隽〈古青诗存〉》《〈鲁迅全集〉序》《题刘海粟所临〈黄石斋松石图卷〉》《自传之一章》（蔡元培口述，萧瑜笔录）、《〈世界教联半月刊〉发刊词》《题重印南宋本孝肃包公奏议集》《咏红叶》四绝、《题唐拓九成宫醴泉铭》《北京大学四十周年纪念题词》《征订〈鲁迅全集〉精装纪念本启》《赠王景岐诗》《余莲青先生家传》（余文明，号莲青，次子天民；以上一九三八年）、《和张一麐》二绝、《华盛顿与中国教育界之关系》《挽钱玄同》一律、《贺马相伯百龄大庆》一律、《儿童节歌》《为夫人周养浩寿》一律、《李宗侗（玄伯）〈中国古代社会新研究（初稿）〉序》《哀长女威廉文》《为苏联十月革命二十二周年特刊题词》《为香港新文字学会题词》《为黄公度诗集题词》《国际反侵略运动大会中国分会会歌》《题鲍少游〈长恨歌诗意图〉》一绝（以上一九三九年）、《题张一麐〈八一三纪事诗〉第二册》一绝、《题〈广东文物展览会特刊〉》一律、《〈北大旅港同学通讯录〉序》《自写年谱》（始撰于一九三六年二月十四日，止于一九四〇年二月底，未完）等（以上一九四〇年）。

一九四〇年一月二十五日（农历十二月十七），蔡先生在家中度过最后一个生日，张一麐亲自前往祝贺。二月上旬，以年近岁晚，入不敷支，向王云五求助。十一日（农历正月初四），蔡先生夫妇偕子女过海访晤王云五，作半日之欢聚，偶见王氏次女鹤仪（本名学医，时年二十一）习书画，勉励有加。王云五宴请蔡先生一家人于港岛香港仔庐山酒家，两人并在露台拍照留念，午饭后驱车游览浅水湾等处。三月二日，蔡先生书一立轴赠王鹤仪："梅子生仁燕护雏，绕檐新叶绿扶疏。朝来酒兴不可奈，买到钓船双鳜鱼。"（孙常炜《蔡元培先生年谱传记》误第三句末字"奈"为"禁"）是为最后墨宝！三日清晨，起床小解，回房时失足跌倒，突然吐血多口，不省人事。家人大惊失色，急急召医诊治，适值是日星期休假，故所延商务印书馆特约西医朱惠康至午始到。王云五闻讯赶往蔡宅，并加延玛丽医院内科主任凌医生会诊。四日上午，遵从主诊医生朱惠康劝告，由救护车送往港岛跑马地养和医院（院长李树芬）治疗，"盖其时蔡先生已患胃出血，疑系胃溃疡，必须入院留治也"（《蔡孑民先生与我》），途中由夫人周峻、朱医生侍伴，由王云王代为办理入院手续。入院后经医生详为诊察，脉搏正常，未续吐血，似无大碍，于是为之注射止血剂及葡萄糖针。医生说如无恶化，或可出险，不料午后二时，病势转危，肛门排血甚多，精神不甚清醒，立即先后延请李祖祐、李树芬及外籍西医惠金生、郭克四医生会同朱惠康诊治。众医生主张施行输血手续营救，但蔡夫人以先生年事已高，恐怕输血反应甚大，不能抵抗，非至万不得已时不愿施行，到决定急为输血，已近午夜，是时蔡先生已昏迷不省人事。五日晨，尚无转机，延至上午九时四十五分与世长辞，享年七十三岁（一八六八年至一九四〇年）。下午，门生故旧罗明佑、许地山、王云五等假养和医院附近的山光道山光酒店召开蔡公临时治丧委员会会议，议决设治丧通讯处于皇后道中商务印书馆，由王云五处理丧事，是日"独侍病榻之唯一友人"（王云五《商务印书馆与新教育年谱》语）王云五敬跋蔡先生最后遗墨云：

　　蔡先生自数年前大病后，依医者之劝，谢绝酬应文字，期稍节劳。今岁二月十一日，偕蔡夫人及小世兄枉顾敝庐，作半日之欢叙，偶见小女鹤仪习书画，勉励有加。三月二日，即蔡先生生病前之一日，忽自动书一立轴拟畀小女，此不仅为蔡先生近年罕有之举，且系绝笔。今日蔡先生逝世后，余与内子伴蔡夫人自医院返九龙，蔡夫人忆及此事，即依蔡先生原意，检出见赠，最后手迹，弥觉可珍，谨述经过如上。

七日下午三时，在港岛跑马地摩理臣山道福禄寿殡仪馆入殓，遗体穿蓝袍黑褂礼服，头戴呢帽，灵柩上覆国旗、党旗，由军事委员会委员长、中国国民党总裁蒋中正（介石）代表吴铁城（子增），临时治丧委员会代表俞鸿钧主祭。十日下午，灵柩举殡，由北大校友胡春冰、罗明佑、曾如柏、余天民等十四人组成的护灵队扶柩登车，蔡先生次子无忌（煦，长子根八岁而殇）恭捧灵位随后（三子柏龄旅法，未及赶返奔丧）。执绋者五千人，参加公祭者数逾万人，各学校、商号均降半旗志哀，灵柩暂厝于港岛大口环东华义庄月字七号，俟抗战胜利后运回浙江绍兴（蔡先生绍兴府山阴县人，民国废府，合山阴、会稽为绍兴县）原籍安葬。灵柩停放妥当后，即设奠致祭，先由家属行礼，随即举行公祭，由吴铁城代表国民政府主祭，港督罗富国爵士请行政局华人非官守议员罗旭龢代表到场致祭，备极哀荣。中央研究院同人敬挽以联云："道德救国，学术救国；中心藏之，何日忘之。"十六日，获国民政府（主席林森）明令褒扬，令云：

国民政府委员蔡元培，道德文章，夙负时望。早岁志存匡复，远历重瀛，研贯中西学术。回国后，锐意以作育人才、促进民治为己任。先后任教育总长、北京大学校长及大学院院长，推行主义，启导新规，士气昌明，万流景仰。近长中央研究院，提倡文化事业，绩效弥彰。方期辅翊中枢，裁成后进，高年硕学，永为党国仪型。乃以旧疾未瘥，滞居岭表。遽闻溘逝，震悼良深。着给治丧费伍千元，派许委员崇智前往致祭。生平事迹，存备宣付史馆，用示崇重勋耆之至意。此令。

又通令全国于二十四日同时举行追悼会（缘是日之韵目代日为"敬"字，选此以示崇敬民国元老之意）。四月，香港文教界筹建元培图书馆，以为纪念。九月，复筹设蔡孑民纪念基金。同年，以远东战云密布，归葬之期尚远，入土为安，遂卜葬于香港仔华人永远坟场，墓碑题"蔡孑民先生之墓"，为京师大学堂（北京大学前身）校友叶恭绰（玉甫）所书。一九四一年十二月，太平洋战事起，香港沦于日军之手，港人开始三年零八个月的悲惨生活，元培图书馆、蔡孑民纪念基金无法实现。翌年，蔡夫人周峻携同二子一女逃离香港。

一九四五年八月，抗战胜利。一九四七年五月十日，国民政府（主席蒋中正）颁令筹办国葬蔡元培，令云："国民政府故委员蔡元培，兴邦耆宿，群士导师。生平致力教育文化事业，于国家贡献伟大，贻泽至深。追念仪型，允宜特予国葬，以昭崇报。着内政部依法筹办，定期举行。此令。"是时内政部部长为张厉生（少武），唯迄未实行。一九七八年，北大校友发起重建蔡校长墓碑，新碑较旧碑大五倍，阔十尺，高五尺六寸，厚六寸，由港台两地北大校友捐建，立碑日期为三月五日，是日为蔡先生逝世三十八周年纪念日。新碑上刻有"蔡孑民先生墓表"，其词曰：

先生讳元培，字鹤卿，号孑民，浙江山阴人。清同治六年十二月十七日生。其尊甫峷山（引案：据蔡先生《自写年谱》："父亲讳宝煜，字耀山。"作峷山，不确）先生从商，以长厚见称；母周太夫人，恒教以立身处世之道。先生早掇巍科，入词林，自甲午中日战役败衄，我国朝野人士竞言新学，始涉猎西籍，讲求新知。及戊戌政变后，朝局益坏，先生敝屣尊荣，毅然出都，思以教育救国，初任绍兴中西学堂校长，继任南洋公学特别班教习，并创设中国教育会及爱国学社，旋以在沪秘密从事革命活动，为清吏侦悉，乃避地青岛，习德文，为异日留学准备。乙巳，加入同盟会。丁未，赴德，初居柏林，继入莱比锡大学习哲学，尤重美学，期以美育陶冶人性，以代宗教，如是凡三年，译著专书多种。辛亥，革命军起义武昌，东南各省底定，"国父"孙中山先生就任临时大总统，任命先生为教育总长，厘定教育方针、学校系统与课程纲领，为全国教育奠一新基，后以袁世凯专政，乃愤而辞职，于民国元年秋携眷再度赴德。二年，以宋教仁案发生，得沪电促归，共谋讨袁。二次革命失败，去国赴法，旅居数年，与李石曾、吴稚晖先生等创立留法勤工俭学会，并组织华法教育会，以谋两国文化合作。五年，回国任北京大学校长，革新校政，祛除旧习，倡学术自由，由是旧学新知，兼容并包，俱臻蓬勃，而全国学术风气亦为之丕变矣！八年，五四爱国运动发生，北京学生游行示威，反对《巴黎和约》，且痛惩卖国金壬，致多人被捕下狱，先生营救保释，并发表声明，随即离京。既而全国重要省市罢市、罢学、罢工，为北京学生运动声援。政府终拒签和约，并罢免曹、陆、章三人，先生亦经挽留复任，于十三年（引案：应作十二年，十二年七月先生携眷出国，至十五年始离欧返沪）仍以不与北洋军阀合作引退。迨十五年国民革命军北伐胜利，定都南京，先生先后受命任大学院院长、中央研究院院长及监察院院长等职，嗣专任中央研究院院长，创设专门研究机构，罗致专家学者，致力发展学术。抗日军兴，国府西迁，先生在港就医，不幸于二十九年三月五日逝世，年七十有四。噩音传至陪都重庆，朝野震惊，政府明令褒扬，唯以对日战事方酣，时艰道阻，未能迎葬国内，遂由先生家属与友生卜葬于香港仔华人永远坟场。先生元配王夫人、继配黄夫人先卒，周夫人近年亦逝；子四人：无忌、柏龄、怀新、英多，女二人：威廉、晬盎，散居各地。旅港北京大学同学会同人，每于春秋二季上冢，以表孺慕，因墓地年久失葺，乃倡议重修，并立石表于阡。昔曾子称仲尼曰："江汉以濯之，秋阳以暴之，皓皓乎不可尚已！"当今之世，唯先生足以当之。先生门人故北京大学校长蒋梦麟先生曾以词诔先生曰:"当中西文化交接之际,先生应运而生,集两大文化于一身,其量足以容之,其德足以化之,其学足以当之,其才足以择之。呜呼!此先生所以成一代大师欤!"斯诔也,最足以状先生生平,并志于兹,以念来者。

一九七八年三月五日

香港台湾北京大学同学会敬立

墓表引蒋梦麟(孟邻)之文,见《蔡先生不朽》(原载一九四○年三月二十四日重庆《扫荡报》,后收入一九六七年九月传记文学出版社印行的《新潮》,列为"传记文学丛书"之十三。引文第二句于"先生"之前略去"而"字,末句"先生"之后略去一"之"字)。墓表之右,刻有原叶恭绰所书的"蔡孑民先生之墓"七个字,墓表用楷书书写,刻于藏青色云石之上,共分作三十六行,每行二十八字,标点乃笔者所加,又原文"国父""先生"之上俱空一格,以示崇敬。重修竣工之日,香港北京大学同学会同人齐集坟前,举行公祭,由年逾八旬、前北大史学教授李璜(幼椿)主祭,香港北京大学同学会主席林伯雅恭读墓表,八六老人黄麟书(槐园)报告修墓经过。

"青山有幸埋忠骨",蔡元培先生可以说是迄今为止瘗骨于香港的民国史、国史上的最重要人物!

原载《传记文学》第五十七卷第三期(一九九○年九月号)

第二编
清华校长梅贻琦

　　梅先生做人、读书、做事，都可以拿慢、稳、刚三个字来代表，而最令人想念他的，就是他的真诚。处于中国社会，他不说假话，不说虚伪的话，不恭维人，是很不容易的一桩事。我不敢说梅先生没有说过假话、说过虚伪的话，没有恭维过人，不过我敢说这些话梅先生说得最少。

五月十九念"五哥"

梅贻宝

我们一家兄弟五人，月涵居长，贻宝居末。因为"大排行"的关系，月涵的弟妹们都称他为"五哥"。"五哥"是我们大家庭的柱石，更是大家庭现代化的枢纽。我们这个梅族，据家谱上说，乃是明成祖时代由江苏武进北迁，来负责驻防天津卫的。不过，到了清朝末叶，家道早已中落了。父亲的功名还是考来的，两位叔叔的，则都是捐来的。庚子年义和拳闹乱，阖家逃亡。赶到回来，则所有家业洗劫一空。贻宝恰巧此时出生，可谓生不逢辰。诸兄姊每人都有一位奶妈（亦称乳娘），到了贻宝时期，只可一切从简，奶妈免聘了。母亲乳水不足，则佐以糕干（成分大部是米面粉略放些糖而已）。当时"五哥"十岁有余，抱着婴孩贻宝喂糕干乃是他家庭劳作之一项。月涵寡言，举世皆知，即是家人聚首，亦无二致。然而，他曾屡次描述抱着我喂糕干这一幕。据我的心理分析，这是他对这还知自爱上进的小幺弟亲切满意的一种表达。最后提到喂糕干的一次，据我回忆是一九五五年。当时"五哥"、五嫂住在纽约一间公寓，我在普林斯顿大学授课。有一天，我到纽约去看他们，不知怎的，话头又引到喂糕干了。那时他已耳顺之年，我亦年逾知命了。我说，我这贱躯，虽然比不上运动员、大力士，但是通常的辛苦，在这抗日的岁月，亦还担当过一些，至今未见衰颓，"五哥"应把这喂糕干一幕真确地写出，就教于那些营养学的科学家。随后月涵忙起设置原子炉来了，就把那追问喂糕干与营养关系一节给忘了。

从喂糕干到"五哥"回国这十几年，是我家近代史中最艰辛的一段。除去几间旧房庇身以外，我家够得上准无产阶级了。父亲的收入有限，家里人口可观，一切周章挪补，都要母亲伤脑筋。我一直到十几岁，恐怕是"五哥"回国以后，才穿到一件直接为我做的新袍子。家境虽然清苦，人口虽然众多，父亲却咬定牙，叫每个儿子受教育。后来天津开办了女子学校，他叫两个未出嫁的女儿亦上学校。"五哥"是我们的长兄，多少叔伯戚友劝父亲，等他保定高等学堂毕了业，就该叫他就业了，做个中小学教员呀，到租界洋商写字间里当个"摆"（boy）呀，怎样都可贴补家用，替父亲分些重担。但是"五哥"努力上进，考取清华第一批留美，而父亲毫不迟疑地命他放洋。"五哥"放洋四年，时而把撙节下来的膏火五块十块地寄回家来。我当时才入小学不久，不甚懂事，只记得"五哥"寄回来在上海剪下来的辫子。"五哥"不时寄回一些五彩的美国风景明信片，当时看了，心向往之，并且在若干照片中得以认识杨锡仁、张彭春、金仲藩诸先生，当时都是翩翩少年。

一九一四年，"五哥"回国，家人欢欣逾常。父亲自认他那一套旧学旧识不合时宜，命诸子唯"五哥"之命是听。"五哥"立即把我送进南开中学，学费每月三元，交付不出。张伯苓校长因为是世交，而且"五哥"是他的得意门生，所以亦不催促，但亦未明言算作免费奖学金，乃以记账方式出之（至今我亦不明白那一年南开的学费是否还记在账上，现在想偿还亦无法偿还，只可"难得糊涂"了事）。转年，我考入清华中等科，应属二三级，大概因为南开读书一年的关系，教员们把我考了考，问了问，升了一级，改属二二级。我入清华当学生的那年，亦即是"五哥"入清华当教员的那年。在物理班上，他是我的业师，所以物理这一门我尤其小心预备，以免班上彼此"那个"，学年结业时这一门我得了个"甲"等。"五哥"住在学务处（即工字厅）西偏院里，我有时去看看。他在时，则是彼此互看一番（interview）而去；他不在时，则偷吃些花生蛋糕而逃。他亦从未问过我这些琐事，大概是心照不宣的了。有一次学校国语演说比赛，我参加了，题目已忘记，大概与欧战有关。这次去看"五哥"，"五哥"居然根据讲题同我讨论了好久。我当时不过十几岁的顽童，不觉顿开茅塞，回房好好预备了一番，演说比赛竟获第一。此后每天看报，尤其注意国际新闻，数十年如一日。

"五哥"直接教导诸弟的时候可说没有，但是他对我的学业、为人种种方面的影响是不可言喻的。后来读书，明白儒家、道家的"垂拱而治""政者正也""无为而无不为"等道理，甚至佛家亦有"无言之教"之说，这都可见潜移默化的功能。我从未听过"五哥"述说这些道理，而实施此理最著成效的教育家中，恐怕要以"五哥"为祭酒。

"五哥"初入清华供职，另有三个弟弟在各中学读书，不久分别升入北京师大及清华高等科。这几年大家庭的费用、诸弟的教育费，全由"五哥"一人负担，大概还清偿了一部分家里的旧债。像"五哥"那样人品、那样资历，当时说媒保亲的，不计其数。他好几年概不为所动，显然是为顾虑全家大局而自我牺牲了。眼看"五哥"行年已近三十，幸而渐渐听说常往韩家坐坐，他同韩咏华女士一九二○年结婚，这就是我们的五嫂，清华同学们称之为梅师母。当时朋友们送喜联，好几幅的上款把"月涵"题成了"悦韩"。

在美求学时，"五哥"曾皈依基督教，信仰相当诚笃，回国来还在天津青年会服务一年。烟酒他是丝毫不沾的。入了清华，他的生活习惯渐渐从俗些，但亦还未听说开怀畅饮过。他做了清华校长以后，有一年校友返校节，学校在工字厅设宴款待返校校友，大家互相让酒中，忽然有人倡议，各级依次向校长敬酒。每级集团敬酒都要求干杯，不干不退，校长只可照干。如是者，干了一杯又一杯，我们在场的家里人实在有些着慌而又不好出来劝阻，只可听之，但盼无事。未料他老先生席散后自行迈步回家睡了一觉，起来继续招待宾客，当晚参加同乐会，若无事然。大家这才放了心，同时大家亦得了一大发现——"梅校长酒量可以的"。这恐怕亦是他自己在中年的一大发现。这个名声传出去以后，当然若干贪好杯中物的同志都要来讨教一番。同时国事日蹙，显然公私各方顺心事少，而逆意事多。我料想，到后来他喝酒，难免是借酒来浇愁解闷了。至于喝酒时而过度，是否与他后来的病症有关，我们不通医道的人不敢多说。"五哥"二三十年来在全国各地结交了不少的酒友，而且酒品极好，似乎人人都说他酒德甚高，称之曰"酒圣"。据说酒友们用字，与字典不完全一致，但是能以"德""圣"称之，大概总是好的一方面吧。

"五哥"毕生从事中国高等教育，服务于"清华"将近五十年，其间亦经过若干的艰辛，受过可观的穷困。一九四五年，美国国务院约请燕京大学指派教授一人，赴美报聘。教授会议推举我应邀，由成都起飞，道出昆明，在"五哥"、五嫂家里住了一夜。校长住宅倒也罢了，只是人口多些、挤些，晚饭实在太简单了。当晚只见祖彦侄闷闷不乐，迥异寻常。临睡前给我搭了张行军床，借了条被，就设在"五哥"书桌前。他一面看学校公事，我们一面叙谈家常。我问到祖彦，"五哥"才说，两天前跑警报，彦侄把一副眼镜连盒给跑丢了。家里无钱给他再配一副，而他没有眼镜就不能念书，故而父子都觉十分窘困。我素来服务于私立学校，大致比国立机关待遇好些，而家里多半有两份职务收入，亦曾听说"五哥"在昆明主持联大，生活不宽裕，但未料到他们一贫至此。遐迩传闻的校长太太制卖"定胜糕"的佳话，大概就属于这个时期。现在想来，近乎奇谈，亦应视为吾国教育界从业员的美谈。

战后大家在北平复员，"五哥"一家搬回清华园校长住宅，住处是宽敞多了，但是伙食日用仍甚拮据。随后我们离开了北平，各自辗转到了美国。"五哥"从事保管"清华基金"，设置研究员名额以维持若干留美学人，"恢复《清华学报》"，并从旁协助华美协进社若干业务，而其自定生活费甚低，几乎无法维持生活。先前住的还是一栋通常的公寓，后来退掉了，搬进一个很不像样的住处，大概是势须撙节而然。我的大侄女祖彬，几年来住美国洛杉矶。她除维持一个子女四人的家庭外，还挣扎着给大学研究生们打论文。这样赚来的辛苦钱，不时五块十块地寄给她母亲，贴补日用。我在美国比较有办法些，过些时日后我们夫妻都有了固定职位，生活比较安定，衣食可说无缺，但是无法同"五哥"谈他的经济状况。我偶尔给他寄张支票，有些兑取了，有些始终未兑。我想这不是他遗忘，他似乎自有分守，自有道理。我既然无奈他何，亦只得三思而后行，顺其心意，以免徒增他一层烦恼。在这一节，我只可以后备队员身份自居。

一九六〇年，"五哥"病倒的消息传到我处，真是迅雷贯耳，焦急万分。幸而不久五嫂自美赶回陪他，而他的病况亦和缓下来。我延至一九六一年春方得脱身来台，住了一个月，主要任务是陪"五哥"。他的病况那一阵的确好了些，后来听说祖彬侄自美来省视他，他那一阶段的病况又好些，可见一个人的心理确能影响他的生理。他自己更是乐观。"教育部"的"部务"幸而得以摆脱，但是学校的公事，他仍在床上批阅处理。适逢"清华"原子炉筹备已达最后阶段，思日即可开炉应用，说是要请当局大员参加开炉典礼，他自己兴致勃勃地准备去新竹主持招待。我在离美以前就同若干医生谈论过"五哥"病况，到台北又听了高天成院长两次报导以及他的意见，我不得不承认"五哥"所染是不治之症，问题只是能延迟多久而已。"五哥"以及若干他人都表乐观，我当然不愿打断他们的高兴，只可保持一种"但愿如此"的态度。在他的病床前，我曾婉转提过两点：一是设立梅月涵奖学金，一是立个遗嘱。对这两点，他毫无反应，我明白都非他所愿。他不许我为生人设奖学金，必是出诸谦虚，而并非忌讳。至于不立遗嘱，大概是因为既无遗产之可言，又何须遗嘱一举？这是我的揣测，我想大致不差。

在我们离台前，有一天天朗气清，春风和畅，"五哥"的病况亦恢复到满意点，便叫汽车中午由医院开回金华街一一〇号。路上他叫车夫绕道"中华路"，他很高兴地指给我们看新建的"中华商场"。我们家人聚餐，大概是吃了一顿烂面。饭后，他把家里三间屋子巡视了一周，叫我到书房看他的一套《大英百科全书》。柜橱里还存有各种好酒若干瓶，他看了看，然后向我点首微笑。上车回医院前，我给"五哥"、五嫂在汽车前面照了个相。不料回院后第二天，他感觉不支，并且又发起烧来，看来这回家一举，是过了力，是闯了个祸。原意那次回家，乃有演习用意，如若经过良好，校友返校节有试赴新竹的打算。退一步讲，亦可以在金华街办事处举行一个校长亲临的集会。然而病况经这一反复，一切计划，只可打消。现在想来，那回家吃面的一天，怕是"五哥"卧病时期最健旺、最愉快的一天了。我们原定四月底离台，期近颇觉依恋，"五哥"竟亦明言叫我们多住两天，于是展到五月初才动身。临行到医院再看了他几分钟，我敏感今番作别，不同往常，强打精神说了几句淡而无味的安慰他的话。他呢，只点了点头，哼了几声。我们退出，登上汽车赴机场。果不其然，这就是我同"五哥"的永诀！多少朋友来送行，但是五嫂不在其内，我们一致认为这时五嫂必须留守在台大医院特一病房。

一九六二年五月，在美国爱我华[1]镇接获电报，说是"五哥"于十九日与世长辞了，兄弟手足从今幽冥永隔了。好几天寝食俱废，甘苦莫辨。自念对于"五哥"病况从来客观，目为不治，至于人的生死问题，因为常要给各班学生们讲哲学、讲宗教，亦能说个一知半解。但是，临到"五哥"离我而去，竟无法不动情，动情而竟无法遏止。"五哥"长我十一岁，生为长兄，业为尊师，兼代严父。我自念平生所受感染影响多端，而无一人能超过"五哥"。若干朋友呼我为"小梅"，我负责燕京大学时期，熟朋友们竟称我为"小梅校长"，以示区别。而今已矣，"五哥"与我长辞矣，"小梅"的绰号可以解除矣，但那喂糕干的恩德，亦就反哺无从矣。呜呼伤哉！

---

[1] 今译作艾奥瓦。——编者注

"五哥"逝世以来，曾有若干纪念仪式、若干纪念刊物，无论向我征稿与否，我都觉得义应参加，有所表示，但均无法提笔，一两次勉强地写了几行，便写不下去了。现事隔三载，姑为一试，仍是边写边拭泪。生疏粗陋的文字，亦殊不愿加以润色藻饰。文中不无涉及吾家琐碎，有扰读者清神，尤觉不安。

一九六五年三月拭泪撰于台北

原载《传记文学》第六卷第五期（一九六五年五月号）

我最初认识梅月涵先生时的一件小事

王云五

　　我最初认识梅先生，是在一九三〇年五月上旬。那时候他是中华民国在美国的留学生的监督，我则初任商务印书馆总经理，因前此八年的任务系主持编译，对于管理及业务经营向无经验，故于接受新职以前，征得商务的董事会同意，就职后立即出国考察工商管理。此行历国八九，而美国即为所经历的第二个国家。

　　在参观访问之余，特来华盛顿，入其国会图书馆参考图籍十余日，中间只以半日从事于游览名胜。同游者有沿途偕行之程发甫、刘式庵二君及梅先生与其时在国会图书馆研究之江亢虎君，而由我国使馆某君驾车导游。余偶在阿灵顿国家坟场附近发见一个小型的飞机场，系供当地上空游览之用。我突然兴发，询同游者孰愿试飞，盖彼时飞行事业甫萌芽，一般人有飞行经验者殊鲜。程、刘二君质言不敢尝试，江君则侈言曾经长程飞行，对此短程试飞不感兴趣。唯我坚持欲试飞，即无相伴者，亦将独自为之。梅先生微笑不语，余试邀之，点首应允。

询明试飞办法，需费美币五元，可在华盛顿附近上空飞行十分钟。及谛视飞机，体甚小，且无上盖。机师语以登机后，腰部紧束皮带，座位左右各附着铁环，如飞行骤遇气流转变，机身动荡甚至倾侧，既有束腰之带，又得紧握铁环，绝无可虞。及缴费时，机场管理员邀余等各签署一志愿飞行文证，大意谓"设遭意外，可通知住在某处之家属或亲友"。余以出于自愿，梅先生却属被动，余签字后，梅先生方在握管待签时，余力劝梅先生重行考虑，不必冒非必要之危险。梅先生仍微笑不语，唯此时一变顷间之点首而为摇头，盖表示不必重行考虑也。于是相偕登机，同游诸人亦群趋机旁，与余及梅先生殷殷握手，片刻之小别，竟如久别者然，殆亦由于心理上之紧张也。

机身冉冉上升，达五六千尺之高度，俯瞰城市房舍，有如画图。是日天朗气清，飞机在空气中行动，既鲜摩擦，较彼时驰行于大路上之汽车尚舒适，只于下降时，机身突然倾侧，虽无机顶隐蔽，以有两铁环及腰带，绝无危险。着陆后，诸人咸趋前相迓，梅先生独紧握余手，笑谓顷间为患难朋友，现在则为安乐朋友矣！

余于是重有所感，盖就余推测，梅先生登机前未尝多言，独首肯与余同飞，实未必出于自愿，仅对独行之远客表同情。及睹机身简陋，又须签署有如遗嘱之文件，觇其神色，似甚严重，余故临时劝阻，则又以重然诺，摇首婉谢。下机后，心绪之紧张解除，故有患难与安乐之幽默语。足见此时之安乐的表示正反映顷间患难的含蓄，即此一小事，可见其伟大处。余则于出国辞别两老之际，承切嘱遇事谨慎，不可冒险。是日出游以前，梅先生等来逆旅相邀，适写家书，未竟遂搁置。及过机场，偶起好奇之感，尽忘父母切嘱。游罢归来，曾写一短诗，中有"未完家报当遗嘱"之句，即记此也。

此事距今三十有七年，余未尝公开发表。日前"清华大学"月涵堂落成，余应邀讲话，偶及此事，事后《传记文学》编者刘绍唐兄坚请写出，为书此以畀之。

原载《传记文学》第十卷第六期（一九六七年六月号）

梅贻琦——一位平实真诚的师友

叶公超

　　我没有从梅先生读过书，所以没有资格称他为老师，但他长我十几岁，他于一九三一年接任清华校长，我已经在清华教书，所以我一直把他当作一位师友之间的朋友。我想，有许多现在六十多岁的人，对于梅先生大概也都有同样的尊敬。一位朋友活着的时候，格于种种错综复杂的因素，不十分容易得着一个客观的评价。假使是仅限于师生的关系，受过传统中国教育的学生总不免有点拘束，有许多话也就不好说。我处于师友之间的地位，倒没有这种拘束。

　　我的遗憾是生得晚一点，没有机会和早年的梅先生接触。我初次认识梅先生，是一九二八年在华盛顿，他做清华留美学生监督的时候。我不是清华的学生，因为陪一位清华的同学去看梅先生，才有和他见面的缘分。他留我们吃饭，那次他给我的印象，就是他对美国的日常生活非常熟悉，而且英文说得极好。留学生对于驻美的政府官吏，通常都有两种印象：一是只知道向国内打报告，而不了解美国的实际情形；二就是英文说得极坏。梅先生却不然。不过，我那次对梅先生的印象，不能说是"好"。年轻的人总有点怕寡言的人，尤其是脸上不多有笑容而寡言的人。从那次见面直到梅先生到清华园来做校长，我只见过他几面，而内中有一两次是跟胡适之先生一起去看他。胡先生和梅先生相识大概已经很久了，但是他们见面的时候，梅先生的话仍然是那样少——胡先生的话照例是多的。有一次好像是胡先生说了几句笑话，他自己觉得很可笑，他那种很自然亲切的笑，和梅先生的轻微的笑，好像停顿在笑的边缘似的，使我得着两种笑的比较。那次之后我才知道梅先生也会笑，只是他的笑的程度很浅。梅先生做校长之后，我和他的接触就频繁了。在西南联大的时期，我常常有机会和梅先生谈天，有时候一起喝酒，对于他的认识，可以说又深入一层。生活的经验告诉我，凡是寡言而审慎的人，多半都是因为早年家境不好，中年受过颠沛的人。梅先生家里虽然早年清寒，但是据我所知，并没有受过很大的挫折，不过他是长子，早年负着家计和教养弟妹的重担，因此也就形成了他一生的令朋友最钦佩的性格，就是他沉默的责任感。沉默是梅先生个性中的特征，他和朋友们很少提到他早年的生活，更少说起他任何艰苦的经历。他有一种无我的（selfless）习惯，很像希腊人的斯多噶学派（Stoic）[1]。他用不着宣传什么小我大我，他好像生来就不重视"我"，而把对于朋友，尤其对于学生和学校的责任作为他的一切。我们在生活里常看到，像梅先生这样性格的人，往往是好用权术和心计的人，但是梅先生是沉默而真诚的——确是两种特质难得的结合。

记得一九三五年前后，共产党已经开始发展到学校里。有一天，清华园传遍了宋哲元将军要派人来逮捕学校的亲共分子的消息。先说是只限于学生，后来传说教职员中也有亲共分子，一时人心浮动。我晚上到梅校长家里，碰见几位同事在那里和梅校长谈话，座中有叶企孙、陈岱孙、冯芝

---

[1] 今译作斯多亚学派。——编者注

生、顾一樵、金岳霖等教授，这几位都是清华的院长和评议员。我仅是一个教授，那时候也不是评议员，平日也很少参与所谓校务，但是既然进到客厅里，梅先生便留我坐下来谈谈。我坐了十几分钟，好几位同事都说过话，梅先生不停地抽着烟，一言不发。又经过十几分钟，梅先生还是不说话。结巴的冯芝生终于问梅校长："梅先生，你……你的意见是什么？你……你想，我们现在该怎么办？"梅先生低声地回答："我正在想。"在座的金岳霖先生——他是富于幽默感的人——接着说："梅先生，你可以不可以一面想，一面发出想的声音来？"梅先生也很幽默地回答："要是发出声音来，我也许就想得更慢了。"大家哄堂大笑。不等大家笑完，梅先生就说："这事是不能交涉的，这是中央来的命令，而为我们学校本身的安全，我们也不能反对他们来搜查和逮捕嫌疑分子，我们现在的问题就是如何和军警合作，在他们来了以后，学校里的秩序不至于紊乱，而同时不发生意外的事件。"后来，梅先生把他所想的一个临时组织说出来，我认为相当地有价值。这一桩事和我所知道的许多别的事，都可证实梅先生的沉默与寡言并不是寡断。

有一桩事，外面有人对于梅先生曾经一度有误会，梅先生逝世三年了，好像还没有人提到这桩事，我略知其中的经过，所以想趁这个机会，替寡言的师友说几句话。迁台[1]之前，梅先生就到美国去了，他到美国去并不是做寓公，而是去继续保管"清华基金"。这个基金是中美两国政府当初共同决定交给中华文化教育基金董事会保管的，而这个董事会是由中美两国人士组成的，要动用这基金的款项，必须大多数的董事同意，而事实上假使有一两个董事不同意，案子是提不出来的。那时就有人——我也在内——认为"清华基金"的利息不应当完全用于美国维持少数研究人员，而要拿回台湾来，用于教育文化方面的事业。那时我在"外交部"，

---

[1] 指国民党政权败退台湾。——编者注

我的态度当然是支持这种主张的，同时胡适之、蒋廷黻两位先生都和我的看法一样。梅先生个人的主张实际上也和我们相同，但他还是"清华大学"校长，他的责任感不允许他轻易发表意见，尤其是在没有提出具体计划之前，他不愿意向美国方面的董事表示任何意见。他在纽约告诉我，假使手里没有计划，而先表示意见，其结果美国方面可能先提出一个具体意见来，那时候我们就要感到尴尬了。同时他也劝我，以"外交部长"的地位，不要和美国的任何董事谈起这桩事。我说不成，我以"外交部长"的资格，在原则上一定要告诉他们，希望将来这钱要有计划地用于台湾。他问我："假使他们问你，有没有计划，你怎么样说？"我当时的回答是："计划可以大家同时想，钱却一定要用在台湾。"梅先生沉吟许久，只说了这样一句话："我很想弄一个长期的科学计划出来，不过'清华'的钱太少了，任何长期的科学计划都不够。这一点我还没想出办法来。"所谓"长期的科学计划"，是我从梅先生那里第一次听到的。后来，大概隔了两三天，我去看胡适之先生，才知道他和胡先生已经提到这个所谓"长期的科学计划"，梅先生的主要思想是不要用这笔钱来盖房子或是做宣传——即使提出盖房子和做宣传的计划，董事会也绝不会通过——而要用于实在的科学发展。梅先生是学电机的人，在大陆许多年都教的是物理，所以他对于原子科学比较有认识，今日"清华"原子科学研究所的创办，就是梅先生和几位弄原子物理的清华同学设计的。

梅先生做人、读书、做事，都可以拿慢、稳、刚三个字来代表，而最令人想念他的，就是他的真诚。处于中国社会，他不说假话，不说虚伪的话，不恭维人，是很不容易的一桩事。我不敢说梅先生没有说过假话、说过虚伪的话，没有恭维过人，不过我敢说这些话梅先生说得最少。有人说——不是我——梅先生有时候说几句虚伪、恭维人的话，也是带着真诚的情感，我不知道梅先生听见这句话会怎样地笑。

最后，我不敢说梅先生是一个伟大的学者或政治家，但是他做人，我认为是很足以为我们的师表的。顾亭林说："读书最易，做事较难，而最难者莫过于做人。"

原载《传记文学》第六卷第五期（一九六五年五月号）

酒杯边的琐忆
——兼记梅贻琦先生饮酒的风度

黄季陆

一

陈辞修先生已于八月三十日安葬台北县泰山乡，我在参加送殡行列悲感的气氛中百感交集，他生前的志节和功业，现正激荡于每一个人的心上，沉痛地表现于对他死后的追思。我自一九五〇年春"行政院"改组，他由台湾"省政府"主席调任"行政院院长"，到他一九六四年因病去职，除了一九五九年到一九六一年这段时间离开"行政院"，改任"考试院考选部长"之外，可以说我在"行政院"追随他的时间要算是自始至终，未曾间断。我曾担任"行政院不管部"的"政务委员"和"内政部""教育部"两任的"部长"，说到公私方面的关系，回忆起来真不知从何说起！往事不堪回首，为了避免胸中的郁闷，只有从以往轻松愉快的事上寻解脱，因而使我想起了几年前在他阳明山官邸一次吃酒的故事，而这一故事的主人翁并不是他，而是"为酒无量,不及乱"的梅贻琦先生。

辞修先生一九四九年在上海割治胃病以前,自负是一个饮酒的强者,自此以后,他因为遵照医生的警戒,便不敢多饮酒了。他说过许多他以前豪饮的故事,其中他最引为得意的一次是奉命到山西太原接洽公事,被山西的"饮者"围攻,这次真是吃酒无量,并未示弱,同时圆满完成了他奉命前往的使命。我常以"好汉莫说当年勇""能者表现在今朝"来挑起他饮酒,可是到了他真正不服气拿起杯来要吃的时候,为了他的健康,我又自行退兵了。他时时作弄我,要我饮酒,我说,因为身体太胖,医生嘱咐我不能多饮酒。当我出外应酬时,我的太太亦曾一再以此相戒。当我兴致一来不能自抑,端起酒杯要饮时,他向我取笑道:"你不怕回家太太责骂?"我说:"将在外,君命有所不受。"当我拒绝不饮时,他又向我取笑:"现在为何又怕呢?"我说:"为人要忠实,不能因为太太不在而妄自饮起酒来。如果你一定要我饮,我并不敢辞,不过这只能说是你的命令,不是出于我自发自动的。"我在这种情形之下,有时吃得个酩酊大醉,而他亦时时以我假传命令贪饮为笑谈,使此类聚会轻松而愉快。辞修先生对人亲切而富幽默感,对事负责而坚定,到台十余年来,我追随他做事,他那种信任之专、对人之尊重的风度,真使我永志不忘。当然,我们之间并不是件件事都融洽无间,有时在观念上亦会发生距离,在他的个性上,这是一种很大的忍耐,迄至他逝世为止,在我的感觉上,他对我的信任与尊重并未有所改变。这也许就是他最伟大的地方,也是我今天最值得反省的地方。

我们每月有一次工作会谈的小组聚会,参加的人有辞修先生、蒋梦麟先生、梅贻琦先生、袁守谦先生和后来加入的傅秉常先生。每月每人轮流以便餐做主人一次,每次都有饮酒的机会,辞修、梦麟、秉常三先生都饮酒不多,梅贻琦先生则是我所仅见的能饮而最具酒德的一人。他从不向人求饮,可是谁向他敬酒,无不有求必应,数量的多少完全由对方决定,从来不予拒绝。他酒量之大,饮酒态度之雍容有度,安详而不任性,可以说得上是酒中的圣人！在无数次与他同席中，每次我总得以他为对象，向他挑衅，使他一醉为快，可是每次我几乎都遭遇了失败。当有时我吃得过量带着醉意时，他仍是那样雍容安详而看不出醉意。只有一次是例外，那便是在阳明山陈辞修先生的官邸，这次梅先生醉倒了，醉到几乎不可收拾的程度，使我事后感觉十分冒失！梅先生这一次的大醉，大约是起因于辞修先生有了两瓶友人送他的拿破仑白兰地酒，他视之为一种稀罕的珍品，在酒过数巡之后才特别拿出来招待我们，于是引起大家饮酒的兴趣，趁此机会以一醉为快。

由于大家在先已吃了不少其他的酒，待到陈先生的拿破仑酒出现时，除了桌上每人略事品尝少许外，其余大约由梅先生、袁守谦先生和我三人共同分担，而梅先生一人饮得特别多。他在饭后大家休息闲谈时独坐一处，一声不响，闭目不动，待到大家要散席回家时，他竟不能站立向主人告辞，于是大家才发现他已醉不能行了。我很得意地向他取笑说："梅先生今晚如何？"他只是摇头不动，仍然不能起立同走。我以为这只是他一时醉了，并不会太为严重，于是我扶着他上车，并陪他回到金华街"清华"办事处的寓所。车在门前停下了，梅先生已醉到泥般的不醒，没有办法扶他走下车来，于是只得由办事处的工友把他背到卧室，放置在床上，使他能安静地养息，并一面为他取来大量的饮料，使他能借此把酒的强度冲淡，清醒过来。不料他滴水不进，只是闭目不语，频频以足用力往下起伏不停地伸缩，似在表示他十分难过。此时我和与梅先生同住的查良钊先生都慌了，于是我们打电话请了一位执行医生业务的"清华"校友前来为他解酒。一直到深夜十二点钟以后，他才安静地熟睡。我大约候至第二天早晨二时，才回家就寝，但心中仍不禁悬悬不安，痛悔不应使高龄的梅先生饮酒过多，万一真正影响他的健康，那就太不幸了。

我记得这大约是一九六〇年秋天一个礼拜三晚上的事，因为第二天是礼拜四，我其时任"考试院考选部长"，礼拜四上午是"考试院"的例会，我照例必须前往出席。由于放心不下，我在早晨八时左右前往出席院会之前，特顺道再往"清华大学"办事处一视梅先生醉后的状况。我看他安睡未醒，用手摩了他的脉搏，听了听他的呼吸，似乎都很正常，我才放心离去。正午十二时"考试院"院会完毕回家用饭，我又顺道前去他的住所一看情形。进入住所的门内，我问一位照护梅先生的工友梅先生的情形如何，这位工友立即对我说道："梅先生不在了！"我听了这位工友先生的答话，真如晴天霹雳，心中十分惊慌！于是我再追问一句："究竟情形如何？"工友很从容地答道："梅先生到板桥国民小学教师研习会讲话去了。"

原来"不在了"这句话，在我们四川话里的用法是"死去了"的意思，所以我听了不由得不惊慌。此时我知道，既然梅先生已能去教师研习会讲话，当然酒是已经醒了，健康当然更没有问题，我才转忧为喜，心神才镇定下来。现在回想起这件事，这位工友的话究竟是由于各地方言的使用意义不同呢，还是有意和我开玩笑？抑或是怪我和梅先生闹酒，使他吃得一个大醉，几乎闹出事来，他因此不高兴而出此言？由于这一次的经验，我自此便不敢和人闹酒了，对于上了年纪的人，更不能勉强他吃酒太多。就我个人而言，在壮年时代时时任性豪饮，取快一时，十杯是醉，百杯同样是一醉，又何必舍百杯不饮，以图一快呢？但在年岁渐渐增长之后，别的豪气还可勉为保持，只是对吃酒一项却有今昔不同之感了！

二

自从有了惹起梅先生这次可怕的饮酒过多的经验，我便抑制自己不挑战式地迫使人吃酒，与人闹酒和狂饮的习惯确实改变多了。当中自然亦难免有几次例外，那便是和王云五先生同席时，总不免要多喝几杯，只是和这位长者同饮，我完全居于被动的地位，我是应战而不是求战的。由于云五先生酒量大、兴致高，为人又极豪放，在没有人陪他饮酒时，我当然是他选择的对象，不能不勉强相陪，以表示我不是一个饮酒的弱者。因此，亦曾醉过几次。醉了之后回到家中所招致的后果，自然没有饮酒时那样痛快而豪放了！云五先生饮酒和梅先生有点不同，梅先生是应战，而不是求战；王先生吃酒后话最多，梅先生则醉后一声不响。云五先生醉到不能再饮，同席的人亦不让他饮时，最好的检验他醉的程度的机会便是他用英文演说的时候，他的英语讲演之流利，要在大醉之后才听得到，平时很少有这样的机会。梅先生和王先生有一共同之点，便是醉后不让人搀扶的那种不服老、不认醉的态度。云五先生在辞去"行政院副院长"之职后，曾对新闻记者讲过几句话，表示他饮酒的态度和哲学，他这几句话大概嗜酒的人都有同感。他说："吃酒伤胃，不吃伤心；要得不伤心，痛快喝一杯！"

我少年时代并不太嗜吃酒，虽然偶尔一醉，并不成为一种贪饮的习惯，因为前一辈人对青年子女的教训，都认为吃酒是一种无益身心而醉后又易于失性闯祸的不良嗜好。我喜欢吃酒是从中年以后才开始的，而且竟成为一个吃酒有名的"酒霸"。

在一九一五年的时候，那时我还在上海南洋中学读书，我经常和住在租界内从事反对袁世凯帝制的同志保持联系。有一次，因为我年幼，不易招人注意，他们要我做一件危险的工作，运送几支手枪和少数其他危险物品，由法租界到英租界的一个机关，交给一位从事实际行动的同志。他们交给我一包扎好的东西之后，顺便给我一杯酒，要我饮下。我问他们为什么要饮这杯酒，他们说："饮了可以壮壮你的胆子。"我听了此话，把酒杯接过来，狠狠地向地下一摔，酒洒得满地，酒杯亦打碎了。我很自负地说："一个有胆有识、献身革命的党人，要靠饮酒来壮胆才能工作，那真是笑话，这是对我的一种侮辱！"于是我掉头不顾，悻悻而去执行任务，这是我拒绝饮酒的一次最有价值的回忆。

当我乘着黄包车到了英租界跑马厅与一品香旅馆之间马路上的时候，忽然有两位印度巡捕，上海人叫作"红头阿三"的印度人，命令拉车的立即停车"抄靶子",亦即是突击检查的意思。由于当时上海租界经常发生盗案及绑票等事件,此类突击检查之事常常都会遇到。照习惯,一遇到这类检查,被检查的人应站起来,将两臂伸起,任由巡捕全身搜索。我当时很沉着,我把放在大腿上的那包危险物顺便放在两位巡捕站立的那一面的座位上,亦即是车座的右面,任由他们全身搜索,结果一无所得,我便得以安然通过,达成任务。我当时纯是一种很自然的下意识动作,态度安详,一点没有表现出慌张,巡捕的注意力似乎只在搜身,而没有注意另有危险物放在最接近他们的一面。我回到法租界宝康里八号的机关,大家知道这一经过之后,大大称赞我的机智勇敢,于是命人买了一些豆腐干、花生和烧鸭之类佐餐,举杯为我庆功。此时我放肆地大吃大喝起来,喝得一个大醉,因此一醉竟几乎闯出一场大祸来!

我酒后回到南洋中学的宿舍,南洋中学是在中国地界日晖桥,位于军事基地龙华与上海兵工厂之间。大约是在半夜的时候,忽然听见炮声隆隆,是停在兵工厂附近河里的兵船向龙华北洋军队的基地轰击。南洋中学正是在大炮弹道的中间,其时但听见大炮的发射声,并没有听见炮弹爆炸的声音,大约发射的是些穿甲弹的缘故。在炮声不停之际,我很兴奋地知道是海军起义了,是反对袁世凯帝制的第一次炮声,亦即是著名的肇和兵舰起义之役。我深悔不能留在租界机关部亲自参加战斗,不久,忽听见宿舍下面马路上紧急行军的步伐声,原来是驻龙华地区的北洋军队向兵工厂方向增援。此时宿舍和马路上的电灯全熄,一片黑暗,紧张的战争气氛笼罩着一切。我住的一间房间的窗户正靠着马路,我此时酒意正浓,在兴奋、紧张和愤怒不能控制的情形下,便顺手拿起一张坐凳,向黑暗中在马路上前进的军队投掷,隐隐造成他们一度的惊慌,一部分军人惊散之后又复集合,奉命前进。南洋中学亦被军队的长官命人把大门把守监视。到了天明,在肇和兵船起义遭遇失败之后,军队派人与我们慈爱的校长王培荪先生交涉,要查究捕人,经过王培荪先生的苦口求情,以及指为年少无

知，出于一种误会的解说之后，事情亦便不了了之。大约是有人报告王校长此事是我做的，因此王校长便派人找我谈话。正巧我其时到租界的机关部打听消息，已数日不在校内。待我回到校内去见他，我并不否认是我做的，他很嘉勉我的坦白勇敢，不过他仍勉励我此时要用功读书，充实自己，报国之日正长，不可逞一时之忿而误了将来，因小而失大。最后他劝我转学离校，最好选择一所设在租界的学校完成学业，比较安全妥善。于是我选择了在徐家汇李公祠的复旦公学，完成我的中学学业。王培荪先生真可以说得上是一位献身教育，以培植青年，蔚为国用，诚笃而仁厚的长者，我至今深以不能在南洋中学毕业，多聆他的教诲为遗憾。

以上是我幼年时代拒绝吃酒以表示勇敢，及达成任务之后得意忘形而大吃其庆功酒，几乎闯下大祸的一段可笑的追忆。这段故事是不是酒后才能做出来，在我的个性和自信上，恐怕即使我不吃醉酒，亦会做得出来。那一次的庆功酒，我事后和机关部的曹叔实诸先生闲谈，追问他们为何不使我知道起义在即，他们都说我年岁太小，要我安心读书，所以不让我参加。当日最真实的内情是他们并不是为我庆功而吃酒，而是他们在出发之前饮酒来"壮壮胆子"。因之，我骂他们是"懦夫"，直到多年之后，我仍以"懦夫"二字来取笑他们！

三

我幼年时代对饮酒既无特别嗜好，为什么我说到了中年反而因吃酒而有名呢？

一九二六年，北伐的浪潮高涨，革命的势力已推进到了长江流域，我由上海经武汉、宜昌回到四川，抵达重庆之日，正是一九二六年的国庆纪念日。自重庆由水路经泸州转富顺到达成都，则正是一九二七年元旦。我自幼离开家乡四川，这次回乡虽然是为了公务，但对于我土生土长的四川的风土人情，这次才有获得了解的机会，特别是对于吃酒，我由无名而变成有名，平时不感兴趣忽而变为兴致勃勃。到达成都之后的第一项遭遇便是应酬，应酬愈多，则饮酒的机会也愈多。成都是著名的小北平，小吃之精巧，富有一种特别的风味，是成都最令人难忘的一项享受。可是，为了政治原因而引起的应酬，多半是丰富的酒席，场面虽大，久之反觉得可厌而乏味。

邓锡侯是四川军人中最圆滑、好客而能饮酒的人，家藏的佳酿更不少，他被人称为"水晶猴子"，即是圆滑之至的意思，特别是在诱人吃酒方面，也算得上是一位能手。由于他以饮酒著名，他的高级幕僚人员亦大都是量大的饮者，俗话说"物以类聚"就是这个道理了。一次，他设了一桌丰富的酒席，在南门外百花潭他精致的别墅康庄宴请我，陪客尽是他的高级幕僚人员。百花潭这个地方风景优美，花木争妍，离青羊宫、武侯祠和杜工部草堂都不远。百花潭这地方是很有来历的，相传唐时有位姓任的老妇梦神人授以大珠得孕，生了一个女儿，自幼虔诚礼佛。一次，忽一僧过其家，满身疥疮，臭气四溢，见者趋避，独女敬事之。一日，僧持衣求浣，女欣然接受，临溪洗濯，每一漂衣，就有莲花应手而出，一时五色莲花浮游溪上，蔚为奇观，其地遂名为百花潭。邓锡侯这次宴请我，是颇有用意的，大约是他安排要把我灌醉，从我的口中得着一些他急切要知道的政治内幕消息，特别是关于日益恶化的"容共"问题。我事先亦有所警觉，有所准备，预备在吃酒的时候，于轻松愉快之中，用话来打动他，使他赞助我。由于彼此心中各有打算，于是"饮酒"便成了相互利用的媒介，他的目的是要我"酒后道真言"，我的打算是"酒后要慎于说话，不要耽误了大事"。

入席之后先是大家举杯共饮，继之以个别敬酒，每饮必干一大杯。照理我亦得向每人一一回敬，如此巡回互相敬酒，使我渐渐感觉面热、心燥，头脑昏昏的，但此时饮酒的兴致反而更为增加，起初只是一杯一杯地饮，如品铁观音茶样地饮，后来简直是一杯一杯不计数地往肚里倒了！

最后，这位能言善辩、饮酒无量的主人，世称"水晶猴子"的邓锡侯先生亲自出马敬酒了。他的敬酒技术和诚意迫使你不能不饮，他不属于使对方吃亏，自己却滴酒不进的一类，为了使客人高兴畅饮，他自己饮两杯而劝客人只饮一杯以做交换。这种待客的诚意，使客人认为是一种便利，而感觉主人的隆情盛意不可却而大醉，以致上了他的圈套！他这种敬酒的方法并不常有，而是在预先安排下，先利用陪酒的人把客人灌得一个半醉，而后他才亲自出马敬酒，一击便把客人打入醉乡。任你有多大的酒量，在这种情形下，无不变作他饮酒的俘虏，我此时当然亦不能例外了！他的这种策略，说句老实话，亦并不是一点酒量都没有的人能办得到的。他固然会引人吃酒，同时亦很有安排，有计划，妙语动人，使人感觉愉快轻松，盛情难却而饮酒。他最大的本钱还是在自己酒量大，本钱厚，不是如一般专弄技巧诱人吃酒，以人家醉了难受为快，而自己却一点量都没有，妄想在黄鹤楼上看翻船的人可比。有人说他盛酒的酒壶是特制的一种机关，一面盛酒，一面盛水或茶，以酒的颜色为配合，敬客人的是酒，而自己吃的则是水或茶。因此，他可以使人醉倒，而自己则若无其事。此事经我一再查明，完全与事实不符，关于他酒壶有机关的谎言，大约是那些饮酒胜不过他，而又不服气的人，引以为口舌聊以自宽、自慰，为自己解释而已。

在邓锡侯这位主人巧妙的安排下，我醉了，我倾肠倒肚地吐了，把方才所吃的一切都即席奉还了他，所不同的是：吃时在桌上，吐时则都掉在地上！他和他的高级幕僚原来计划乘我酒醉，套我当时政治问题的口风，我只是说：我回川预定的行程是六个月，现在已经满了三个月，再过三个月就有眉目了。三个月之后，一九二七年的三月底，一天的早晨，邓到我的住处看我，一进门便大声说："恭喜，恭喜，南昌的消息，全面的'清党'已经开始了。"而这一时候，正与我酒后所说的三个月之后的时间相合，他们对我的看法加重了其神秘的猜测，而更为对我尊重。

四

自这次吃酒大醉的经验，我发现了饮酒的几项原理：第一，醉了不过如此而已，并没有什么了不起的痛苦；第二，酒并不是毒药，不会发生吃得与吃不得的问题。因此，吃酒不是"能不能"的问题，而是"敢不敢"的问题。

根据以上原理，我自此以后便放胆吃酒，目中无人，自视几乎是无敌于天下的可笑。前面我说过，我幼年的时候对于吃酒并无特别嗜好，到了中年，其实那时才二十七八岁，却对酒负有能饮的盛名，很少有人敌得过我。这是由于"敢饮"，不一定是"能饮"！敢是勇气，能是量；有了酒量不一定敢饮，却是有了勇气的人，虽然量不大，亦能豪饮起来。天下任何大小的事，其成功的因素多半是勇者才能做得出来，能者如无勇敢的精神，便亦只有默默无闻，无所作为了。

在抗战发生前几年，我又回到了广州，在一次盛大的宴会中，遇见了以能饮酒闻名南北的罗文干和杨熙绩两先生。当主人请大家入座的时候，他们二人独据一桌，声言："能吃酒的才请到这一桌来。"大家听了他们二人的豪语，怕吃酒的都却步不前。此时我的好胜心和能饮的自负心忽然涌上心来，我走向那一桌和他们两人坐在一起。我向他们二人挑衅，我说：我们吃酒便吃酒，不用纠缠，我们三人举杯共饮，相互不为增减，以示公平，吃到不能再饮为止，谁先倒下是谁输，否则不算饮酒的好汉。如果你俩同意，便请其余的朋友做证。于是大家都鼓掌赞成，坐看我们三人吃酒决战。乃没有料到罗文干、杨熙绩两位先生对于饮酒只有虚声，而无实力，不到席散，便已"烂醉如泥"。罗文干先生表现的是昏迷不醒，抬送回家；杨熙绩先生则倚酒骂坐，失去常态，使在座的人为之不安。看见他们二人如此情形，我又乐了，因为此时我的神志仍十分清楚，特别表示如平时的安详，我的能饮酒的

自负心亦随之而增强，愈有目空一切之概！所有与会的客人都一致称赞我是
"海量"，认我居然能胜过以能饮闻名南北的罗、杨二人为奇迹！他们不耗费
一点本钱，竟称我为"酒霸"！这一"酒霸"的荣衔，自此便不胫而走，每
遇饮酒的场合，都被人围攻，被人暗算，被人以打倒我为快，我为此不知吃
尽多少苦头，醉了不知有多少次，身体不知受了如何的损伤！大名之下不可
久居，树大招风的成语，真是一项宝贵的人生教训！其实我的"酒霸"这一
荣衔，细细研究起来，并没有什么了不起的地方，因为罗文干、杨熙绩二位
先生以往本是饮酒的能者，但是此时已上了年纪，我则仍是壮年，我把吃酒
认为不是能不能的问题，而是敢不敢的问题的原则应用来对付他们，当然他
们便不是我的敌手了。如果我当时与他们二人年岁相若，我未必能够取胜，
这是他们二人失算的地方！

五

吃酒是一种个人的兴趣或嗜好，但酒后亦可以看出一个人的个性、品
德和风度，"观人于微"应用在吃酒方面可能更为有效。像梅贻琦先生那种
雍容有礼，能饮而不放肆，不挑衅，不逞能，一声不响，有求必应的饮酒风
度，真可说得上君子之风，值得我们学习。他不仅吃酒是如此，做事的态度
亦如饮酒一样。他在筹备"清华大学"原子研究所的时候，经历了很多困
难，别人都要灰心生气的事，他却能处之泰然，不怨不尤，忍耐地去克服。
大约是在一九五六年至一九五七年的时候，那时我还在"行政院"任"政务
委员"，没有实际的主管责任，他为了"清华"由美运来的许多精巧细密的
科学仪器，如天平之类，被度量衡检定机关视为普通称煤炭一类的量器扣押
起来了，使他的工作不能顺利进行而来到我的家里，求我的援助。我把负责
的朋友请来，恳切地告诉他们，现在精密的科学仪器是用来研究科学的，有

些物质元素，不但肉眼不能发现，就是普通的显微镜亦发现不出来，你们如何能用普通量称煤炭、石头的眼光，来等量齐观地对付精密的科学仪器，予以留难？你们这样做，阻挠了科学发展和社会进步，将罪遗子孙！他们推说是受了法令的限制，不得不如此。其后，此事虽获解决，但当时我已气不可抑，发为一种怒吼与感叹，而梅先生却安详如平时，反而安慰我不必生气。他说："这样的事很多，我们终得忍耐，努力去解决，何必如此着急自恼呢？"本年海外学人回台，暑期讲学会开幕时，数学家陈省身先生在致辞中对胡适之和梅贻琦先生发展科学的贡献极为推重，他说："梅先生做事公平无私，不偏不倚，一声不响，口衔着纸烟，听人倾吐一切。他最后所提出的意见，无不切中肯要，公平合理，正直无私。"陈先生最后的结语是：胡、梅的精神不死，科学成功！

梅贻琦先生饮酒的态度和雍容安详、沉默寡言、做事公平认真的美德，固然很值得我们敬仰学习，但是他的生活亦有他幽默而平易近人的一面。记得在一九五六年，我率领代表团出席在东京举行的会议，他是团员之一，我们在东京同住太子饭店，相处非常愉快。没有到过东京的团员同人，对于东京流行的现代歌舞非常向往，企求一观。大家因为梅先生为一严肃的长者，想约他同往，又不便启齿；不约他，又有些过不去。于是我便以大家的意见转达梅先生，不料梅先生的答复轻松而令人不失望。他说："这算什么！我已经看过两次了！"后来我回到台北，和蒋孟邻（蒋梦麟）先生谈及此事，孟邻先生说："月涵的话是真的，他所说的看过两次的话，有一次还是我和他同去的。"这两位老人在严肃的生活中都有其轻松、平易近人的一面，现在他们二人均已作古，令人不胜怀念。梅先生在筹备"清华"原子研究所时期，几次约我前去参观，我都不克前往。有一次，我不使他知道，偷偷前去，后来他知道了，特别问我看后的感想如何。我说："我秘密前去不让你知道，是不怀好意的。"他问我："如何你要不怀好意？"我说："我在先认为在台湾科学如此落后，环境如是困难之下，你很难筹办一所合于标准的原子研究所。看了回来，我认为这是一种奇迹，是你的成功。我不但满意，而且更愿尽我一切的力量来帮助你，共同努力来使我们在发展新兴科学方面突破现状，进入原子科学的时代。"

真是不幸，在"清华"原子炉"临界"开始工作时，他已病倒在台大医院，而接任他"教育部部长"职务的正是我。在我一九六一年三月一日就任那一天，我对道贺的朋友说，我预备把"清华"原子研究所改名为梅贻琦原子研究所，以纪念他的努力和贡献。由于后来有少数人士对此加以非难，未即实现，直到他去世之后，我才商同陈可忠校长，把"清华"原子反应炉的建筑改名为"梅贻琦纪念馆"，这样总算了却我一项心愿。

原载《传记文学》第七卷第四期（一九六五年十月号）

悼念先师梅月涵先生

刘崇鋐

　　旬余前,《传记文学》主编人嘱崇鋐以在清华先做学生后任教职的经验与认识,为清华人一致爱戴的梅校长写小传,尚未克属稿,先师竟已归道山。悲痛之际,仓促成篇,以志哀思而已。三四年前,曾请先师告知家世先德,承录示云:"幼年曾见《梅氏家乘》,尚略记忆。此《家乘》载:明初一将军梅殷,原籍武进,尚太祖之公主,生二男,燕王夺位,将军旋卒,公主携二子北上,后移居天津。在津梅氏人口不繁,多以教书或'做盐务'为业,鲜有经商致富者,因而梅家有'穷念书'的雅号。在清末,以诗或书画称小名家者,颇有数人。"先师之曾祖名汝钰,祖名茂先,皆曾中举贡。父二十余岁时,考中秀才,以后两试不第,乃从事盐务,家境非裕,但对子女之教育,必尽力成全。师兄弟五人,学有成就,先人之赐也。

　　月涵先师于前清光绪十五年(一八八九年)生于天津,幼时曾经庚子之乱,短期避地保定。十五岁时,张伯苓先生在津创办南开学堂,先师是其第一班学生,十九岁毕业。翌年(一九〇九年)应政府之美国退回庚款

公费留学考试，录取四十七人，先师名列其中，遂赴美入吴士脱工科大学（Worcester Polytechnic Institute）[1]，学电机工程。学成归国，于一九一五年入清华任教，此后几乎终生为清华服务。初任教时，青年俊逸，有卓立超群之风度，即为当时师生所重视。所授为数理课程，如物理、图形几何等课。崇铉时在校受业，不特钦佩先生之数理专精，且感觉其国学根底亦胜侪辈，写中国字，秀而刚劲，有如其人。一九一九年夏，与师母韩夫人结婚，时年方三十，于今四十余年，伉俪之笃，亦足为清华学生之模范。一九二五年，清华改大学[2]，初任教务长为张彭春先生。次年，张先生辞职，校中诸教授即公推先师继长教务，师之忠于所事、清正不苟，此时已为众望所归。一九二八年，改任清华留美学生监督，赴美视事。三年后，清华因数易校长，群情不安，国民政府乃电召师回国，任命为校长，于是年十二月就职，至去年十二月，恰达三十年（一九三一年至一九六一年）。故今年校庆日（四月二十九日），有梅校长任职三十周年之庆典，先师且自病榻录音，勖勉同学。放播之时，在场数百听众感动万分，乃今尚未匝月，音犹在耳，而师已与数十年来亲承教诲之清华学生永别矣，痛哉。

回念先师主"清华"校政三十年，感人以诚，昭人以德，列举事迹，恐只能表达微末。崇铉于去冬曾就所知，写《梅贻琦先生与清华大学》一文，兹节录于下：

梅先生就任校长时（一九三一年），清华已在国立大学中有相当声誉。文、理、法三学院规模颇具，唯工科只有土木工程一系，尚未能成为学院。梅校长就任后，便增设电机、机械两系，成立工学院，增聘教授，扩充设备，兴筑教室与工场。这个新成立的学院，在几年里进步很快，成绩可观。理学院也是校长所特别关心，尽力培植的。各系致力研究，所发表的研究结果得国内外的

---

[1] 今译作伍斯特理工学院。——编者注

[2] 一九一一年清华学堂成立，一九一二年更名为清华学校，一九二五年设大学部，一九二八年更名为国立清华大学。——编者注

科学界的重视。理工毕业生参加各种专科留学考试，也多获录取。衡量这些成就，我们当记得这几年（一九三一年至一九三七年）正是"九一八"东北事变之后，日本侵略华北的野心一天比一天猖獗。在如此危难的环境中，清华竟有如此蓬勃的气象、切实的成就，不能不归功于校长的领导有方。

一九三七年，七七事变起，北平为日寇所占，在平院校仓促迁往内地。清华与北大、南开联合，先成立临时大学于长沙，后更西迁于昆明，改名为国立西南联合大学。战时经费支绌，物质艰难，师生们在颠沛流离的景况中，维持煞费苦心。幸得三校校长（蒋梦麟先生、张伯苓先生与梅先生）诚心合作，尽力克服困难，于烽火警报之中，不特弦歌不辍，而且努力求提高学术水平，清华更增加设立几个特种研究所（如航空、金属学、农业、社会调查等）以应特殊的需要，使得滇池上的昆明城在抗战几年里成为学术重镇，先后毕业于西南联大者两千多人。抗战结束，三校各自复员，清华准备返回北平西郊的校园。因校舍曾被日军占用，破损甚多，屋宇需修缮，仪器设备需补充，图书需整理，经校长与诸教职员的努力，始克于一九四六年十月重在清华园开始上课。这时国内战事又起，北平近东北战区，更感受到战争影响，学潮时起，主持校政者真是棘手万分。梅校长于群情恟恟时持之以镇定，靠平时的德望维持学校的秩序，同时引导学术研究，不遗余力。在复校后的二年多，不特各院系渐复旧观，而且颇有成就，各地优秀青年，多愿投考清华。

一九四八年冬，共产党军队突由南口进至北平西郊，与国民党军队战于学校墙外。已而国民党军队退守城内，处在郊外的清华园处于共产党军队的势力范围。梅校长适于前一日因公入城，遂留在城内，国民政府派遣专机迎接校长去南京。一九四九年，去法国参加联合国教育组织大会后，转到美国，去从事保管及运用"清华基金"。用基金每年的利息协助在美学人的研究工作，赠送台湾专科以上学校的学术书刊，"恢复《清华学报》"，专载对于中国研究的学术论文。

一九五五年，"教育部"前"部长"张其昀先生观察国际潮流所趋，认为科学研究必须奋起直追，乃与梅校长筹商"恢复清华研究院"。聘若干学者成立筹备委员会，会议决定先在新竹成立原子科学研究所，由梅校长主持一切。择地、建屋、购置图书仪器、装配实验室，一切都得从头做起，备历艰辛。而尤感困难的是，指导做这种研究的人才难于聘请。原子科学的研究，近年突飞猛进，学者必须在科学发达的环境下从事积极的研讨，而且要与其他从事研究者保持联络，始免落在人后。因而留美、留欧的学者，鉴于台湾的设备缺乏、书刊不全，多不愿长时期离开他们现时的研究处所。罗致人才遂成为建立原子科学研究所的头号难题。梅校长对于这个难题的谋解决，可说煞费苦心。他曾几度去美国，访问留美的学人，敦聘他们回来为研究所效力。先后曾有几位回到新竹，或担任教学，或主持兴建，指示装配，虽然各只有几个月或几个星期的停留，终使这研究所基础树立，规模粗具。又研究所在成立几年中，所培植的青年科学家也已有几位学成归来，为所服务，更使研究所的前途乐观。同时梅校长又努力获得美国在台机构的赞助与合作，于资助实验室仪器设备之外，聘请了几位核子科学专家，来加强教授的阵容。

至于梅校长本人对于研究所及反应器建立的努力与贡献，在原子炉落成典礼中，"教育部长"黄季陆先生说得很清楚。他说："梅博士，他是真正建设'清华'原子炉的人。自一九五六年上半年起，从设计筹划一直到建设完成，他无止无休地辛勤工作，事必躬亲地努力实现了他的宏谋大略。为了这个研究所进步的科学研究，梅先生费了时间精神，缜密地思考，决定了这一座最能适合我们要求和条件的原子炉，在设置的地点方面，在订购一切装置上的必要零件方面，煞费苦心，终于完成今天各位在新竹'清华'的校园里所看到的这一座高等学府，有现代最新的物理实验室、化学实验室和三百万电子伏特的范氏加速器，以及我们今日庆祝落成的水池式核子反应器（原子炉），这是一项伟大的成就。

"'清华'原子炉，在科学史上是一个新的里程碑，但是我们今天庆祝原子炉的落成，还另有一个意义，因为这也表扬了梅校长几十年对教育与科学贡献的最高成就。"

梅先生在"清华"任教十几年，任校长三十年，及门弟子二三千人以上，对于这位校长始终爱戴。得人爱戴如此，所以致此的原因似可略为检讨。一个原因，是梅先生处事的态度谨严。梅先生曾向访问他的人说："我受的是科学训练，教的也是科学，有时处理事情拘谨一点，慢一点，也许就因为我的科学观念叫我不肯随便。"这种态度，不说别的，在日常谈话里，随时表现。顽皮的学生曾集梅先生常用的字眼来作打油诗，有句云："大概或者也许是，不过我们不敢说。"这样的口头语，是梅先生说话的分寸不苟，不欲轻做肯定，而不是犹豫，不着边际。遇到重要关头，同学都晓得梅校长是守正不阿、坚定不移的。还有值得佩服的，是梅校长善于分辨重轻，明识大体。于处理校政，他始终保持教授治校的原则，遇事公开讨论，集思广益，择善而从。主持其大要，而以计划及执行，委之能胜其任的教职员，以诚信相孚的态度鼓励他们放手去做，所以各方面有欣欣向荣的进步。梅先生就任校长时，便向全校师生提出一个"诚"字，约大家相见以诚，他的实事求是、诚恳待人，便是这"诚"字的实行，也收了诚实的效果。最使人钦佩的是梅先生的人格感召。个人志趣高尚，严峻自持，而又饶有风趣，富有幽默感。不喜做洋洋长篇的演说，而偶发一语，隽永耐人寻味。自奉俭朴，数十年如一日，对于清华的巨额基金，丝毫不苟，是以梅夫人居美国时，有时不得不以所居分赁，以维家计。为人处事，力主朴实，避免浮夸。他人方侈言原子科学，耸动听闻，而梅先生潜心努力，于不事声张中使"清华"研究所健全成立，原子炉运用得宜，奠立高深科学研究的基础。事功俱在人心，无须丝毫宣传，这就是梅校长主持"清华"的一贯作风。

先师于两年前，在"教育部长"任内辛劳致疾，病居医院将达两年，数频危殆，乃以师之意志坚强及医护之尽力，几次转危为安。在病榻上，对于

"部务"及"清华"研究所之事，尚密切关心，策划进展。"清华"原子炉之筹备，在师病困之前，迨启用成功，已缠绵床褥，不克亲往新竹一视，但在启用前后，师之用心，只有参与其事者始得知之。闻侍疾者言，每需参阅文件时，师言在其架某格，往取辄不爽，可见其用心之缜密，处事之不苟。

泰山其颓，梁木其坏，先师逝矣，遗爱将永留人间，为万千青年之楷模。

原载《传记文学》第一卷第一期（一九六二年六月号）

回忆梅月涵校长

罗香林

一

师长对学生的教育，除了课堂上的讲授外，还有两种作用很大的促进方法。一种是经常对学生耳提面命，使学生知道做人、做事和做学问的道理，而特别感到师长对他的亲切，而不能不努力向上，这是一种"有言"的方法。另外一种就是经常以和悦的态度与学生接触，使学生感到亲近师长就好像坐在"光风霁月"照临的草地上，非常舒服，虽然没有得到什么说得出的东西，但也觉得非常满足，慢慢地就把品性提高了，这是一种"无言"的方法。

梅月涵师在清华，由担任教务长，以至做校长，除了在教室讲课，在大礼堂主持有关集会做报告或演讲外，所施的课外教育，大概是将"有言"和"无言"的方法一齐相机活用的，所以他能使所有的学生，没有一个不感觉满足而不永远景慕的。

二

我是一九二六年的秋天考进清华大学新制第二级的，那时梅先生已接任教务长，大概因我入学考试的国文卷子考得稍好，所以梅先生对我很注意。有一天，我因为有点小事，要去报告教务长，临走，梅先生忽然问我："你是读什么系的？"我说："我原想读经济系，现在改读历史系。"梅先生听了，即说："你入学考试的国文考得很好，为什么不读中国文学系呢？"我将我父亲提倡实业救国，叫我不要像他那样专习诗古文辞，又因为怕读物理学不能选读理科，只好违背父命，改读历史等等经过说了一遍。他听完了，就说："学历史也好，只是要好好读。"接着，他又问我："第一级的同学罗兴林，是你哥哥吗？"我说："不是，罗兴林好像是安徽人，而我则是广东人。""对啦，你们的口音不同。"梅先生听我说后，即自己补说。起初，一年级的同学多数都说梅教务长很少说话，但我深深觉得，梅先生对学生有时也是喜爱说话的。

到了第二年开学后的第三个星期，即一九二七年的九月底，我自校内的医院病愈出来，接到了中学时代的同班同学，也是同年同伴到上海肄业的同学陈汉标君自上海的来信，说他本年考得清华大学新生的备取，至今没有得到学校的通知，不知能否补上，要我向学校商量。我即刻往见梅教务长，说陈君是我在中学里争考首名的同学，已在厦门大学攻读一年，再投考本校的一年级，无奈仅考得备取，现今仍留在上海，没有入别的大学，专等本校的消息，最好给他补上。梅先生说："因为南北还有战事，恐怕交通滞阻，所以在上海考得备取的，都没有给他们通知递补。"我说："不能补，也要早给他们通知，叫他们不要等候，可以改入别的大学。现在既未发通知，别的人我不知道，而陈君则一定会因此失学，非常可惜，可否准他来校？"梅先生想了一会儿，就说："好罢，你即打电报给他，要他在双十节以前到达学校。"我很高兴地即给电报与陈君。到了十一月中，陈君才来到清华，我即领他去见梅先生。梅先生听说是我发电报催他来的，便说："我不是要他双十节以前到校吗？现在开课已久，怎还好补呢？"我说："这都是受时局的影响，人既来到，总得给他想法才对。"梅先生想了一会儿，终于准许陈君入学，但第一学年限他选读最少的学分。这可知梅先生是非常爱护学生的。

陈君读的是心理学系，在清华属理科。照学校的规定，心理学系，除了心理学本身的课程外，第一、二年必须兼修大学一年级水准的自然科学四种，即物理、化学、数学与生物学。陈君长于数学，各种心理学和实验也修得很好，但很奇怪，他入学考试的物理学试卷竟成绩不够，只能先读补习物理，第二年才选修大学物理。教授吴有训先生说他考得不好，要他在三年级再为重修。到了一九三○年七月，他大考完毕，我也考完了毕业试，准备入研究院。一天，忽然接到陈君自青岛寄来的信，说这是他最后一次和我通信了，今年大考，物理又不及格，言外含有不吉的意念。

我读了陈君的信，不觉吓了一跳，生怕出了乱子，即刻拍一电报给他，说已与学校当局讲好，可以及格，请他在青岛安心度假。发电报后，我即去寻找吴有训教授，他答应给陈君补考。但陈君对物理，当时已考得怕了，要再补考，恐怕还是不妙。所以，我即刻又去找心理学系的主任叶麐教授，我建议最好将心理学系须选修四种自然科学的规定，改为至少须有三种及格。叶先生很为同情，并且一再称说陈君是心理学系很好的学生，关于心理学本身的课程，无一不是得到很好的成绩，品德也好。最后他说："待孙国华教授回校后，当即召开系务会议，提请学校，修改规程。"我向叶先生致谢告辞后，回到宿舍，即写信给陈君，请他于暑假完毕即回学校。后来陈君果然以最优的成绩于心理学系毕业，先在该系担任助教，再后又由于梅先生由留美学生监督而回任清华校长，知道陈君的学行，乃和心理学系的主任商量，派

他赴美国埃奥华[1]大学专攻变态心理学，得到最高的学位，成为中国一位很有名的心理学家。这更可以知道梅先生对专门人才的培植，是无微不至的。

三

我自一九三二年十月离别清华园，而返任广州国立中山大学校长室的秘书兼广东通志馆的纂修。以后，即以连年忙碌，从未返过北平，再去清华谒见师长，但与诸师长常有通信。直至七七卢沟桥事变，中日爆发大战，平津各大学首先迁移。清华与北大和南开大学，复自长沙迁至云南昆明，而合组为西南联合大学，梅先生以常务委员的名义在校主持。而我亦于一九三六年冬，自南京中央大学的讲师和上海暨南大学的教授，而改任广州市立中山图书馆的馆长，兼在中山大学授课。到了第三年冬，广州危急，我将图书馆的重要书籍运往广西桂平，而自己则先送内人到了重庆，依岳父朱逊先先生家居住。至一九三九年春，中山大学已迁至云南澂江，改聘我为史学系教授，兼研究院指导教授。我于三月底自重庆乘云南汽车公司客货混合车，经贵阳赴滇。于四月六日抵达昆明，住小东门圆通旅店，即赴花椒巷六号谒见梅先生，报告我在广州的住所被敌机所炸，幸好我未受伤，以及今后我将在中山大学专心教书等情形。梅先生听了，似很高兴，即说："教书，诚然辛苦，但也还有喜乐。只要我们忍耐下去，环境总会好转的。"到了第二天上午，我将去澂江的时候，梅先生亲自到旅店来看我，而且带了一包冬天的衣服，说要顺便去典当，因为联大最近的薪水还没有发领，只好先自典当周转。这更使我感动到几乎流泪。梅先生主持这么庞大的学校，还要以典当周转，这一方固然显示时局的艰难，一方更显示梅先生的高风亮节。

---

[1] 今译作艾奥瓦。——编者注

　　从此，我每次由澄江出昆明，都必谒见梅先生和其他的师友。联大的师友如闻一多先生等也曾到过澄江，访问我们。我在澄江时，也曾将以前在清华研究院时收集的关于百越的资料写成《百越源流与文化》一书。我对研究题目的选择，虽然没有向梅先生请教，但在艰难的环境中还能从事撰作，这是深受梅先生所说"教书，诚然辛苦，但也还有喜乐"的激励和影响的。

　　一九四〇年的九月，中山大学奉命迁回广东的北部，我又和许多在昆明的师友相别。一直到了一九四五年八月，日军投降，我随罗慈威将军于九月中旬自重庆乘军用机回到广州，出任广东省政府的委员和广东省立文理学院的校长。第二年，西南联大亦由清华、北大和南开等校各自迁回原址。一天，忽然接到梅先生于五月五日寄给我的信，内说：

香林仁棣大鉴：

　　前闻荣任粤省政府委员，适当战后，人民望治情殷，抚辑更始，任务艰巨，谅诸君必可游刃有余也，曷胜企盼。兹有恳者：此间联大三校，奉命复员，本学期课业，已经结束。第一批复员员生，约九十人，定于本月七日，乘公路局车，约三辆，按救济总署运送义民还乡办法，随同东去，前往梧州，再行转往广州，分别返乡。预计本月二十日左右，可以到穗。以后每隔一日，即有一批到达。本月共有五六批，每批人数八九十人。彼等到穗后之暂时住宿问题，拟请吾棣，惠予协助，俾得解决。至一切接运奔走，及详细备办事项，已另函托李景羲弟代为偏劳。尚祈商嘱李君，以利进行。专此奉托，顺颂勋祺。

梅贻琦敬启
卅五年五月五日

　　大概由于李景羲兄的善于接洽和交涉，在广州接待东返三校同学的工作并没有发生什么困难，很顺利地达成了任务，我是因人成事罢了。从这封信分析，也可以知道梅先生对学生迁回原址复学安排的妥善。

四

复员后的清华大学，是在一九四六年的十月十日在清华园正式开课的，到了一九四八年的十二月，共产党军队进围北平，梅先生于是月二十一日由国民政府所派专机接赴南京。这年恰值梅先生六十初度，清华同学会广州分会的会员于十二月二十九日集会庆祝，分会会长杨兆焘兄要我撰作寿文，送呈梅校长作为纪念。我仓促撰作，并请河北王壮为先生书写寄呈，这寿序说：

> 梅月涵校长六十寿辰序
>
> 寿序权兴于元，而盛于明。归震川集，存者尤多。迂儒以为非古人所有而讥之，是不然也。寿序应为与否，以其词信否为之断。若其信也，赠之匹夫匹妇可也。非然者则其人虽通显，于吾词为不类，不作可也。岂能以非古人所有而限今人之必不为哉。今岁十二月二十九日，为国立清华大学校长梅月涵先生六十初度。同学会广州分会同人，使香林为之辞，以寿先生。《礼·中庸》曰：为政在人。《学记》曰：君子如欲化民成俗，其必由学乎。故士君子出而置身廊庙，则必郅隆政化，处则教育人才，以培国家之本。先生年二十七，即任教清华，越数年，长教务，年四十二为校长，以至于今。笃实践履，规为甚远，引导研讨，有开必先。所由为国家发扬学术、教育人才者，可谓至矣。同人等昔肄业校中，每趋谒，则先生之语之也，必雍然蔼然，曲折而入于道术。离校后，又常闻先生奖借同人者甚厚，以知先生宅心独厚，教化周流，其荣寿无涯，可预期也。香林无似，学术日

就荒落，今为此序，益觉有负先生昔日所以期许之者之至焉。清华同学会广州分会同人敬祝。

国立中山大学教授、前广东省立文理学院校长受业罗香林敬撰。

民国三十七年十二月

这寿序，我自愧写得过于朴拙，然其中所道"笃实践履，规为甚远，引导研讨，有开必先"和"宅心独厚，教化周流"等，则确是梅校长伟大的所在。

梅校长逝世，到今十年了。早想写篇纪念的文章，将梅先生的上代明太祖时的驸马梅殷的史迹略做考证，并将一九四九年三月梅先生自南京到广州时和广州同学谈话的情况，以至我到台大医院谒见梅校长时，梅先生最后对我的谈话一并写出来，作为我师事梅校长的纪念文章。但因我近来特别忙碌，而几本有关的日记簿，又因几年前搬屋的关系，不知放在何处，迄未寻得，未能凭空追述，只好改写了这篇片段的回忆。

罗香林于香港

原载《传记文学》第二十一卷第六期（一九七二年十二月号）

在大树底下躲雨
——梅故校长月涵先生追忆

顾献樑

好像凄凉寂寞的生日

一九六二年五月十九日下午三时，第三届"中国小姐"评判委员会在台北市怀宁街新公园"中国之友社"举行第三次会议，姗姗来迟的是邱委员士荣先生（台湾大学医学院教授，兼附属医院副院长，兼代院长，名妇科医师），他一面喘气就位，一面和蔼可亲地向大家说："很抱歉！很抱歉！迟到，迟到，因为梅'部长'刚才已经过去，我们院方必须办理一些规定的手续，兄弟责任所在，等一切都妥当，签了字才来的。"

大家在心理上似乎都没有准备听到这样一项突然的坏消息，异口同声一致表示严肃的惋惜。而我，本届"中国小姐"评判委员中唯一清华园出身的一名，眼前辉煌的灯火刹那间好像全都熄灭了。不知道经过了多少时间，我不但什么也不再看到，而且什么也不再听到。隔了很久，我才回过神来，忽然发觉《大华晚报》耿社长修业先生，正在以双重身份——第一、二两届的主办组织的代表人和第三届的联合主办单位的代表人——井井有条地报告第一、二两届的选美经过，同时发表对于第三届的希望。

会议散了，我们全体都到台北宾馆参加酒会，第一次正式和六十三位准"中国小姐"见面，这也是她们集体公开亮相的第一次，那是多么五色缤纷的一个场面！

终场以后，当我匆匆赶到南京东路一段极乐殡仪馆的时候，天已经黑了。我以为一定有不少人在那里守灵，想不到连一人半影都没有看见。于是我想，那一定是自己听错了，校长的灵还没有从台大医院移过来，但是我又错了，馆里的人告诉我："灵下午移过来了，可是此刻人都已经走了。"

"今晚还有没有人来守灵？"

"那就不知道了，先生，您明天上午来吧。"

从生凤活凰的热闹场中赶到灯火半明欲灭的处所，一切颜色都失落了，只剩下了死亡第二站的黑白灰色，看不到一朵微笑，听不到一声欢笑，却也没有号啕大哭或泣不成声的抗议，肃穆沉痛，寂寞凄凉是难以形容的！突然，悲从中来，我热泪盈眶。在黑暗中，总而言之，一切都已经输给了死神，多部声音的哭泣也盖不住他，那面目狰狞的恶祇，一串串的得意冷笑。

然而，这样的凄凉寂寞，我们的校长会耐不住吗？谁说！他生前就经过，恐怕还不止一次，多多少少次呢！家常便饭了。

我立刻想起，他从北平城里被接了出来，经过南京、上海、广州、巴黎，最后到了纽约，阳历十二月二十九日，一九四九年和一九五〇年，他在海外过着失去了清华园的第一度（六十岁）和第二度（六十一岁）生日，有谁理他！到了第三年（一九五一年）六十二岁，他组织了"清华大学"（翌年改"教育部"）在美文化事业委员会，"开始以'清华基金'利息协助在美

173

学人"——不限"清华"门户，一视同仁——"研究，并赠送台湾专科以上学校学术书刊"（根据《清华学报》："梅校长月涵博士七秩年谱纪要及其与清华有关事迹"），生日又热闹起来了，贺客盈门。

死，如果也只不过是好像做一个凄凉寂寞的生日，那么，校长，我应该为您高兴，而且引以为安慰，因为您不是最爱清静的吗？至少今晚在极乐殡仪馆，您还可以清静一夜，不过，明天天亮以后，吊客就盈门了。好在您虽然爱清静，有时候却也爱热闹，至少您爱看、爱听我们热闹。您听了，看了，一定会悄悄地微笑，轻轻地点头，于是，我们好像一群小孩子在一棵大树底下躲雨。

造像？速写？面具？

第二天一早，张光世（"中国石油公司"协理，兼营业处经理）、崔兴亚（"中国石油公司"营业处副经理）两位级友匆匆赶来找我，希望我尽量安排做两件急事：第一件是请一位画家给校长速写最后的遗像，第二件是请一位雕塑家来给校长抢做一副最后的面具，为了纪念，为了将正式画传神像和做雕塑像的参考，光世和兴亚二位仁兄多么有心！充满诗人气质的学人孟昭彝（"中国石油公司"总地质师）也非常赞成，而我当然乐意为这两件事奔走。为了争取时间，为了节省手续，我心目中自然立刻想找杨英风先生（名雕塑家兼画家，台湾艺术专科学校副教授，台南延平王祠郑成功新像、檀香山"总领事馆"孙中山先生新像、南港"中央研究院"胡"院长"适之先生新像等制作人），请他同时做那两件事，他一定愉快胜任。事实上，去年和前年，我曾经问过校长本人，有没有兴趣做雕塑像，我说纽约的李叔明先生（上海中华书局前总经理，"中央信托局"局长，业余雕塑家）已经为适之先生做了一座像，杨英风先生也已经为蒋梦麟（孟邻）先生做了一座像。校长本人毫不迷信，立刻说："欢迎。"但是，他周围一些人认为那是不吉利的，于是作罢。现在画最后的遗像和做最后的面具也因为他们而作罢，说是"必须征求梅师母同意，因为那是要惊动校长的"。我也明白此等比较现代的处理，在人多嘴杂和感情激动的景况下，在我们这神州古国，是不容易顺利进行的。生前没有能够安排为他雕塑像，死后没有能够安排为他画像和做面具，校长，我们太对不起您!

梅园恰到好处

校长决定安葬在新竹新"清华园"，承蒙梅师母韩咏华夫人和张建筑师昌华学长（"清华"原子炉设计人，台北市艺泰建筑事务所总负责人）不弃，邀我参与墓园地点的选择和勘察，一致同意了梅园所在。师母非常客气地问我："我们是不是应该挑一块最清静的地方，教校长好好地安息？在纽约的八九年，你是常常见到他的，请你多给想一想，咱们得教他高兴。"

至于梅墓设计人的昌华兄，在他照例的周密考虑之外，我知道他最注意通盘的建筑美，就是建筑物本身的真善美是绝对不够的，必须相对地顾到环境美、庭园美、风景美、形势美，也可以说是"新"的风水美——中国古代的风水最近已经引起相当多的欧美现代建筑家和风景设计家的注意和研究了。

凡是见到南港胡墓和新竹梅墓的人，相比之下，恐怕都会发生这样的感想：

梅墓朴素，恰到好处。

胡墓简陋，令人感伤。

哀荣自然梅先生不如胡先生，

长眠处胡先生却逊梅先生一筹。

但是，不论梅园或胡园，在经营风格上，都远胜台湾大学里的傅园。

生死，我们都很容易联想到三位先生。

以后，我想追记他的生前。

原载《传记文学》第二卷第五期（一九六三年五月号）

怀念梅校长——月涵先生
逝世二十周年纪念

徐贤修

  一九三一年的秋天，中国南方正在闹水灾，在南京过江的时候目睹灾情严重，想不到三十小时后，到了北平，却是万里晴空、秋高气爽的天气。一进清华大学，首先呈现在眼前的是巍峨的大礼堂、庄严的科学馆、藏书丰富而尽量开放（书库）的图书馆，加以水木葱茏的校园……这一切令一个来自小城的中学毕业生印象深刻，不期而然地产生了肃然之情。面对这样良好的求学环境，更立下了自身砥砺、力图报国的志愿，这种心情，想必是每位青年初入大学校园的普遍感想。足见环境与学风，对青年的将来影响之深远。

  到校后才几天，东北"九一八"事变发生。不久梅校长到校履新，记得梅校长第一次对学生讲话，提出"大师比大楼"更重要的主张，强调学术上成就的必然性和重要性，成为数十年来清华不断努力的目标，影响至为深远。

  开学不久，有些学生觉得日本侵华的意图已明，向校长请愿，要求迁校，有"爱国有心，避难乏术"的妙文。梅先生认为这种要求是懦弱苟安的心理表现，极为痛心失望，并且剀切地告诫：国家的将来依赖青年的努力与作为，"自强不息"是清华的校训，期勉青年负起时代的神圣责任，不可妄自菲薄。而且清华大学是用庚子赔款退还部分成立的，含有很沉痛的历史背景，因此清华学生对国家更多一份"饮水思源""自强不息"的责任。文告的原文我记不太清楚了，大意如上。这篇文告为一九三一年以后的同学播下了优良的种子，加以清华运动场上所提倡的"公平竞争"（fair play）和"尽你所能"（do your best），造成一种很重要的学风，无形中发挥了精神力量，坚强了爱国情操，值得现在办大学的人参考。

另一方面，梅先生主张职责分明、分工合作与各尽所能。记得抗战前清华有过一段有意义的小插曲。当时的清华总务长是一位很有声望而干练的"回国学人"，对清华建筑和校务有很大的贡献，他要求校长聘他为教授，以"重"视听。梅先生则认为学校行政人员与教授对大学而言各有贡献，相辅相成，同样重要，但是各有任务，职司不同，不可混为一谈。教授主要的任务在学术上的努力，研究讲学，孜孜不倦，始称其职。五十年前梅先生已有此卓识。结果总务长辞职而去，梅先生不为友情所动，不畏压力，择善固执，留人长思。

梅先生爱护同学犹如家人弟子。一九三六年，抗日情绪非常激昂，青年在直觉的爱国动机下往往有偏激的行为，往往容易为人利用。而最容易受人煽动的题目，是反对当时的政府。因为青年的心情是纯真的，而行为比较冲动，不能做冷静判断。当然，青年的正义感、历史观是值得敬佩与重视的。

那年，冀察政委会委员长宋哲元的治下派了军队到清华清查，士兵们声明有命令不用枪弹。有些好事同学一听，这倒方便了，竟抢了他们的枪支，把他们缴械了，扣留他们领队的团长，打翻了运输的车辆。一时群情激昂，奋不顾身。护校的组织应运而生，俨然以清华园为堡垒，大有长久对抗的意思，一有发现，便鸣钟示警，集合同学，以扩大声势。想不到当天晚上，竟有一师军力的部队荷枪实弹，并附有大刀队，进入校园。在门口首先遭遇的是资深的英文教授陈福田先生，他们这次来校，态度不同了，不由分说地先把陈先生吊了起来，来势甚猛。试想这时节做校长的困难，听说去各宿舍遍找同学不着，最后还是在新体育馆中，找到近千的"避秦"的同学。当时同学们手挽着手，以示团结，但是敌不过大刀的威力，还是分散了，个别地接受"访问"，结果二十名左右的同学被捕，大都是无辜的。

第二天，校长以极沉痛的心情召集全校同学讲话。开始梅先生以极沉痛而低沉幽默的口气告诫同学："青年人做事要有正确的判断和考虑，盲从是可悲的。徒凭血气之勇，是不能担当大任的。尤其做事要有责任心。昨天早上你们英雄式的演出，将人家派来的官长吊了起来，你不讲理，人家更可不讲理，晚上来势太大。你们领头的人不听学校的劝告，出了事情可以规避，我做校长的不能退避。人家逼着要学生住宿的名单，我能不给吗？"停了一下，校长说："我只好很抱歉地给他一份去年的名单，我告诉他们可能名字和住处不太准确。"足见梅校长当时的苦心。最后梅先生说："你们还要逞强称英雄的话，我很难了。不过，今后如果你们能信任学校的措施与领导，我当然负责保释所有被捕的同学，维护学术上的独立。"当时深得与会同学热烈而诚挚的掌声。

梅先生勇于负责维护学风，爱护青年的苦心可以在另一事件上得到证明。在爱国抗日的口号下，有一次，不同主张的同学们发生了争执，不幸迁怒于当时的教务长潘光旦先生。潘先生是名社会学专家，幼年时因酷爱足球而伤足，失掉一腿，通常用拐杖，竟有人夺去潘先生用以支持身体的拐杖。当时梅校长挺身而出，痛心疾首地说："清华竟出现这样野蛮的行动，我万分痛心，你们一定要发泄闷气的话，来打我校长好了。不然，如果你们还有理智良知，应该听从学校的处理，我以校长的身份来处理这件事，自然有公平的办法。"当时，在场同学很感动地高呼"拥护校长！"这是一难忘的感人事件，可惜美国在越战中，各大学校园内发生的反传统、反权威的示威，缺乏像梅先生一样的深知爱护青年的校长，能够面对群众，以舍己救人的伟大精神感化迷途的青年，以维护大学的基本传统。

梅先生以教育为终生事业，离开大陆之后，梅先生第一件要做的事是"《清华学报》的复刊"。一九五〇年以来，这一刊物因为梅先生的远见，结合了我留美的"汉"学家（这个名词可能有人反对）。这一大群有关中国文学、历史、哲学以及其他方面的人文社会科学的学者，在美国各著名大学都有很大的贡献，在这一有学术地位的刊物上发表他们的研究成果，颇得国际上汉学家的重视。而梅先生更有深意，一旦"清华"恢复整体的大学制，这是"人文社会科学"人才的渊源。不幸的是，有人给予清华一个理工专长的帽子，而把当年清华成立国学研究所，如王国维、梁任公、陈寅恪、赵元任等先生的贡献都忘得一干二净了（不知是福是祸）。那时，清华筹备经年，国内二十余专家答应支持的国学研究所（先以文、史、哲为基本，逐渐扩张为文学院）的计划，不幸因为"门户之见"而牺牲了。梅先生有生之年，对此事是耿耿于怀的。

梅先生做事必准备妥当，始付诸实施，故事事有成。二十世纪五十年代，梅先生以他的卓越的远见和兢兢业业的精神，创办"清华"和平用途的原子科学研究所，多方奔走，罗致物理、化学、核工、数学人才，先期派人受训，建成远东第一座原子炉，以至有今日核能发电的发展，而有关人才的培养，以至有后来的理学院的脱颖而出，不能不钦佩梅先生的远见。

梅先生逝世已经二十年了，他的诚挚的态度，敬业的精神，爱护青年的热情，终生致力于造育人才，以及他的平易近人、幽默感人的种种，将永远活在我们心头，更必为后来教育家的典范。

原载《传记文学》第四十卷第六期（一九八二年六月号）

清华与我——贺"清华大学"七十五岁

孙观汉

"相识"经过

从一九三六年清华公费开始，到现在回到"清华"，我和清华的"相识"刚好是五十年。一九三六年从杭州浙江大学毕业后，很幸运地考取清华公费，本来准备去美一年，转英二年后即回国，但因日本的侵略，继之以内战，致不克回国，乃在美住下，没有想到一住四十多年，比李伯（Rip Winkle）[1]先生的大梦还长上一倍多！

最初的三年，每月接受纽约华美协进社的津贴，使在美的前半期能致力于学业的求进和研究。其间也曾做些国民外交，间接地可算替清华做了些服务工作，同时也有机会和清华校友胡适之先生通信，讨论留学问题，其中有一封信，胡先生后来带回大陆，留在那边，四年前曾被发表，传到台湾。那

---

[1] 瑞普·凡·温克尔（Rip Van Winkle），美国作家华盛顿·欧文（Washington Irving）创作的短篇小说中的人物。——编者注

封信中，指出留学生学习做人比学习学问——无论科技、人文或艺术——还来得重要，即使在今天，仍值得大家参考（见拙著《我看中国女人》）。清华公费指定的科目是光学玻璃，初期约有十年的工夫研习基本科学和玻璃，能在世界玻璃文选中留下些创新的鸿爪，总算没有辜负了清华公费。

因为战乱民苦，兼之和亲友隔离，那时期可说无时不怀念着祖国。一九五八年听到梅贻琦先生在台"复校"，并以发展核子（即俗称原子）科学为起点，因为当时我在主持美国西屋公司的核子研究室，对近代核子科技相当熟悉，因此写了封信去探询，没有想到梅先生立刻回信，要我来台帮忙，即使短期也欢迎。当时鉴于台湾的经济困难，心中不忍花费"政府"和"清华"的经费，于是请求到美国政府以文化援助各国的傅尔勃那脱的教授奖学金（Fulbright Fellowship）[1]。因傅氏奖学金的薪给不及在美所入，又蒙西屋公司补贴不足，条件是离美不能超过一年，并且回美后必须回到公司，就在一九五九年来了"清华"约一年。

"当飞机由美转东京到台北（松山机场）停下的时候，一位身穿蓝色长袍、足着黑色布鞋、外形瘦弱、面带笑容的老先生，一个人加紧脚步地走向飞机（注：梅先生得到特别许可，可在飞机场上行走），来接一个离乡二十二年，'近乡情更怯'的游子。"这是我和梅先生第一次的会面。

当时的台湾，一切还很落后，不过对我来说，好似回到乡下的老家，一点也不觉得怎样。美国人喜说笑话，有的把一种鸡尾酒叫作马丁尼[2]的比作性爱，他们说："好的马丁尼果然好，不好的还是好。"这正是我当时对台湾的心情，好的我热爱，不好的我还是"爱"，当时对"清华"，也是一样，因此我在台湾度过了忙碌和兴奋的一年。

时间不停，一下子离开那时候又是二十七年，而再度回"清华"也已五年了。在这段时间里，"清华"有了长足的进步。由于我和"清华"的

---

[1] 今译作富布赖特奖学金。——编者注
[2] 今译作马提尼。——编者注

关系，以及我长期在美的背景，我可主观地，也想客观地谈谈"清华"在台"复校"以来的成长。

在台"复校"

三十年前，"清华"开始在台北筹备"复校"，二年后正式搬到新竹现址。大致说来，"清华"这些年来的成长紧跟着整个台湾的成长。譬如说，在这一时期，台湾大专学校的数目、研究所的数目以及校中师生的数目，大概增加了几十倍到一二百倍，科目和院系也扩增了许多，学生的学位也从学士增升到硕士和博士，"清华"的情形大致也一样！

一九五九年初刚到新竹的时候，学校也搬到不久，校中只有一个原子研究所，所就是学校，学校就是所。校园中只有二幢"大"建筑物：一幢是目前的旧物理馆，里面有一座三百万伏特的范氏加速器待装；另一幢是进了校门右边那幢办公楼，里面除了办公室外，还有小小的几间图书室。校园却很大，约有八十四顷，大部分是荒地，原子炉的地址就在很远的后面山谷中，当时还只是一块空地。去原子炉的路旁和左右面的山上都是野草、杂丛、毒蛇、乱坟等，山上的路也无法走通。那时没有昆明湖和相思湖，成功湖也只是一个荒芜的池塘，长满杂草。因为梅先生从开始就了解教授必须聘自国外，所以他很有远见地造了十座教授宿舍，就是目前尚存在的东院日式住宅。那些住宅在当时的社会来说，可说已极考究，但以国外的标准来说，房中没有冷暖气的设备，是非常不便的。不过冷气机在那时的台湾还是稀有的奢侈品，学校中唯一的二座，都用在精密的仪器室中。那时社会上机械水准低，宿舍中的抽水马桶时常需要一修再修，也是头痛的事。至于员工和学生的宿舍、餐"厅"及"会堂"，都是小房子，简陋得比不上目前在梅园左侧的那几间"民房"，这些小房子也早已拆除，以建造目前的大礼堂和餐厅。

前几天自强楼边的那座员工宿舍，因要改造八层楼而被拆掉，要是我们那时有那么一座钢骨水泥的楼房给学生做宿舍，那真是天堂生活了，由此可见二十多年来进步的一斑。关于学生的生活，去年有一位自美国来的客座教授郭子斯先生，是当时的学生，他和我常去目前的小吃餐厅——又名"清华城隍庙"——吃早点，他说目前的享受和前时相比，真有天壤之别，会使他回美后念念不忘！

那时的师资，多数是兼职，大部是从台北的大学里"拉夫"而来，后来当过"清华"校长的陈可忠先生，也自师大来兼任教务长。由于师资极缺，又因为我的太太是美国人，是大学毕业生，自然而然地成了唯一的英文老师。客座教授有三位，都是临时性的，就是吴大猷先生、邓昌黎先生和我。我到的时候，吴先生已回加拿大，邓先生稍迟来，也只停了三个月就回美了。这几位临时"班底"的教授中，有博士学位的只有四五位，比起目前约三百位教授中百分之九十二有博士学位的，真使人羡煞哩！幸亏后来陆续从美国阿冈国家实验室受训回来的四五位同人，他们那时虽还没有博士学位，但有最新的核子科技知识，不但成了生力军，也成了后来"清华"和台湾核子科技的主力军和拓荒者。这其中有目前已退休的郑振华先生，他主持了原子炉的安装和运转，后曾为"清华"原子科学院院长多年，"行政院原子能委员会"是他一手创立和发展的，直到一年前，他还是"原子能委员会"负责实际做事的秘书长。当时安装和运转范氏加速器的李育浩先生，目前已继郑振华先生之后，为"原子能委员会"秘书长。还有二位后来又去美深造，获得博士学位的教授——钱积彭先生和曾德霖先生，他们将当时的授课标准提高了不少。钱先生后来又创办和发展了"中山研究院"的核能研究所，曾先生是目前"清华"的原子科学院的院长。没有他们和其他有关几位的奉献（dedication），"清华"前期的进展是很难预测的。

当时同学们最大的诉苦是师资的不足，那当然没有错，我唯一能回答他们的，就是等将来轮到他们自己学"成"时，希望他们不要忘了当时的苦楚，能回来帮忙。现在一算，在十七位毕业同学中，有四位取得博士学位，已回来服务，他们目前都是"清华"的资深教授了。

那时候梅校长任"教育部长"的职位，在台北不能分身，所以除了重要的经费支配和新建筑物的扩充外，其余的事务和职责几乎都落在我身上。校中除了装置原子炉和范氏加速器二件大事外，还有二项重要的任务，一是学生论文的指导。在第二届十七位同学中，只有五位已找到台大的教授指导论文，余下十二位同学的论文，只好由我来指导。在没有办法中，我们分成六组，每组二人，幸能如期完成，获得硕士学位，皆大欢喜。至于论文的品质，即使以目前的标准来看，尚差强人意，此点容后节中再提。另一项是公共关系的推进，一个机构或一所学校的公共关系本是重要的，对当时的"清华"来说，更是重要，因为我们要争取外界的援助，包括经费、设备和人才的援助。那时美援还没有停止，美国每年援助台湾的经费有一二十亿美元，其中有一部分用在发展教育上，因为我多年在美的背景和经验，深得当年美援助教育组主任史密特（Harry Schmidt）[1]的信任，再加上梅先生长"教育部"，我们获得了不少的美援支助。那时国际上推动原子能的和平用途，因此国际原子能总署（IAEA）[2]和美国原子能委员会（USAEC）曾二次派小组人员来"清华"考察，我们也获得了他们的同情和赞许，争取了以后几年不少客座教授和仪器的支助，对"清华"的成长多有帮助。"清华"属于"教育部"，因为梅先生是"部长"，那方面我们可不花时间和精力在公共关系上，不过有时"立法委员"们也来观光式地视察，仍得好好地招待他们。记得有一次，因我戴了台湾农夫所用的三角笠帽，"立法委员"竟找不到欢迎他们的主人，那次以后，我只好把那价廉物美、有艺术意味的三角帽带到美国去欣赏了。

当时学校中的各种困难，记得的已很少，下面这些零星小事，可举一反

---

[1] 今译作施密特。——编者注
[2] 今称为国际原子能机构。——编者注

三地推测当时的情形。

干冰是二氧化碳凝成的固态，实验室中应如用水一样方便，可随需随取，但当时因一切缺乏，市上根本没有，我们得用压缩的二氧化碳气体令其急速膨胀而自制，这几乎像需用水时得自己掘井一样麻烦！学习核子科学的人都会知道，要使快中子变慢得用白蜡，市上也没有，我们得特别和"中国石油公司"商协才能得到。原子炉水池内的铝衬层，如向外采购，既贵且慢，好不容易和"高雄中铝公司"恳商，才依我们的设计制成。诸如此类，每需一件物品或材料，就得到处收寻，有的非得到日本或美国采购，又得等上数月。研究生没有实验室，得从头设计安装，连所需的桌子也须新做。原子炉位在山谷中，因为建筑设计的失误，有一天台风狂雨，使原子炉的地下室进了大水，许多机器浸水，清理了一二个月，使整个计划推后了一段时间。还有，装置范氏加速器时，有美国公司派来的工程师帮忙。有一天，这位工程师喝醉了酒，在晚上把价值九千美元的真空管打破了，当时因为没有人看到，他不肯承认，于是花了九牛二虎之力收集证据，推定是他的失误，结果由美国公司另运一支赔偿，虽然省下了九千元美金，但时间又拖了好久。有一天，一位研究生名叫陈家骅的生了病，相当严重，当时我在原子炉工地，劳娜——我的太太立刻把他送到新竹的一所"医院"。记得他住的病房，地是泥土，又暗又湿又脏，住在里面，不生病的人也会生病，回想起来，还觉可怕。

总之，目前随意可办成的事情、随时可取到的物件，那时几乎件件得动脑筋，并用加倍的时间和精力去解决。在人力、物力、财力缺乏的初创时期，做事的效率显得更低了。

今日"清华"

目前"清华"的情形，各方都有报道，尤以校长毛高文先生的报告最为详细精要。大致说来，组织方面已设有大学部，另外计有四个学院、十五个研究所、十二个学系，加上九个科技中心，内包括计算机中心，还有一个相当有规模的图书馆和各所系的"支馆"。正副教授约三百人，大多数有博士学位。因"清华"重质不重量，学生人数三千多人，不算很多，不过其中一千多人是研究生，却也可观。行政和辅导人员，已超过初创时全校师生和员工的数倍。建筑物有六十多幢，前时认为大而"无用"的校园面积，目前已感不敷。校园从大部荒野，变成名副其实的园地了。预算也从每年一二十万美金（原子炉例外）增加到一千二三百万美金。从这些数字来看，正如前面所指，在短短的二十六年中，"清华"的校舍、所系、师生人数、经费等，扩展了几十倍到一二百倍，研究生的人数实际上增多了约六百倍！这种突飞猛进的速度，不但大陆的清华望尘莫及，在世界上也是少见的。"清华"目前的规模和校园，许多世界的著名学府也比不上，譬如以加州理工来比，"加工"就小和挤得可怜，以牛津、剑桥来比，英国的名大学就陈旧不堪。以生活享受而言，前面已提到，"清华城隍庙"里的小吃部，不是使纽约有名的石溪大学里的郭子斯教授神往么？

很明显，在硬体方面来说，近年来的进展真是名副其实的突飞猛进。

怀念梅公

谈到"清华"，如果不谈一位历史人物，那就谈得不完整了。这位人物，就是前在大陆当过多年清华校长，后在台湾"复校"的梅贻琦先生。那时大家都尊敬他，主要的原因可能是他当时为"教育部长"，"'部长'是，'部长'对"的声音常不绝于耳。校友尊敬他，因为他是大陆来的老校长；校中师生员工尊敬他，因为大家怕他。实际上，梅先生的伟大在二十七年以后来看，可显得更清楚。简单说来，他对"清华"有爱心、有眼光、有魄力，与当"教育部长"无关!

梅先生的外表,有如蒋梦麟先生,都是瘦弱"无"力的样子,给人一种"文弱书生"的错误印象。实际上,他和蒋梦麟先生都是外柔内刚的,他们内心的坚强是成功的主因。梅先生很爱酒,"清华"中酒量最大的就是他。在宴席中,我从来没有看到过他拒绝任何人的敬酒,他干杯(绍兴酒)时那种似苦又乐的表情,至今尤新。他也喝洋酒,每当我去金华街台北办事处请示校务的时候,一近午夜,客人都已回去,他就拿出名贵的法国白兰地来,请我同饮。他有迟起的习惯,酒旁"议"事,常到午夜二三点钟,弄得我第"二"天早上得挣扎起床。从这些接触中,我了解他内心爱"清华",有如他爱酒一样生根和自然。他从来没有和任何人谈过如何爱"清华",事实上,他爱"清华"有如母亲爱子女,事事关心,也有如子女爱父母,万事"清华"至上。讲句笑话,并且只有"清华"人可以听,当时如果他在"教育部"开会,只要是"清华"的事,我可从会场中把他请出来!因此他爱惜每一文钱,历年来,他把人人眼红的清华庚款的美金,分文都用在校务上。中国的社会和政治界中,千百年来有一种传统和极普通的习俗,就是公私不分,公帑私占。在这种恶风下,梅先生能如泥污中的一枝清荷,一文不沾,怪不得当时社会上都敬他有"两袖清风"的美德,这是他爱"清华"的事迹。

除了爱心,他还有远见,在那时的社会环境中,"复校"是创新和勇敢的构想。同时,鉴于当时极需科技,他选择了当时最新、最重要、所知最少的原子(核子)科学为起点,意在迎头赶上。"清华"当时经费有限,他不惜花资,在美国和阿冈国家实验室订约,优先培植基本人才。装置原子炉和三百万伏特加速器的构想和眼光,在当时的情形来说,远超于目前的同步辐射加速器。那时台北没有现在繁忙和拥挤,他却在远离台北的新竹收集大块的土地做校址,他的远见使新竹后来成了台湾的科技中心。很明显,要实践以上的远见和构想,非有魄力不可,正如走路,他慢慢地一步一步向前,终于锲而不舍地达到了他的理想和目的。

年轻的一代和对人生经验不熟悉的人们，目前在一夜间可任心所欲，飞到美洲的任何地点，他们不懂为什么哥伦布要花那么多天到达美洲而还受人颂扬。这个问题实际上在书本中都已有答案，只是大家不加注意。看来，要了解先驱者的情形和所遭遇的困难，并不是简易的事！

在结束这段之前，得附带一提的是我们这个社会的进步。上面提到，那时的社会认为梅先生最大的美德是"两袖清风"，实际上来说，这是社会对自身的讽刺，把一个公务员的守分当作"美德"，这好像在旧社会中把一个不偷汉子的女人认为是一种美德一样。显然，二十多年来，我们的社会有了长足的进步，今天台湾已有一百多所大专学校，如果校长们的美德是以两袖内没有清风来决定，那岂不是笑话？这是社会的进步，在庆祝"清华"七十五岁的时候，我们也得同时庆祝！

特出学院

原子科技的发展成了"清华"的传统，二十多年来自然而然地从一个研究所扩张而成了一个学院，很有可能在世界上是独一无二的学院，"清华"可以此为荣。不过长江后浪推前浪，我们不可停留在过去的桂冠上。因为原子科技已成为司空见惯的课目，是否可把原子科学院合并到理学院和工学院中，近年来已成了一种构想的讨论，我们不妨客观地来谈一下。

一所学府的目的是服务社会和大众。工业社会中的"活命素"是能源，没有能源，人类就回复到原始时代。各种能源中，石油的聚量恐怕已只有几十年，煤约有几百年，核子能是最长远和最丰富的能源。核子分裂，经过滋生，可供应几千年；核子融合，经过研究发展，可应用几百万年。台湾少油和煤，发展核子能是唯一途径，但核能发展中，问题重重，亟待研究解决，无疑已成为高等学府的职责。从另一方面来讲，因为核能

189

的巨强，不幸产生了原子弹（核弹），有带给人类巨劫的可能性，对防止核弹和减少核弹伤害的研究，无论在人文方面或科技方面，都亟待进行，一所高等学府已责无旁贷。所幸"清华"原子科学院的方向，已针对上述巨大问题的一部分，如能把原科院当作基础，加以扩张，来研究以上的基本问题，实为理想。从将来的历史来看，"清华"之有原子科学院，不但特出（unique），而且是明智的！

新的方向

生命科学已是科学的前哨，生命科学的发展很可能引起科学本身革命性的突破。"清华"本着创新的传统，增设生命科学研究所，是新的方向，是好的方向！

科学中分科，分成物理、化学、生物等，原是人为的操作，自然间的现象根本不可能指定属于哪一科门的范围，研究那些现象，常需要各种科门的知识综合起来。譬如环境科学所需的知识，就几乎包括一切科学，除基本科学外，还有气象、海洋、地质等。技术和工程方面也是一样，不能单属于某种工程学科，譬如登月的企图不能单属于航空工程或太空工程，而需要一切工程和一切科学的综合知识。"清华"现在采取跨校、院、所、系的作风，如能养成习惯，对打破"门户之见""本位主义"等恶习应有帮助，这对社会的贡献，可大于科技本身的贡献。

"清华"一向以理工为主，原子弹发明以来，事实迫着人们理解：科技可造福人类，也可危害人类。慢慢地，人们便了解，单靠科技，很容易变成科技的奴隶。要使科技变成人的"奴隶"，对人本身的了解和研究，已有基本的需要，"清华"最近设立人文社会学院，可谓迎合时代之需！

以上所谈的新方向，是二十七年前或三十年前的"清华"意想不到的！

硬体与软体

如果假定过去的进步多属硬体方面，让我们来一谈软体方面的情形。大致说来，硬体方面的进步不但容易看出，容易测量，并且也比较容易做到。反之，软体方面的进步不但不易看清，不易测量，并且也不易做到。因此，从本质上来说，软体的求进是比较困难和迟缓的。但是无论如何，软体的重要性不下于硬体。

二十七年前初到"清华"的时候，看到大家很努力，很用功，但似乎缺少一种真正为学问而致学，为求知而感兴趣的风气。大家用功和努力，似乎都是为了自身的利害。学生为考试，为学位，为争取名次……教授为职业，为升级。学校和学校间的关系，亦以利害为先，与学问的求进无关。记得那时"清华"和台大都在做一世界著名的物理研究，叫茅氏效应（Mossbauer Effect）[1]，"清华"的仪器远胜于台大，我竭诚地跑到台大请求共同合作，却被一种不成理由的理由拒绝！其实当时即使双方竭诚合作，以世界的标准来看，还是幼稚不堪，而井蛙之争却重于学问的求进。目前台湾的学风，从社会的舆论上，从友朋的谈话间，从我自己有限的观察中，我的第六感（the sixth sense）似乎告诉我，比从前没有进步多少，希望我是错的。

让我旁扯一下，二十七年前台大和"清华"合作不起来共做茅氏效应研究的事，不知何故，使我联想到目前"交大"和"清华"同学间梅竹赛的中断，我一点也不知道内幕，如果去仔细研究一下，猜想一定有许多互相指摘"不公平""不合理""不礼貌"等的"大"原因。不过，如果有人站在地球卫星上来一看，他们会发现在地球的一角有牛津和剑桥，另一角有哈佛和

---

[1] 今译作穆斯堡尔效应。——编者注

"麻工"，学生们都在运动场上争得"你死我活"，而新竹却平安无事，一片升平景象，给人一种礼仪之邦的感觉！

以学术的水准来看，在师资方面，正如前面所指，数量虽少，并且都是临时性的，但水准（如吴、邓二先生）恐怕不会低于目前。关于学生的硕士论文，与我直接有关的六篇，三篇在台湾发表，三篇在海外。在台湾发表的，有一篇里面的中子摄影照片恐怕在当时是世界上第一张中子照片，并且当时还以中子摄影技术用作中子浓度分布测量的方法，也非常新奇（novel），可惜那篇论文后来因我离校，没有发表，目前已不易找到！在海外发表的，其中有一篇是美国的专利（第三三七三一一六号），其中所合成的含铀玻璃，铀含量高达百分之四十五，这个世界纪录，恐怕到现在还没有人打破。附带一提，作这论文的两个学习理论物理的学生之一，就是目前在"清华"物理系的单越教授。虽然当时的设备差，但研究生的学术水准大概比目前不会差。

由上的讨论，或可总括一句，过去软体方面的素质，如有进步，恐怕远不能和硬体方面的进步相较。

最后的话

大致说来，在量的方面和硬体方面，"清华"和台湾其他大学已在慢慢接近世界第一流大学；在质的方面和软体方面，还差相当一段距离。我们不妨问一声：为什么哈佛、剑桥能，为什么"麻工""加工"能，而"清华"不能？

根据我在美国四十多年的观察，深信台湾教授和学生的先天素质没有比西方教授和学生来得差，但后天所表现的素质就比不上西方的学者们，这是为什么？社会的环境和传统的包袱显然要负起一部分责任，但我们自身的一部分，尤其是致学的风气和先驱精神（dedication and pioneering spirit to study），该由谁来负责呢？为考试而读书，为升级而研究是不够的！

　　要"明天会更好"的先决条件是今天的耕学，希望当"清华"一百岁的时候，同时也能庆祝诺贝尔奖的莅临！

一九八六年四月于新竹"清华"

原载《传记文学》第四十九卷第一期（一九八六年七月号）

第三编
南开校长张伯苓

　　伯苓先生的教育方针，除了读诵中外历史、地理、经史子集、中外文学文字以外，有三个新的政策：第一为科学，第二为体育，第三为合群爱国。……伯苓先生得风气之先，首倡爱国主义，教导学生要合群爱国。他认为教育学生须授以知识，增强他们的能力，然后为国为公，中国方可存在，方可富强。

张伯苓先生小传

张源　译

译者按：张伯苓先生名寿春，生于光绪二年（一八七六年），卒于一九五一年，为我国著名教育家，在天津创办南开学校，自中学而大学而小学。张氏任校长，前后达四十余年。抗日战争时，任国民参政会副议长，胜利后一度出任考试院院长。本文译自美国哥伦比亚大学一九六七年出版之《民国名人传记辞典》第一卷，原文未注明作者姓氏。

张伯苓出身于天津书香世家，其父为爱享受之学者，不善积财，家境逐渐中落，不得不以执教维生。鉴于自己失败，决心管教其子，故张氏十三岁时即考入北洋水师学堂。

张氏体格壮健，加以聪敏好学，在校五年中，每试辄名列前茅。其教师中有严复、伍光建等饱学之士，严、伍二人后以介绍西方思想而蜚声全国。

张氏在北洋水师学堂最后一年适值第一次中日战争，中国海军惨败，整个北洋舰队几乎全被消灭，故张氏毕业后等候一年，方能加入其训练舰"通济"号。一八九八年七月，中国被迫将威海卫租借与英国作为其海军基地，该舰奉命参加移交典礼，张氏亲身经历中国遭受之屈辱，目击心伤，乃辞职返回天津。

张氏决定从教育着手挽救中国之危亡，最初在热心公益的严修（字范孙）家馆执教，除讲授英文、数学、理化（附有小型实验室）外，兼教体育。张氏仿照水师学堂的体操用具绘制哑铃及火棒等图样，交当地木匠制作，并与学生一同运动，这在当时中国几乎是前所未有的事。他重视科学与体育，并主张教员与学生自由交往，这无疑使他成为中国现代教育的创始人之一。三年后，即一九〇一年，张氏兼在王奎章家馆任教，王氏乃天津有名士绅。

南开学校开始时虽然如此简陋，然以后则逐渐发展。南开之得以成立，端在严修与张伯苓之密切友谊。严氏为一学者，喜欢读书，极端爱国，对西方新教育制度颇为欣赏。他在天津以及整个华北声望极高，资助南开不遗余力。而张伯苓当时则年轻有为，献身于教育。一九〇三年，严、张二人联袂赴日，考察彼邦教育制度。

一九〇四年，两氏决定将严馆扩大为现代中学，校名"私立第一中学堂"，学生仅有七十余人。两年后，友人捐赠南开地方（意谓天津城南开洼）两英亩土地，校址旋迁于该地，改名为"南开中学"。一九〇八年，张氏赴欧美研究西方教育制度。

南开的教育目标旨在痛矫时弊，育才救国。这项目标显示出中国的主要缺点：国弱民穷、迷信自私、人民体魄羸弱、缺乏科学知识及公德心，总括为"愚、弱、贫、散、私"五字。张氏提议并实施五项教育改革计划，以纠正这些民族缺点：第一，养成健全体魄，增进人民健康；第二，训练青年了解现代科学方法及成就；第三，组织学生发扬合作精神，参加团体活动；第四，给予学生德育训练；第五，导引学生允公允能，为国服务。

张氏早期事业颇受华北青年会的影响。在张氏仍在北洋水师学堂就读之际，美国青年会干事里昂（D. Willard Lyon）[1]业于一八九五年在天津组织了第一所青年会。到了张氏在严馆执教，他已经与青年会美籍干事多人熟识，其中两人乃著名的运动家，当时均在华北工作。一位名叫盖莱（Robert Gailey）[2]，是普林斯顿大学毕业的全美橄榄球中锋；另一位叫罗勃生（C. H. Robertson）[3]，是普渡大学毕业的跳高名手。罗勃生在天津每周主持一次查经班，对于张氏皈依基督教具有直接影响。由于和这些青年会美籍人士〔还包括约翰·海赛[4]之父拉斯可·海赛（Roscoe M. Hersey）[5]〕往还，并于一九〇八年在国外实际观察教会主持的社会活动，张氏逐渐对基督教产生兴趣，而于一九〇九年受洗。张氏是当时加入基督教的极少数中国知识分子之一，因此颇引人注意。

部分由于与青年会发生关系，张氏不久即以提倡体育运动而驰名全国。一九〇九年，在张氏协助之下，第一届华北运动会在南开中学举行。基督教全国青年会总会在张氏敦促之下，于一九一〇年十月配合全国工业展览会，发起举办第一届全国运动会。张氏以倡导运动的仁侠精神著称，以后地区性及全国性竞赛，一直均请其主持。而南开学校无论团体或个人，在非教会学校中，各种运动比赛往往获得冠军。

张氏老早就怀具愿望，想建立一所模范私立大学。一九一七年，他再去美国，在哥伦比亚大学师范学院深造，为此项工作从事准备。一九一九年，张氏的愿望实现，创办了南开大学，分文、理、商三科，一九二一年增设矿科。一九一九年，上海圣约翰大学授予张氏名誉博士学位，以酬庸他对中国教育的贡献。天津籍的直系重要北洋将领李纯（字秀山）对张氏及南开极为称道，在其一九二〇年十月自杀之前，遗嘱将其巨额家产捐赠南开，大有助于南开的继续发展。

[1] 今译作来会理。——编者注
[2] 今译作格林。——编者注
[3] 今译作饶柏森。——编者注
[4] 今译作约翰·赫西（John Hersey）。——编者注
[5] 今译作韩慕儒。——编者注

南开学校逐步扩充，一九二三年成立女中部，一九二八年复建立实验小学。一九二七年，南开大学创立经济研究所，一九三二年又成立化学研究所。南开大学虽创办较晚，可是在张氏擘画之下，不久即成为一所重要的私立大学。

张氏办教育之所以成功，部分原因应归于其行政才能。张氏能够聘到卓越年轻学者，且一经聘定，即对之信赖有加。南开大学文学院有徐谟、蒋廷黻等人执教，成为华北最好学院之一。天津乃系重要工业都市，为了研究学术及服务社会，成立一所经济研究中心，实属必要。在何廉、方显廷等经济学家指导之下，南开设立了经济研究所，编纂物价指数，研究工厂情况，并调查对外贸易统计数字。该研究所逐渐被公认为研究中国经济之权威机构，其出版物驰名全球。在南开继续发展与扩充之际，张氏不但能从中国政府及国内私人机构获得财政支援，且能从国外教育及慈善团体，诸如中华教育文化基金会、中英庚子赔款委员会、洛克菲勒基金会（当时译作罗氏基金团）等获得资助。二十世纪二十年代及三十年代，南开全校陆续拥有二百英亩土地，建造堂皇校舍，当时学生共计三千人左右。

全校学生每星期三集会一次，由张氏讲解为学做人之道及国内与国际问题，作为品德训练之一部分。许多学生张氏能直呼其名，张氏并花费许多时间为学生个别解决问题。张氏还领导在天津建立一座不属任何教派的独立基督教堂，为其他城市同样教堂树立楷模。他认为基督教青年会是最适合中国国情的基督教团体，因之花费许多时间与精力推动青年会工作。他做过天津青年会的董事及会长多年，甚至在南开经费困窘期间，他依然努力不懈为天津青年会筹募经费。

早在一八九四年至一八九五年中日战争张氏尚在北洋水师学堂就读之际，他便了解日本对中国的威胁。一九二七年，张氏旅游东北，返回天津后，南开师生合组东北研究会，研究东北问题。一九三一年九月沈阳事变后，日本军事力量直接影响天津。在以后云涌的学生反对日本帝国主义运动中，南开学生扮演重要角色，深触在华北的日本军人之怒。南开校舍临近日本兵营，张氏除与潜在危局为伍外，别无他途。一九三七年七月七日，日军对华北发动攻击。不久后，日本轰炸机于七月二十九日及三十日两日低飞轰炸南开，将其校舍全部炸毁。

当时，张伯苓适在南京，在其向蒋介石报告南开被敌人炸毁时，蒋氏以南开为国牺牲，向张氏断言"有中国就有南开"。张氏一向不热衷政治，在一九二八年至一九三七年国民党秉政之十年间，张伯苓与蒋氏并未建立亲密关系。一九三四年，杭州笕桥的中央航空学校举行毕业典礼，蒋、张二氏全都参加，蒋氏名义上兼任该校校长，张氏第四子张锡祜当时在该校毕业，张氏以家长身份参加。两氏均在典礼上致辞。一九三七年南开校舍被毁不久，张氏又遭受另一悲剧，其子所驾之飞机在一次轰炸任务中失事坠落，人机全毁。

二十世纪三十年代中叶，日本加紧侵华，于是张氏前往四川，目的在找寻适当地址建立南开分校。一九三七年中日战争前夕，张氏业已在重庆附近获得一片土地，设立了南渝中学。一九三八年，采纳南开校友会建议，南渝中学复名重庆南开中学。在抗战期间，该校为华西重要学府，保持了天津南开的水准及传统校风。

华北卷入战火后，南开大学不得不迁于安全区。最初与北京及清华两大学于一九三七年在湖南长沙合组临时大学，以后又迁到昆明改组西南联合大学，由三校校长张伯苓、梅贻琦、蒋梦麟组织常务委员会，督导校政。张氏因须处理国民参政会事务，大部时间均在战时首都重庆。

张氏在任南开校长期间，政府虽多次畀予高级行政职务，唯在战时方始应召，于一九三八年出任国民参政会副议长。该会由各党各派代表及社会贤达组成，为一准民主机构，目的在表达民意及公共舆论。张氏忠诚而小心地执行此项职务。张氏始终拥护蒋介石，盖彼认为蒋氏乃举国抗日之象征。

一九四五年日本投降后，张氏准备将南开迁回天津被日人毁坏的原址。国民政府为了实现蒋介石一九三七年所做"有中国就有南开"的诺言，下令自一九四六年起将南开大学改为国立，并任命张伯苓为校长。这次改制解除了这位老教育家为南开募款的困难。北平私立燕京大学校长司徒雷登对张氏长期献身于教育称颂备至，他说美国虽惯于响应张氏的募款呼吁，可是张氏仍是中国教育的重要拓荒者，盖教育事业在传统上以前一直被认为是国家的事。

一九四六年，哥伦比亚大学授予张氏名誉博士学位，张氏特第三次也是最后一次去美接受这项荣誉（译者按：张于一九二八年至一九二九年尚去欧美一次，未计在内）。颂词由哥大费堪佐（Frank M. Fackenthal）[1]宣读，称誉张氏为"教育家；南开大学创始人及校长；全球公认造育人类之领导人物；五十年来以无比信心及毅力献身于教育，以使中国新生；全国自信之象征"。

为纪念张氏半世纪以来献身于中国现代教育，其中美友人特撰文集成一书，名为《另一中国》（*There Is Another China*），大意为尽管中国的政治及军事动乱不宁，可是尚有另一中国在日益进步中。书内有张伯苓传记、张氏的重要成就及中国现代史之有关方面，执笔人有胡适、司徒雷登、恒安石及其他人士。

张氏一生大部分未参加任何政党，唯在抗日战争发生后加入国民党，一九四五年第六届全国代表大会并被选为中央监察委员。新宪法颁布后，张氏虽年逾七十，仍同意于一九四八年出任考试院院长。共产党军队于一九四九年攻占天津时，张氏滞于该城（译者按：滞于重庆，以后返回天津）。张氏于一九五一年二月二十三日中风逝世，享年七十六岁。

张氏体格高大，早年喜爱激烈运动，与学生一同运动。张氏演说生动，具有说服力，善于将感情融会于简单的道德伦理。张氏对学校不惜花费巨资，唯自奉极为节俭。他极端重视基督教青年会，认为该会系实施基督教之最佳途径，因此他不遗余力，提高青年会的声望，作为基督徒团体与非基督徒团体之间合作的桥梁，以促进中国社会健全的伦理道德。张氏了解原封输入基督教各种宗派的危险，鼓励反映中国人思想及习俗的基督教组织。

---

[1] 今译作法肯索尔。——编者注

　　张氏遗有数名子嗣，其长子张锡禄曾在芝加哥大学研读数学，后回国任教。其弟彭春（字仲述）在美国哥伦比亚大学研究文学及戏剧，学成后返回天津，协助张氏主持校务并指导南开话剧团。彼对戏剧艺术饶有兴趣，南开每年公演世界名剧，远近为之轰动。彼对中国之传统戏剧兴趣亦高，梅兰芳于一九三〇年赴美公演，张彭春自动出任梅剧团总管及发言人，向完全不懂中国戏剧传统及技巧之美国观众解释梅剧之意义。张彭春后进入外交界，一九五七年七月十九日因心脏病逝世，享年六十五岁。

　　　　　　　　　原载《传记文学》第十二卷第四期（一九六八年四月号）

五则故事话"南开"

马国华

"南开",是指着天津私立南开学校而言。它包括有小学部、女中部、男中部、大学部和研究所,这些部分都是由那位名驰世界的教育家老校长张伯苓先生一手创办的。凡是在南开求过学的学生或任过职的先生,虽然都已经离开学校几十年,但是每逢遇到南开校友之时,彼此就会兴高采烈地乐道当年在学校的一切情形。

笔者受教南开中学,距今算来,已隔五十多年,它给我的印象最深,影响也最大。我所毕业的小学、大学以及国外的研究院,它们的校庆是何月何日,我都忘得一干二净,唯有对南开中学十月十七日的校庆,则始终没有忘记。甚至在南开中学求学时期的一切,都记忆犹新。下面的几则故事,就是当年发生的。

一、倭寇侵略，处心积虑

南中有很多学术研究会，如科学研究会、数学研究会、书画研究会、基督教义研究会、满蒙研究会等。这个满蒙研究会给我的印象是永不磨灭的。因为那年（一九二四年）是第二次直奉战争，也就是张作霖入关打败曹锟、吴佩孚的那次战争，京奉铁路（统一后改称北宁铁路）因战争而受阻，关内外的旅客不能通行。东北籍的南开学生在寒假期间要回家过年（春节），在不得已的情形下，只有从天津日租界码头乘轮船直驶大连了。当时有南开同学六十多人，由范大哥（名士奎，字一侯，同学们都称他"开普登范"）领队。于船抵大连之后，就有大连海上警务署的日本刑事（特务人员）盘问我们一个特殊问题。他说："你们南开学校有一个满蒙研究会，它的组织和内容是怎样的？"我们这一群中，大部分是初中的小孩子，说良心话，在学校仅看到过这个研究会的牌子，实际的情形一点不知道。虽然当时日警没有难为我们，但由此可知，倭寇对我国的侵略处心积虑，是无微不至的。当寒假终了返校之后，我才到这个使倭寇重视的满蒙研究会参观了一下。这乃是老校长请回由日本帝大毕业的傅恩龄先生（也是南开校友）所主持的一个研究会，会内充满了中、英、日文有关"满蒙"自然和人文各种资料的书籍和图表，以供师生研究。可见老校长眼光远大，早有先见之明，提醒国人重视东北及内蒙古与外蒙古，以防日、俄帝国主义者的侵略。

二、"水葬"炸弹，犹有余悸

老校长认为教室里、课本中的教育是"死"的，应将所学应用在日常生活中，才是真正的学问，也是教育的目的，于是请陆善忱先生主持社会视察的活动，每周由他率领南中学生轮流到社会各阶层，如工厂、银行、公司，以及政府的司法、行政机关去参观视察。我记得最有趣也最令人事后恐惧的一次是这样的：冯、李之战时，直隶（河北省）督军李景林被冯玉祥的国民军驱走之后，距离天津市最近的战场是杨柳青镇，陆善忱先生率领着南开阵地视察团（由学校师生临时组织的）前往杨柳青参观视察。我们中学生哪里懂得什么军事阵地形势的优劣，只看到村中一道一道横竖的大壕沟和一个一个散布着的大土坑。不过，我们拾到了两种"好玩"的东西，那就是几个地雷的空木匣子和几枚鸭蛋圆形的"铁球"，球体上有凸出的格纹，头上有绳。回到学校之后，老师中有"识货"的，说："那是手榴弹呀！"这时一个个的脸色都骇得发绿了，不知如何处理是好。有人突然想起学校后边有一片深广的大臭水塘，决定将这几枚危险的"玩具"加以"水葬"。现在回想起来，尚有余悸呢！

三、"性史"泛滥，终被查禁

一九二四年至一九二五年的时候，新思想在天津的青年学生中达到高潮。当时中学里头脑较新一点的老师们都给学生介绍一些课外阅读的新书，如《热风》《华盖集》《谈龙集》《谈虎集》《落叶》等，这些新书从普通书店及法租界的天祥、劝业各商场的书摊上都能买到。不过，新书种类最多、花样最全的地方，要算是法租界交通大饭店楼下的天津书局，那儿可称得上新书的总汇。当然，"黄色"的新书也就随着新潮流而发祥了。因为青年学生们求知心切，好奇心盛，于是各色的新书大有供不应求之势，所以一版一版地出，一批一批地来，使得天津书局的生意兴隆起来，而又在南开中学便门的对面设立了一处分店，除了出售新书之外，还卖些文具用品。南开中学当时学生的人数，男中、女中两部共有三千来名，并且学生们的家境大部分都是富有的，所以花起钱来也不假思索。于是天津书局分店从开业以来，每天都是顾客盈门，真是财源茂盛，利市百倍。

那时我读初中，有一天，我看到梁润庠同学在聚精会神地看一本书，甚至在走廊上也手不释卷地在阅读。小梁真用功啊！不过，几天来我发现他面黄眼青起来，有点不大对劲，因为过去我们每天都在一起打网球、踢足球，所以友情笃厚，彼此关心。我乘其不备，从后面把他所看的那本书抢过来。好小子！你怎么看这种书呀？在这书的封面左边画着两个半抽象的裸体像，题着"性史"两个大字和"张竞生博士著"几个小字。书的厚薄约有一百页，我连目录都没有看一眼，马上就警告他说："学校一定会查禁的，不信等着瞧吧！"果然不出所料，没过三天，训育课的布告栏内贴出来了，某同学被记了大过，所幸不是梁兄，可见张博士的"大作"已经在南开泛滥开了。上修身班（如今的周会）的时候，在大礼堂由训育课尹主任向全体同学训话。虽然事隔五十余年，可是尹老头的话犹在耳际。他以纯天津卫的口音说："你们青年人是国家将来的柱石，为什么不爱护自己，不求上进，要看那种'什么史'，自己糟蹋自己？别说你们小孩子看那种书不成，就是像我这么大岁数的老头子看了，也要'怎么的'呢！这种书是由天津书局卖出来的，从今以后，不论是谁，不管买什么东西，只要一进天津书局的门就记大过……"因为南开的学生向来是遵守校规的，学校一道命令，就如同遵奉圣旨似的不敢违犯。这样一来，果然没有一个学生敢进天津书局，就连老师和堂役（校工）也不愿进去买东西，因此这处天津书局分店在半年后就关门大吉了。张竞生博士的《性史》虽然坊间有了续集，可是在南开学校里是绝迹了。

四、秀才武装，败兵缴枪

"秀才遇到兵，有理讲不清。"这是我国民间从前流传的俗语，可是有奇迹出现了，那就是南开中学的十几个学生劫下了一些大兵的步枪。事情是这样的：约在一九二四年的时候，冯玉祥的国民军进攻天津市，和李景林的直隶军（属奉军系统）在天津屏障的马厂地方对峙很久，天津市内一日数惊。南开中学的学生每天都有人到市内打探消息。在一天的早晨九点多钟，忽然有群同学从西南城角跑回学校，喊着说："败下来了！"于是学校急忙关大门，锁便门。优乃如、喻传鉴、尹劭颂、章辑五、王九龄、孟琴襄和华午晴诸位主任马上开紧急会议，组织护校团以防夜间败兵的侵袭。因为南开中学过去曾实施军事训练，所以学校的枪库中除储有教育枪之外，尚有一些真的枪械。于是就在校内住宿生中招募了十几名会打枪的同学，担任护校义勇队员。据我记忆中所知，好像有郭矩（内蒙古）、范士奎（奉天）、邰德润（黑龙江）、刘全恩（黑龙江）、许纶（河北）、张伟学（吉林）、彭占宇（热河）等。当时这些青年小伙子精神抖擞，勇气百倍，尤其是"老郭矩"高头大马，步枪一背，神气十足，羡煞那些白面文弱的小"P. Form"（南开学校的同学指"小白脸"的专用名词，北平叫作"泡"，东北叫作"豆包"）。同时，大家又捐募了一些金钱、食物和便衣。大约在下午两点多钟的时候，就听到校外的街上有了枪声，而我们这些不知深浅的孩子却跑上"中楼"看热闹，正好看到五六名败兵背着步枪，拿着砍刀，挎着匣枪，刚从千祥鞋庄抢劫出来，正在砸宝聚成水果店的门，并向店中放了两枪。事后宝聚成的小胖子说，当时把他的头发扫去一扎，几乎脑壳开瓢。所幸我们在楼上"观战"，未被发现。正在这个当儿，尹主任和王主任喝令我们急速下楼，以免危险。这时那些护校的勇士也都展开工作，活跃起来。他们竖起梯子在那墙壁较低之处，和街上的败兵搭上了"交情"，劝那些败兵缴枪，换上便衣带着盘费还乡。这也是败兵们求之不得的事，因为穿着军装无处可逃，并且很容易被俘。于是他们缴出步枪，扔下军装，穿上便衣，拿着几块大洋，扬长而去，可是他们的匣枪带不走了。

五、险遭屠杀，"祝融"解围

当褚玉璞任直隶（河北省）督办的时候，督办公署设在天津市。天津市的最高治安机关是军警督察处，处长是厉大森，他是一个杀人不眨眼的刽子手。那时候在天津卫的四个城角（城墙早已拆除，城基作为环城电车道）的电灯杆上，每天都悬挂有木笼子，笼子里装着血淋淋的人头，真是令人触目惊心，尤其是在我们十几岁的中学生心灵中刻下了不可泯灭的印象。所以，当时的天津人一提起厉大森，没有不吸口冷气的。

那时国民革命军已经在广州兴起了，革命的思潮早已传播到了平津，平津的学生都在偷着阅读《中山全书》，南开中学的学生几乎人手一部。就因为这个，我们老校长张伯苓先生被厉处长质问说："据密报说，你们南开学校有'乱党'（当时的军阀称所有的革命党人及思想较新的人都为'乱党'）。"张老校长却很轻松地说："我的学生都是规规矩矩念书的孩子。"因为张老校长是中外有声望的教育家，并且张大帅和少帅都对他客气三分，所以厉处长也不敢把他怎样，这一鼻子灰只有自己抹去。可是厉大森恼在心中，时时派出便衣侦探到南开附近窥伺着。

有一天，李鹏远同学（辽宁省人，南开中学毕业后考入燕大）接到他亲戚来的电话，叫他马上到某商店会晤。据说他的亲戚当时在军警督察处任职，由他亲戚口中得知督察处决定在那天晚间十点钟派兵包围南开中学大搜查，凡是有革命思想书籍的师生都在逮捕之列，这是最高的机密。那个人是怕李同学有那类的书籍而受到连累，他再四嘱咐李同学千万不可泄露消息，这对他性命攸关。

李同学跑回学校，首先把这消息告诉了他最好的朋友陈玉贵同学。在学校里，谁都有几位最要好的朋友，因为彼此关心，所以一传十十传百，不到半小时的工夫，全校住宿的一千多名同学都晓得了。大家不约而同地把所有新书都搬出去了。南开学校的炉灶很多，除了三个大厨房之外，洗澡房、洗衣房和牛肉馆都有大炉灶。一柳条包、一柳条包上万册的书籍都送进了炉灶，付之一炬。

当晚大约九点钟的时候，督察处确调派出骑兵一排、便衣侦探多名，到南开中学东邻电车公司旁警察派驻所集合待命。事情就是那样凑巧，正在"箭上弦，刀出鞘"的紧张万分的当儿，南市（俗称三不管）起了大火。因为南市是天津市最复杂的地区，恐怕秩序一乱，就会有趁火打劫的事情发生，而军警督察处是天津市维持治安的总机关，所以临时就把这一批待命搜查南开学校的队伍调到南市应援。南中的学生就这样免遭屠杀，化险为夷了。

其他故事尚多，一时述说不尽，以后有机会再谈。

原载《传记文学》第三十二卷第一期（一九七八年元月号）

"南开先生"张伯苓

丁履进

一九四六年春，校长张伯苓先生由重庆飞北平回天津。

有一天晚上，施奎龄打电话给我："咱们老校长明天回来，不愿惊动官府，要我们校友去接他。明天上午十点，我和金城银行的韩大哥到你那里会齐去飞机场。"第二天上午十一点，我们三个人到西苑飞机场接校长。同来的有他的秘书伉乃如先生。我已经二十多年未见过这两位师长，伉先生教过我两年的课，还认识我，向校长说："这是丁履进。"校长说："念远（施奎龄字）给我的信里说过，他是中央社北平分社的负责人，胜利后第一个到北平的新闻记者，干得不错。"我们送校长进城，到西皮市胡同银行公会休息。

那时校长已是七十一岁高龄，长途飞行之后，精神奕奕，并无倦容。我们陪他吃过午饭，陪他到休息室，他半坐半倚地靠在床上和我们闲谈。几个小时的谈话，由校事到国事，都曾涉及，谈得高兴的时候，他那敏锐的眼神随时由墨晶眼镜的后面隐若地闪露出来。他说："北大、清华已经复校，归还建制，我决定摆脱政治，回来办理复校的工作，继续从事教育。"谈到国事，他说过几句话，到现在我还记得："咱们国家的前途，用望远镜看是美丽的，用显微镜看，内部有许多腐烂的问题，如何化腐朽为神奇，全靠咱们自己，天真的美国人帮不了多少忙。"那时北平军调处执行部成立不久，美国人居间调停国共的争执，国人对美国的调处寄以很大的希望。当时校长的谈话，对于美国的调处工作，言外之意，似乎并不乐观。校长急于要回天津，平津铁路局局长石志仁特别在当天的夜车上给他安排了铺位，并通知天津方面接车，我们几个人就送他上火车回天津去了。这是我和他最后一次会面，也是毕生难忘的一次谈话。

抗战时期，北大、清华、南开合成西南联大。胜利后，北大、清华很快恢复了建制。我在北平，因为职务的关系，和北大的傅斯年、陈雪屏、胡适及清华的梅贻琦时常见面，对于北大、清华复校后的情形非常熟悉，对于南开母校复校情形，虽然平津咫尺，却非常隔膜。

提到南开，就想到张伯苓，这是世人普遍的印象。张伯苓与南开是不可分的，也可以说，张伯苓就是南开，南开就是张伯苓。

张伯苓先生毕业于天津北洋水师学堂，毕业后，在严修（范孙）先生家教私塾，最近在台北逝世的台大医学院教授严智钟就是当时在私塾受业的诸公子之一。由严家私塾而南开中学，更发展为举世闻名，与北大、清华并驾齐驱的南开大学，都是张伯苓先生一手创成，一生心血精神灌溉溶化的硕果。北大、清华都是国家力量所经营，而南开则纯为私人创办，其难易相去不可以道里计。

昔人对道德高尚、学问渊博、志行贞固、传业迪世的大师硕儒，不论是受业门人或私淑弟子，多仿效古代谥法之义，私谥名号奉献，表示尊师重道的敬意，如汉之郭有道、宋之张横渠都称为"有道先生""横渠先生"而不名。近代洋人对绩业卓越之士，亦常以其姓名与事业相连而称为"某某先生"，如美国共和党人塔虎脱[1]之被称为"共和党先生"，即其一例，与我国

---

[1] 今译作塔夫脱。——编者注

私谥之义若合符节。我建议：凡我南开校友，应以"南开先生"之名奉献于张伯苓先生，以垂永久，而表敬意。

我是一九一五年考入南开中学的，现在台湾的田炯锦、郑通和、张平群是我同班或同年级的同学，一九一九年毕业，读过大学第一班，一九二〇年转学北平。我对"南开先生"张校长的印象和学校的故事，都以此一时期所目睹感受的为多。

一九一五年秋季始业，第一次上星期三的周会，看见一位方面平头、阔背挺胸、戴墨晶眼镜、穿长衣皮鞋、身材魁伟的先生，站在大礼堂的讲台上，声音洪亮地对全校师生谆谆训话，这就是校长张先生给我的第一印象。以后每星期三都有同样的聚会。南开是以周三的聚会，代替当时各中等学校所必有的修身课程。这样的修身课程对学生的影响最大，收效最宏。每次周会，除了校长对学生讲授为人做事、处世治学的道理之外，亦常请当代名流、专家学者到校演讲。四年期间的周会，听过上百次的演讲。现在记忆犹新的是胡适讲白话文学，胡适的老师美国哲学家杜威博士讲"思维术"（杜氏名著 *How We Think*），胡适给他老师做翻译，北洋军医学校校长全绍清讲"卫生之道"。这都是连续讲演过几次的，当时同学间流行模仿胡适和全绍清的口语，如"白话！""白话！""鼻子的卫生！""眼睛的卫生！"随处可闻。（胡适讲白话文学，常在古诗中举例，每举一例必加断语曰"白话！"每次演讲中，"白话"特多。全绍清讲演时，每到一个段落，常说是"什么的卫生"，提醒听众注意。）印象之深，数十年不忘。一九四五年，我在北平和胡适之、全希伯两位先生晤面闲谈时，还常以当年的"口语"相戏语。

"南开先生"常在周会上以"咱们南开"或"南开精神"勉励学生苦干实干。有一次，他模仿在天津中等学校联合运动会上得百码第一名的郭毓彬和得二百码第一名的王文达最后冲刺的姿态，握拳，眦目，昂首前进，说："嗯！到啦！这就是南开精神！"接着，他说："不怕难，不怕苦，干！干！干！什么事都会成功的。"

　　"南开先生"深知事业与学问相济相需的道理。一九一七年，他的胞弟张彭春（仲述）先生由美学成回国，他将校务交张仲述代理，自己远赴美国进入哥伦比亚大学师范研究院深造，获得博士学位后回国，开始扩办南开大学的计划。

　　"南开先生"赴美后，天津发生大水灾。一天的夜间，突然大水漫淹了学校，自张仲述以次全校教职员奋力抢救住校的学生脱险。我回到北平的家里，正想可以无忧无虑地过一个快乐的中秋节，讵意不到五天，接到学校通知，要学生即到天津河北法政专门学校报到上课。学校因南洼（南开所在地）积水短期难消，商妥河北法专借址上课。我们在那里读了一个学期，第二年春季始搬回本校。我提出这件事，是说明南开的教职员确实受张校长的感召，能发扬临危不乱、处变不惊、苦干实干的南开精神。我想当时住宿学校现在台湾的校友们，当会记得那时学校淹水，夜间仓皇离校的情形。

　　私人创办大学不是一件简单的事，财力、人力都要煞费周章。"南开先生"本着宗教家与人为善、爱人以德的精神，向拥有财富、籍隶北方的各省军政首长苦口婆心，劝善捐资，用他们的非分之财办利国利民之事，如李纯、陈光远、齐燮元、许兰洲、孟恩远等都曾大破悭囊，捐出巨资，赞助南开大学之创办。大学第一班即于一九一九年在南开校本部旁边的新筑校舍中开课，以哲学博士凌冰为大学部主任，以喻传鉴为中学部主任。以后在八里台逐渐兴建了规模完备的南开大学。

　　"南开先生"热爱国家，热爱民族，平时常以民族气节训诲学生。其灌输学生的南开精神素为野心勃勃、蓄意侵略中国的日本人所大忌。日人侵占华北，张氏即舍弃其毕生精力所寄的南开，率领其干部华午晴、伉乃如等南走重庆，办理已创立一年的南渝中学。远在日军发动侵略中国战事的十余年前，张氏即洞烛日本人的狼子野心。我深切记得张校长旅行东北归来，在周会上对学生讲话，分析日人在东北的情形后，他说："不到东北，不知中国之大；不到东北，不知中国之险。"十余年后，吴铁城先生赴东北斡旋易帜南返，亦说过同样的话，当时成为名言。在七七事变十余年前，张氏即有如此透彻之看法，可谓先知先觉。

"南开先生"善用贤能的干部和延揽高明的师资，这是他办学成功的主要秘诀之一。中学时代，像华午晴对学生生活管理的周到和亲切，像时子周对学生课业督导的认真和切实，身受其教的校友大都不会忘怀。就师资而论，亦为当时一般学校所望尘莫及。以我亲受教诲的老师为例：教国文的有墨学大师张纯一，教文字学的有小学名家陈文波，教数学的有电机专家孙继丁，教英文课程的前后有李道南、英人穆尔小姐、美人罗德伟，教外国地理的有时子周，教西洋历史的有余日宣，他们都不是当时一般学校所能延揽的大学教授级的名师。大学时代，由凌冰以至徐谟、何廉、方显廷、梁启超等都是当代一流的学者。

德、智、体、群四育并重，南开实开风气之先。德智之培育在课堂，体群之辅导在课外。仍以中学为例，学生课外活动，如社团之组织，普遍而积极。励志社、青年会、敬业乐群会均于课余之暇举办各种活动，辅导群育之推行。《校风报》尤为出色，每周出版一期，从无脱漏，其编辑发行均由学生办理，我和周恩来曾被推同时担任编辑工作一年。张仲述到校后，更于课外推动文艺活动，不遗余力。如蜚声华北一带的南开话剧运动，即于此时开始。周恩来以演《一元钱》中的孙大小姐，获得河北女师学生邓颖超的青睐，结成"红色夫妇"。时子周以演《一元钱》中为富不仁的孙思富而驰名平津（时先生北伐后参加常务工作，任国民党中央委员，在台湾逝世）。

一九四五年十二月，北平军调处执行部成立之初，马歇尔率周恩来飞抵北平，在北京饭店举行酒会招待各界。我和周恩来在酒会上见面，他对我说："你想不到我会穿上将军服吧！"我笑答："在我的印象里，你仍然是《一元钱》中的孙大小姐，不应该穿庄严的军服。"他也笑了，指着我向采访新闻的同业说："他是我南开的同学，校中比赛国文，曾得过第一名。"因为他提到南开的旧事，我问他："咱们校长近况好吗？"他以惋惜的口吻说道：

"校长是卓越的教育家，不是政治家，他不应该参加国民参政会这类的政治工作。"我以郑重的态度回答："校长是热爱国家、热爱民族的人，为了抗战，为了团结，他参加参政会，是爱国精神的表现。他的学生都应该效法他这种爱国家、爱民族的精神。"

"南开先生"是现代中国的大教育家，他的绩业、他的名字在教育史上光辉永在。

"南开先生"和南开学校永垂不朽！

原载《传记文学》第二十六卷第四期（一九七五年四月号）

南开大学和张伯苓
——大学和大学校长的特色

吴大猷

近来报章常谈"大学的特色",三月二十四日《民众日报》社论有三段称誉张伯苓先生的话,近乎传奇。四月五日乃张先生一百十一岁的诞辰,笔者于一九二一年至一九三一年间,在南开中学四年、大学四年,毕业后在大学任教二年,这十年决定了我这一生的为人和工作,故我想写一短文,略讲南开大学的"特色"和对张先生的怀思。〔关于南开和张氏,可参阅《张伯苓与南开》(一九六八年传记文学出版社出版)及《国立南开大学》(一九八一年南京出版有限公司出版)。〕

南开大学的创立

南开大学是天津严范孙、范静生、张伯苓所创的一所私立大学,一九一九年成立时约有一百人，到一九二三年，第一届毕业生只有二十一人，到一九三七年抗战前夕，第十五届毕业生六十余人，学生总数亦只四百二十余人，所以它是一所很小的大学。开办时由社会人士捐助八万元；李纯的遗嘱捐基金五十万元（实收到十万元）；理科得袁述之氏捐七万元；美国罗氏基金会先后捐十四万五千元；中华教育文化基金董事会捐十六万五千元；一九二一年至一九二五年得李组绅氏捐办矿科款十五万元；图书馆得卢木斋氏捐十万元，书二万册；李典臣氏赠藏中文典籍七百册。这差不多是南开大学首十余年全部所得。

校舍由开办时在南开中学旁的一座小楼，至一九二四年迁入在八里台由捐、购、租的地七百余亩，在抗战前夕的大建筑思源堂（科学馆）、秀山堂、芝琴楼、木斋图书馆、男生二宿舍楼等。南开的经费，校宿费为一主要来源，学费每年六十元，宿费两学期三十元，这与国立大学（如北大）之学费每年约十元较，自是很高的，但与教会大学（如燕京、岭南等）比较，则是"平民"化的了。这样的学宿费，四百个学生所缴的学宿费，只够十来个教授的薪金，笔者没有该时教授总数的资料，估计或四十余人。学校的经费是如何筹措来的，不甚清楚，可能得助于中基会给予理科的补助（具上文）。抗战前，国内（北平、上海）有许多的私立大学，是藉学生的学费维持的（如北平的民国大学，容纳投考国立大学落榜的学生，人数颇多）。南开虽经费困难，但从来未有多收学生之意。

教授及授课

南开于一九一九年至一九二九年期中，学生由数十人至二三百人，设有文、理、商三"科"（一九二一年至一九二六年间曾设矿科），各科有各部门的教授及课程（但不分"系"），例如理科有数学、物理、化学、生物四部门。（一九二九年遵教育部令，始将"科"改为"院"。）每"系"教授只有二至三人，助教一至三人，学生三数人至十余人不等。每教授授课三至四门，每二年将课程轮调，使二、三年级同习某些课，三、四年级同习某些课。每一课程上课时间部分排在星期一、三、五或二、四、六。教学的读参考书及习题要求均甚严，例如每一数学课，必有习题；星期一课的习题，学生务须于星期三的课前交卷，而教授则必于该星期五课时（由助教）阅毕发还，余类推。物理课程的实验，皆须做详细的报告。这样的训练，学生当时从未以为苦，后来且多感念。

一九一九年南开大学创立时，国内已有大学多所，其最著者如北京有北京大学及师范大学的前身"高师"，天津之北洋大学，南京之中央大学的前身东南高师，唐山及上海之交通大学，上海之圣约翰大学等。南开以无何财力的私立学校而思与这些学校争一席之地，若不是张校长对教育的信心，是不敢尝试的。

张校长先聘南开中学早年的学生、哥伦比亚大学教育学博士凌冰为大学主任，旋即在美聘梅光迪、余日宣、司徒如坤（文科）、李道南、史泽宣、孙垒（商科）、邱宗岳（化学）、应尚德（生物）、姜立夫（数学）、饶毓泰（物理）、司徒月兰（英文）、蒋廷黻（历史）、薛桂轮（矿）、李济（人类学）、杨石先（化学）、徐谟（政治）等诸教授；就笔者记忆所及，随聘萧公权（政治）、黄钰生（心理）、何廉（经济统计）、汤用彤（哲学）、陈礼（物理）、徐允钟（化学）、萧蘧（经济）、李继侗（生物）、钱宝琮（数学）、唐文恺（商）、冯柳漪（哲学）、张忠绂（政治）、刘晋年（数学）、张克忠（化工）、段茂澜（德、法文）；稍后有熊大仕（生物）、张洪沅（化工）、方显庭（经济）、陈序经、李卓敏、陈振汉、吴大业（经济）、谢明山（化工）等多人。这些人中，有在校时即是极优异的教授的，更有许多后来在学术上成"大师"的，在社会上成大名的。兹举一例。在南开大学创始初年，邱宗岳师讲授化学课时，适美国罗氏基金会某君来参观，听邱师讲课，惊赞不已，该基金会旋捐十万元为建科学馆之用，又二万五千元为购置设备之用。一九二五年八里台新校址之科学馆（思源堂）落成，该基金会复赠一美籍物理教授来校，协助建立物理实验室。理科承邱、姜、饶、陈、应、徐、杨诸师的经营，建立甚高之课程水准，乃先后获中华教育文化基金董事会的补助十六万五千元。各科教学仪器设备及外国期刊，该时或仅次于清华而已。

南开的学生

南开大学的规模，已如上述，但享有的声誉与它的规模不成比例。卢沟桥事起，政府（教育部）即决定将北京大学、清华大学及南开大学南迁至长沙（北平其他大学迁陕之城固等处）。以学校的历史、规模、师资阵容、在社会上的声望言，南开实不能与北大、清华比拟，政府之重视南开，是出于什么考虑呢？无疑的，我以为是它的教授和课程的高水准。它在早期的十数年中，毕业生之于学术、事业有成，闻名于社会的，就记忆所及，有张平群（外交）、张克忠（化工）、郦堃厚（化学）、郑通和（教育）、查良鉴（法律）、汪丰（外交）、刘晋年、江泽涵、申又振（数学）、宋作楠（会计）、殷宏章（生物）、吴大猷（物理）、崔书琴、成蓬一（政治）、陈省身、吴大任（数学）、吴大业（经济）等。上节所述的教师阵容和这些学生，是南开声誉之所由来也。

抗战中断了南开的发展

一九三七年，卢沟桥事起，七月二十九日，日机对南开大学做低空轰炸，除思源堂及教员住宅（平房）外，其他建筑物皆夷为平地，两大荷花池及水道后皆为敌伪以土填平，诚伟大的工程也。初，一九二七年，张校长感到日本觊觎我东北日亟，于赴东北四省视察后，回校组"东北研究会"，由教授组团赴东北调查实况，搜集资料。此事深招日人仇视，故日人占据天津后，即图将他们视为"抗日中心"之"南开"从地皮上完全地"灭迹"。张校长甚有远见，先于一九三六年在重庆沙坪坝建一南开中学分校，称"南渝中学"。及抗战军兴，南开大学奉教育部命，与北京大学、清华大学集迁长沙，旋迁昆明，组成国立西南联合大学，为抗战时期我国学术重心之一。

一九四五年，抗战胜利。一九四六年，南开大学在天津八里台复校，改为国立。是年春，我返校一游，除思源堂仍在外，只有敌伪后建一楼，黄土荒凉，昔日之水木楼馆，均荡然无存。近年来，大陆将南开大加扩充，然抗战前经营十八载的"南开大学"已不可复存矣。

南开的回忆

笔者自十四岁至二十四岁在南开中学、大学至任教的十年，是性格、习惯的成形，求学基础的训练的重要时期。现在回溯这段时期，情感的因素自所难免，但近年来目睹台湾的大学情形，有时不由己地做些和自己所受的教育情形的比较，现在试着以隔了六七十年的时间距离，尽可能地撇开情感的因素，客观地看看南开和张伯苓校长。

（一）南开起自一八九八年，天津严范孙氏（一八六〇年至一九二九年）聘张伯苓氏（一八七六年至一九五一年）为家庭教师，经一九〇四年改名"私立中学堂""敬业中学堂""私立第一中学堂"，至一九〇八年改称南开中学，至一九一一年学生增至五百人，一九一七年学生增至一千人。南开大学创办于一九一九年，南开女中部始于一九二三年。至此，全部学生达二千人。一九二八年增设小学部。一九三二年，全校学生达三千人。一九三六年，设分校"南渝中学"于重庆沙坪坝，一九三八年更名"南开中学"，学生增至一千五百人。

上述的学生人数，较目前台湾学校以万数计者，是小不足道的，但在抗战前的大陆，南开中学是属于"大型"的了。一个孩子在南开中学，一年的学、宿、膳、书籍、衣物所需，至少是二百五十元，在大学则至少三百元。这不是农村家庭所易负担的，但这比教会大学如燕京、岭南大学等的费用低得多。南开学生的家庭，连带着学生自身，是朴实型的多。加上南开中学着重严格的管理，大学着重学业，以及学校一般的"保守"风气，乃反映于南开学生在社会上的表现——在学术、技术、公务工作上者多，在政治上的少。

（二）南开大学在学术上的成就，或可由下举事见之。一九四八年，中央研究院举行第一届院士选举，首由各大学校院、专门学会、研究机构及学术界有资望人士，分科提名候选人四百余人，继由评议会审定候选人一百五十人，最后由评议会选出院士八十一人。此八十一人中，有南开师生九人：姜立夫（数学）、陈省身（数学）、吴大猷（物理）、饶毓泰（物理）、殷宏章（生物）、汤用彤（哲学）、李济（人类考古）、萧公权（政治）、陶孟和（社会）。后在台湾，更有南开师生被选为"院士"者有蒋廷黻（历史）、何廉（经济）、钱思亮（化学）、梅贻琦（教育）四人。《联合报》王震邦先生曾指出，"中央研究院"六任"院长"，有两位是受南开教育的人云。

上举之饶、汤、李、萧、蒋数人，皆先在南开大学任教，而后为他校所罗致，这更表示一极重要点，即南开在声望、规模、待遇不如其他大学的情形下，借伯乐识才之能，聘得年轻学者，予以研教环境，使其继续成长，卒有大志，这是较一所学校借已建立之声望、设备及高薪延聘已有声望的人为"难能可贵"得多了。前者是培育人才，后者是延揽现成的人才。我以为一所优良的大学，其必需条件之一自然系优良的学者教师，但更高一层的理想，是能予有才能的人以适宜的学术环境，使其发展他的才能。从这一观点看，南开大学实有极高的成就。第二节所略举的教授，聘来时多初由外返国，然不数年即以教导后学，或从事研究，蔚成大师者名，如邱、姜、饶、蒋、杨、萧、何、汤、李、张等（就早年的教授言）。萧公权一代政治学家；汤用彤佛学大师；何廉可能是在国内引入市场指数调查者，后在南开办经济研究所；蒋廷黻在南开以领先研究我国（鸦片战争始）外交史闻名；李继侗在国内实验研究未昌时，在南开从事植物光合作用的研究。这些都是曾在南开成长的。

（三）一九二九年，南开大学十周年，正值盛年。时清华大学成立了四年，在其积极发展中，由南开聘去蒋廷黻、萧蘧、李继侗三人。同年，饶毓泰师得中基会研究奖助金赴德；陈礼师就工业工程师职；萧公权、汤用彤亦就它校聘。初，在北洋政府时期，内战外侮频繁，北平学生运动风气甚盛，北京大学且有欠薪若干个月或只发薪数成之事。南开从不欠薪，又偏处天津郊外，受政治、战争的影响较轻，故能在动荡环境中维持其学术安定成长。及国民政府成立，社会大定，国立的大学如北京大学、清华大学、中央大学等皆有改进发展，在学校规模、经费上皆强于南开。又一九二八年冬，张校长赴美，翌年秋始返校，微闻一九二九年春他离校期间，校方在调整薪金上略有不周，引致不愉快的事，为少数教授离去原因之一云云。此可以道听途说视之，但南开大学则确有如遭大劫之感。

一所大学之解聘不胜任的教授，和延聘优异教授同样重要，其理甚明，无须申述。南开之解聘人员，皆在学年结束前知照当事者，俾得早做新职洽商。该时各校解聘方式皆略同，从来未闻有抗议或诉诸报章，如在台湾的。解聘教授，自应有正当理由，但“职业保障”不能构成反对解聘的理由。台湾几乎没有解聘教授的情形，加上平头制度，是台湾高等学术薄弱、进展缓慢的主要原因。欲改善此情形，学术界必须建立较高之水准及权威，以大魄力推建评审的制度。

（四）南开是我国教育史上罕有的一个例子：它由家塾而中学、大学、女中、小学，而分校，好像一个大家庭，家长只有一个人——张伯苓。我们有几所著名的大学，亦有些许大名的教育家，比如北京大学，它有过蔡元培、蒋梦麟、胡适校长，但他们中任何一人都不"代表"北大，如"张伯苓"之"代表"南开然。张氏不仅创办了整个南开，还坚守"教育救国"的目的，全部献身于学校五十多年。我们可以说，南开的师生对社会、学术的贡献，间接地都是来自张校长。张校长的小传、年谱，以及学生、朋友们对他的怀念，可以参读首段所举两书，我在这里只说一点实而不华的话。

张校长在早岁即有一个明晰目的，即是终生从事教育，救甲午之战揭露出的弱国。他虽然在哥伦比亚大学随杜威学教育，但他从未以教育家自居。他是一个意志坚强的实行者，从来不说空泛的话。他对校务，完全赖几位忠心耿耿的同人：南开的财务为华午晴；南开中学的教务为喻塵涧；南开中学的庶务为孟琴襄；南开大学的注册干事及机要秘书为伉乃如；大学教授的延邀，最早期委之于凌冰，后乃各院系的推荐。

教务方面的事，早期（国民政府成立前）政府似未有划一的规定制度，课程及毕业所需学分等，皆由学校自行制定。在南开，每学期注册时，注册课印就由各院系拟定必修、预修、选修的课程及授课时间。南开的教授，绝无兼任兼课的；学生除球队及运动会外，甚少如目前台湾的所谓社团活动。学校无"训导"或军事教官，亦从未有学生与校方争执或对抗之事。

校风简朴安宁，原因之一，乃教师学生人数不多，偏颇之见不易滋长也。另一原因，乃来自张校长。校长不大问校内事，盖他劳心的是为学校筹款。又在国民政府成立之前，平津乃战争频仍之地，应付当权军政首长，殊费心力也。偶有学生问题，则多化解。校长的坚定信念、经历和人格，形成了一种自然的尊严，在学生面前呈现的是魁梧的身躯、严肃而带慈祥的脸色，许多问题都自然地化解了。

校长从无借教育以进身仕禄之思，家庭度着极简朴的生活，奔走南开中学与八里台南大间，一人力车而已。在南开只支象征性的月薪约百元，盖有天津电车公司致送的"董事"月薪三百元也。抗战事起，南开中学之能到

223

后方者，纳入重庆沙坪坝之南渝中学；大学师生则由长沙至昆明，并入国立西南联合大学。张校长感于蒋介石的号召，任国民参政会的副议长。抗战胜利后，一九四八年，蒋公提任张校长为考试院院长。时国共战事日逼，校长体力渐衰，翌年辞考试院院长职，以病未能来台，旋于一九五一年脑溢血逝于天津，享寿七十六。一九七九年，南开大学六十周年，出一小纪念册，竟无张伯苓的名字。一九八六年之南开大学简介小册，张伯苓之名及小照始复现，是张氏创办南开及他的功绩，终不可抑没也。

原载《传记文学》第五十卷第五期（一九八七年五月号）

张伯苓与南开大学

宁恩承

　　现代中国有三所最出名的大学：北京大学、清华大学、南开大学。三校各有千秋，对于中国的改进及现代化各有大的贡献。北大是政府的国立大学，由政府资助，由清末的京师大学堂蜕变而来。清华学校创立于一九一一年，利用美国退还的庚子赔款，由外人资助，二十世纪二十年代改为清华大学。唯南开大学由张伯苓先生一人一手独创，无中生有，由平地中挖出黄金，坚苦卓绝，创成百年大业，对国家民族有极大的功勋，现代哲人的成就很少能与伯苓先生相比。八十年来，南开大学人才辈出，周恩来及台湾"中央研究院院长"钱思亮、吴大猷均是南开学生，国际知名学者、数学家陈省身亦系南开出身。其余海峡两方的官员、大学校长、大学教授车载斗量，数不胜数，伯苓先生之功千百年所罕有。

　　伯苓先生天赋奇才，绝顶聪明，和孔夫子相似，能见人所不见之理，说出世人应行之道，以身作则，德配天地，其言其行，万世之法。

225

家世和出身

张伯苓先生生于一八七六年（光绪二年），原名寿春，别号伯苓，以字行。张家原是山东贫家，伯苓先生的父亲张久庵在天津以吹鼓手为业，人称张琵琶，生活艰苦，无力为子设塾求学，只好商求同族张竹坡的善堂家馆附读。不幸张善堂学馆解散，不得不再转到另一刘家义学——专收贫寒子弟的义塾就读。他的国学仅此而已，没参加过科举考试，没取得当时的功名——秀才、举人、进士。

鸦片战争以后，外侮日急，各国列强要瓜分中国，清朝政府急图"中兴"变法维新以求救亡。直隶总督李鸿章在天津设有北洋水师学堂，以严复为监督（校长），希望建立中国海军，入伍学生不但不收学费，而且供给食宿，每月更有四两五钱白银补贴。张久庵闻此机缘，乃把他的儿子送入北洋水师学堂为入伍学生，时年十四岁。在校四年，遍在旅顺、大连、青岛、秦皇岛、威海卫、刘公岛各港口训练演习，因此伯苓先生对于中国沿海口岸情形了若指掌。水师学堂是新兴的洋学堂，学科方面的教习教官是英国人，因此伯苓先生学得英文、数学、代数、几何，是后来创办南开学校之本。在校四年，学习了驾驶、机械各科，成绩优异，每考第一名。

一八九四年（甲午）中日大战，清朝腐败已久，丑相毕露。中国海军旗舰只有三枚炮弹，海军经费移作别用。西太后为庆祝她的六十生日，移用海军经费修整颐和园，改称万寿山。这一年就是伯苓先生在北洋水师学习完毕之年，北洋海军军舰既已在黄海海战沉没大败，无法上船实习，不得已回家听候差遣。次年，英国占领威海卫，防止日俄南进。当时威海卫已被日军占领，英国人要中国政府承租，公事上中国政府应先从日军手中接收回来，算为中国国土，然后中国人以主人身份再转租给英国。清朝政府派遣通济军舰办理这项屈辱移交手续，二十岁的张寿春正巧在这通济舰上做水兵，亲尝败军失土耻辱，永生难忘。

交接仪式上，先把日本的太阳旗拉下，升上中国的黄龙旗，然后再把黄龙旗拉下，升上英国的双十字交叉旗。一日之内，三换三国国旗。目睹山河破碎，国土沦亡，奇耻大辱，永生难忘。在南开学校修身班中，伯苓先生屡次向学生讲述这次国耻事件，教诲学生必须爱国图强，如梅贻琦、周恩来及笔者等参加修身班的学生，均能耳熟。

清朝的"中兴"只是空话废话。要救国，要免除列强瓜分，首先需要开发民智，加强民力，振兴教育，方有可为。一八九八年，张先生乃弃武修文，离开海军，在天津严修翰林家塾充任家庭教师，教授严家子弟新学——英文、算术、代数、几何，学生六人，这是从事教育之始。此后五十年献身教育，由严家私塾兼教王家私塾，发展为私立中学堂、敬业中学堂、南开学校、南开大学。五十年步步前进，造育学生三万人，科学家、数学家、文学家及艺术戏剧、建国人才，无所不有。丰功伟绩，在中国现代史中罕有这样的伟大人物。

严修字范孙，清末翰林，曾充贵州学台，有思想，有远见。废除八股文，改科举为经济特科就是严学台的奏议。因为他的主张新异，同情康有为、梁启超的维新变法，不容于朝，乃辞官归里，退居津门。延请伯苓先生教育他的子弟新学，以为改进中国的准备，是为严馆，学童六人，学习英文、算术、代数、几何，斯即南开胚胎时期。

不二年义和团变乱，八国联军攻占天津、北京。伯苓先生亲见中国人再被洋人凌侮，益增愤慨。《辛丑条约》签订之后（一九○一年），西太后由西安回銮，力图苟延。在洋人压迫之下，变法维新，废除科举，改办学堂。张先生会同严范孙先生于一九○三年去日本考察教育，归国后，以为知识资源乃富国强兵第一要件。每个人的才智能力靠个人的头脑，国家之强盛须赖智力资源，开发智力资源优于开发物力资源。一九○四年（光绪三十年）秋，合并严馆、王馆两处私塾，改为私立中学堂，以严公馆偏院为校址，共有学生七十人，学生人数近似孔子的七十二贤人，似为好的开端。二年后，改私立中学堂为敬业中学堂，次年再改为私立第一中学堂。一九〇六年迁地南开，再改为南开学校。

南开系地名，在天津西南角，本地人称为南开洼。南开洼系天津城臭水汇集之地，臭水池边的空地十余亩系天津士绅郑菊如所有。郑先生善心义举，把这十几亩空地捐赠给张先生作为校舍，于是废除旧名，改称南开学校。在臭水池边兴工集材，兴建教室、宿舍、礼堂、操场，南开学校日渐壮大。早期南开学生饱受南开洼臭气熏陶，几十年后记忆犹新。南开学生习语每说"看他的臭劲""你臭什么？"以"臭"字用为"美"字代词，不知是否起源于南开学校西墙外臭水池之臭。

南开学校迁到南开臭坑之后，日新月异，突飞猛进，十年之内由七十人增为一千人。一九一六年举行一千人大会操，集合全校学生集体体操，乃南开学史中可纪念的一次盛会。这一千人中有周恩来、魏文瀚、郑道儒、吴瀚涛、马骏等。

一九一七年，张伯苓到美国各地考察，进入哥伦比亚大学师范学院听讲攻读，对教育做理论上的研讨，并考察美国各大学的设施。归国后，计划设立南开大学，再做进一步的发展。一九一九年，在南开学校南墙外建立一幢小楼房，作为大学部，以凌冰博士为主任，设文科、理科、商科三部。成立之初，仅有学生一百余人。周恩来是南开大学第一班的学生，但是他只上了几个月就加入勤工俭学，离校去了法国。他每自谦说他是南开大学挂名学生，因为在大学就学时间很短。

南开中学宿舍原已满坑满谷，又由中学学生住满大学部，学生无地容纳，乃在校外附近的鸿源里、六德里租得民房以为大学部学生宿舍。两年以后，八里台校舍兴建初步完成，学生们迁到八里台，住入正式宿舍。同年，秀山堂教室亦完成，规模渐具，南开大学就渐渐成形了。

大学第一班不过一百人，周恩来注册号数为五十四，我是第三班学生，注册号数为三一七。合计三班学生，全校不过三百人，较之现时（一九九〇年）的南大八千人相去甚远。然而，小的大学有较好的一面，有较好的学校生活。二百人同住两个宿舍，同在一个饭厅吃饭，同游同息，彼此全认识，成为亲密的校友。美国的大学每校三四万人，学生彼此相顾不相识，教授与学生也无法沟通切磋。一所大学成了一个大的知识超级市场，学生走入这市场巡买东西，各取所需，付钱出门了事。学生们没有同窗友谊，教授与学生没有亲切交往，彼此无关，失了许多人情味，没有学校生活，远不如小的大学有大的好处。

张伯苓先生这个人

许多知名人如拿破仑、张作霖、袁世凯等，均身材短小，他们的知名度和他们的身躯不成比例。唯张伯苓先生的伟大表里如一，心胸伟大，勋功伟大，他的身躯也伟大。他身高六尺三寸，体重二百五十磅，声如洪钟，走在一般人群中，诚如鹤立鸡群。在南开校园里，与同事伉乃如、喻传鉴、孟琴襄一同行走，好像一位幼稚园先生率领几个小孩。实际上，喻、伉、孟三先生均是五尺多高的常人，唯伯苓先生身材高大，魁梧奇伟，出人头地，把其余的人显得渺小了。他坐在演讲台上，其他同坐在台上之人亦显得微小。例如和顾维钧、梁启超或汪精卫同坐一个讲坛之上，只有张先生是唯一大人物，其他人均显得很微小。

伟大人物当然不以外表身躯为准绳，伯苓先生的伟大在于他的人格及成功事业。先生自奉俭约，很像颜回亚圣，"居陋巷，人不堪其忧，回也不改其乐"。他家住天津西南角电车厂旁一个羊皮市中，住宅只有三间小房。门前是熟羊皮的羊皮市，满街满巷全是臭羊皮，四处张挂，走向张家叩门须蹈过臭气熏天的羊皮场，方可摸到门铃。伯苓先生居此陋巷三十年，安之若素。

"南开难开，越难咱越开"，是伯苓先生说及南开经费支绌的情形。先生出身于贫苦之家，自己没钱可以兴学建校，而中国富豪多照顾自己，很少有人肯掏腰包拿出钱来兴办公益事业，兴办学校。伯苓先生到处化缘，然而捐款所得有限，学校经费永在不足之中。教职员的薪给优先照发，先生总是先人后己，自己的生活永久艰苦。校长的月薪初为五十元，二十世纪二十年代增至一百元，所有张家开支只靠这一百元，捉襟见肘，自在意中。每次去北京办事，坐三等车，住北京施家胡同北京旅馆，每日房钱一元。自己携带一瓶臭虫药，以抵抗夜间臭虫的进攻，自带三个烧饼以节省饭费。唯一奢侈品是一小包茶叶，天津人吃茶实乃必需品。虽然如此节俭，而人情礼往、衣食家用仍感不足，有时不得不由学校会计处临时挂借。十年之内，这种挂借数额达三千元。一九三三年，热河失守，华北时局紧张，蒋介石派黄郛来华北"跳火坑"，组织华北政务委员会，聘伯苓先生为委员，以壮声势。一年以后，日军更进一步压迫中国，宋哲元另搞局面。黄郛南返，退居莫干山隐居，结束华北政委会。按规定，伯苓先生名下积有车马费四千元，先生以为无功受禄，不肯接受。政委会办理结束人员徐鸿宾把四千元丢给我，请我转呈。我和伉乃如先生洽商多次，方把这四千元交由伉先生收下，归还伯苓先生十年来在会计处挂借的欠债。经办这次送款交涉，方详知伯苓先生在学校挂借之秘密。南开学校一人的独角戏，一切开支伯苓先生有全权处理，而先生公私分明，一文不苟，洁身自好的美德，绝无仅有。

南开精神

南开师生每说南开精神。什么是南开精神，南开学生个人感受不尽相同。兹述个人在校所见所闻，以证伯苓先生做人应世之方。

南开校歌中有"月异日新"，力求进步，永久向前，进取奋斗。先生每说"要进，要长，要顶"，实乃他生平为人做事的精神。南开精神实际上是伯苓先生的精神，南开学生们承受伯苓先生教诲，奉行自励。圣道本乎寻常，至理不外日用。伯苓先生以身作则，"以身教者从，以言教者讼"，先生高风亮节，光明正直，学生们自然景从。

伯苓先生的嘉言多是深入浅出的俗语。南开学生在校所习的物理、化学、代数、几何，离校几十年后，多已忘了，而伯苓先生的话尚能记忆一二。一九四五年冬，先生七十生日，许多老学生来沙坪坝拜寿，周恩来也来了。我问他在南开所学能记得的事是什么，他说是伯苓先生在修身班中所说的一句话，在困难犹像中要顶住，"要光着屁股由床上跳起来"。他说他在遭遇困难时就想起校长这句话，就咬牙顶住。

北方冬天气候寒冷，学生宿舍中早晨没有火，学生们贪睡、贪暖，贪恋被窝中的暖和，不肯起来。伯苓先生教导学生说，要光着屁股由床上跳起来，被窝外边很冷，自然赶快穿衣，就起来了。"不要退，越退越起不来"。

伯苓先生是海军出身，南开重视体育。他说："在校要认真读书，但不可死读书，只有会玩的人，才能把书读好。"先生历任中国运动会会长、华北运动会总裁判。民国初年，南开学生在华北运动会上出名，因而南开出名。民初南开学生出名运动员如郭毓彬、魏文瀚，全国闻名，南开之名因之闻于全国。

伯苓先生常引用俗语教导学生。他教学生要整齐清洁，他说"勤梳头，勤洗脸，就是倒霉也不显"，又说"你可以为名士，但不要有名士派"，不要囚首垢面而谈诗书。许多南开学生终生奉行这些教训，永保整洁。

一面大镜子

伯苓先生在南开所实行的精神训练是有形的，是可实行的。在南开学

231

校，东楼进门左边（现在这东楼是周恩来纪念馆）悬挂着一面大镜子。镜边写"面必净，发必理，衣必整，纽必结。头容正，肩容平，胸容宽，背容直。""气象：勿傲，勿暴，勿怠。颜色：宜和，宜静，宜庄。"学生进校门经过这面大镜之前，影现镜中，真相毕露，各显原形。假如一个学生服装不整，头发蓬松，龟背蛇腰，各种丑相映入镜中，则自惭形秽，自思有所改善，一定要纠正自己的身形发肤。这面大镜子可以改善学生的仪容行为。有时伯苓先生走过镜前，遇见过往学生服装不整者，立即亲加纠正，使学生背直、肩平、发整、纽结。许多学生亲经张校长纠正训诲，终身整饬。吴国桢说他的整洁是由张校长的那面大镜子教诲得来的。

一般人对于南开的好印象是整齐清洁。校园中没有像其他学校校园满地破报纸，随处扔橘子皮、香烟头，到处吐痰。张先生禁止吸烟，凡是吸烟学生，立即开除。南开不准随地吐痰，校中走廊设有痰盂，走廊柱上写"吐痰入盂"。学生食堂设有两道门，以防苍蝇飞入。食堂的工人厨子开饭前必须穿上整洁的白大褂，列队受检查，每个工人必须伸出手来受检，看看是否手指甲已剪短而无黑污。

我叙述这些杂项琐事，在于证明伯苓先生信仰"圣道本乎寻常，至理不外日用"，"勿以恶小而为之，勿以善小而不为"。一切成功由小善积成大善，一切失败多由小恶积成大恶。伯苓先生办事办学的方法即是积小善为大善，可为办学兴学之人典范，万世之法。

伯苓先生既有远大眼光，高瞻远瞩，深知救国育民之道，对于日常屑务杂事亦能瞻小慎微，面面俱到。把一切杂事庶务办得妥帖切实，是先生过人之处。许多人只有空大的计划、远大的宏图，而无确实精细的实行方法，结果一事无成。例如民初实业界名人李组绅先生，他是北洋大学毕业，有组织力，有创造力，有远大的眼光，也有公共精神，力主开发实业，利民富国。他创办六河沟煤矿，并向南开大学捐款三万元，创办南开大学矿科。唯是李先生仅有远大计划，而煤矿办得不成功，许多屑务细节未能认真，煤矿失败了，南开大学矿科办了两班就无下文了。

一个成功之人须有远大的眼光、正确的政策，而且要有精细、有效率的方法。张先生既有远见，而且胆大心细；既有正确的目标，更有精细周到的方法推行其政策，使其政策实现。徒法不足以自行，徒善不足以为政。仅有好的愿望、空洞的远景，而无有效率推行的方法，结果是无结果。例如空喊现代化而没有实现现代化的方法，自然没有现代化的成果。

修身班

修身、齐家、治国、平天下是中国古圣先贤的最高原则。"身修而后家齐，家齐而后国治，国治而后天下平"，这种金字塔倒影的逻辑的起点在于修身，也就是修身为一切做人应世之本。一个儒者必须是一个好人，积好人成为一个好家，积许多好家成为一个好国，积世界上很多好国家，天下就太平了。这种以修身为本、以修身为起点的理论实行几千年，民初仍然奉行。然而科举已废，四书五经已不是新式学校中的课本，修身做人的训练成了问题，如何讲求修身之道失了常轨。民初，蔡元培写了一本教科书，题目为《修身》，内叙仁义、道德、礼智，一些空泛字句干燥无味，各校学生均不喜欢听这些空洞的说教。推物及人，学生们对于教修身课程的教员亦极厌恶，因此南开没有修身一课。南开精神训练由伯苓先生亲自主持，修身班成了南开最有效益的精神训练。每星期三下午召集全校学生，在大礼堂由张校长亲自训话，讲述修身、做人应世之道。循循善诱，修身班中名言哲理，许多学生终生永记。南开精神讲话尽在修身班讲话之中。可惜三十年代以后，学生人数过多，礼堂无法容纳全校学生于一堂，加以伯苓先生年高事繁，修身班未能按期举行，是一憾事。

三大政策

伯苓先生的教育方针，除了读诵中外历史、地理、经史子集、中外文学文字以外，有三个新的政策：第一为科学，第二为体育，第三为合群爱国。伯苓先生出身于海军，亲经海军大败之辱，亲睹外国人欺凌中国的情形，深知亡国之危。当时清朝积弱多年，列强主张瓜分中国，有识之士力喊救国。伯苓先生得风气之先，首倡爱国主义，教导学生要合群爱国。他认为教育学生须授以知识，增强他们的能力，然后为国为公，中国方可存在，方可富强。先生每说中国之患是贫、病、愚、散四种大病，人民有了教育，有了知识能力，则贫、病、愚三病可除，而国人一盘散沙，不合群，不会合作，仍是混乱之源。我们必须协力同心，共御外侮，中国方可图存救亡。"五四"时代，爱国运动南开学生总是走在前头。校长和学生永久合作，共同奋斗，反抗日本侵略。学生领导爱国运动，校长永在支持他们的活动。其他学校学生和校长站在对立的两方，学校方面极力阻止学生游行闹事。南开学校对于爱国运动，校长和学生是一致的。

一九二七年成立东北研究会，任傅恩龄为干事，研究日本侵略东北情形，计划反抗日本侵略。"七七"抗战军兴，日本人特派大队的飞机把南开大学校舍全部炸毁，报复南开师生爱国抗日之仇以泄愤，这可为南开师生爱国抗日之明证。

"东亚病夫"久是西洋人奚落中国人的名词。中国读书人向以"勤有功，戏无益"为准则，学生以"三更灯火五更鸡"苦读死书为最好的学生，不可游戏，不可"贪玩"。伯苓先生深知这古老的办法不妥、不合理，他相信必须加强学生身体。人民有强壮身体，方可救国建国；人民是病夫，就不会有富强之国。

南开注意体育，全国皆知。二十世纪二十年代，毕业班学生必须能跑百码，能跳高、跳远，方能毕业。一九二二年我们这一班就是遵照伯苓先生的规定，体育及格方能毕业，方能取得毕业文凭。

图书馆

我由关外到南开最大的发现是南开学校有一图书馆，有一大的阅览室，藏有几万本书，且有一位学过图书馆学科专人王文山管理这图书馆。这个惊奇的发现胜过哥伦布发现美洲新大陆。八十年前，全国各中学多没有图书馆。学校是读书的地方，没有书可读，似不成为学校。我在奉天时所读的学校——两级师范学校，是当时东北最高学府，竟无图书馆，岂不可怜。学生们只是在课堂上遵守"先生讲，学生听"，抱残守缺。先生讲台上摇头晃脑，抱着课本大声念，学生静听，课本以外毫无所知。一九二〇年，五四运动后一年，奉天师范学校请到苏式洵先生为教务长。苏先生是北京师范大学毕业的，受过五四运动思潮熏染，到任后草辟一间教室为图书室，收集当时流行的杂志，如《新潮》《解放》《改造》《建国方略》《建国大纲》《因是子静坐法》《催眠术讲义》《催眠术实习》《东方杂志》等五六十本新书，我们学生惊喜若狂。我把所有的书全看了，我学会催眠术，即是在无书可读的情况下自习完成。

当时奉天东关有一奉天省立图书馆，然而这个老衙门"门虽设而常关"，内有一个阴阳怪气的图书馆馆长，大概他是省政府中某要员的穷亲戚，无以为生，把他塞到一个无人理的冷衙门——省立图书馆混个生活。奉天省图书经费原已有限，这位馆长的薪给伙食把书费全吃光了。我去过图书馆两次，见不着人，也见不着书，怅然而返。

南开学校图书馆有十几万册图书，是全国中学中了不起的设备。一九二二年春假中，我把《资治通鉴》《元曲廿四卷》《十三经注疏》全部念完。见所未见，读所未读，受益匪浅。有此经验，我对于学校中的图书设备极端重视。我以为学校有图书设备为第一要务，二十世纪三十年代，我在东北大学校长任内，第一件工作就是要扩大图书馆。我计划五年之内要有三十万卷书，十年之内有一百万卷。一九三一年，聘请桂质柏图书馆学博士来沈阳主持其事，"九一八"事变东北沦亡，所有计划成了纸上谈兵。一九八七年，我到沈阳市参观几所重点中学，仍均无图书馆或阅览室的设备。我参观一所最好的重点中学，这校仅有几十本新书锁在一个柜中。我要求看看那几本新书，完全未开过，并未编号，从未有人看过。那位校长面红耳赤，向我说学校经费少，仅有这几本书。我问阅览室在何处，他诡称"现在图书馆放假，阅览室锁着，钥匙在管理员手中，管理员不在"。

我述及上面题外文章，说明南开与众不同，伯苓先生知道轻重先后，重视图书设备，说明南开学校何以成功。

新剧团

新剧话剧创始于南开。伯苓先生以为话剧可以训练学生口语表达，话剧剧情可以影响民众思想，戏剧可以影响人民道德观感。伯苓先生自编《用非所学》《仇大娘》《一元钱》《一念差》《新少年》《新村正》等新剧，由优乃如、周恩来、陆钟元、曹禺等登台表演。民国初年，拘于旧礼，男女授受不亲，女学生不能登台。剧中女角由男生扮充，周恩来扮充女角，所以我们在校时，呼周恩来为"孙小姐"，因为他是剧中女角孙小姐。

周恩来演说能力、表达能力虽然出于他本人的天资，南开新剧团的训练不无贡献。

敬业乐群会

南开教育的特点不仅在于教育素质的高超，教学、作业、考试的严格，伯苓先生注重学生的课外活动，训练学生如何在团体中生活。人是群居动物，每人每日生活于人群之中，必须学得在团体、社会、国家、家庭中如何生活，如何与人相处，如何在组织中生活。团体生活实为教育的基本目标。南开的课外组织繁多，课业以外学生可以随意参加，学习群居生活。南开有新剧团、基督教青年会、校风出版社、童子军、足球队、篮球队、棒球队、各省各市同乡会、自治励学会、敬业乐群会等课外团体活动。每日下午三时课堂课业完毕，学生可参加各项课外活动，学习交结朋友之道，终身有益。敬业乐群会可为一例。

伯苓先生以为做人应世之道须尽忠职守，努力工作，把自己分内应做的事尽忠做好，不可随班唱应，马马虎虎，凑合敷衍了事。"尽己之谓忠"。他教导学生对自己所业要尊敬严肃，对自己应做的事毕恭毕敬，谓之敬业。在团体中必须合作合群，同舟共济，寻求快乐于人群之中。和人往还自有其乐，合作乐群是学生应学的本领。一个人孤立鸣高，不和人往来，不能与人合作，独往独来，穷酸一辈子，一事无成的学生，张校长不取焉。

南开周刊原名《南开校风》，学生们称为《校风报》，主要用意在于训练学生的写作能力，训练学生的思想。《校风》周刊上的文章内容，中学生的作文卑之无甚高论。中学生所知有限，所学有限，自然不能有什么惊人之笔，只是给学生们有发泄他们热情的地方，在教学上也有大的贡献。

学生宿舍

学生在校住宿是教育上一大要旨。南开学生百分之九十住校，有极大的好处。国内许多中学因为经费不足、设备不周，没有宿舍。学生们随班唱应，下课后一哄而散，各自东西，荒废了有用的时间，无机会、无时间参加课外活动和体育生活，不可能学得团体生活要义，不可能成为有用人才。

南开住校学生下午三时下课以后，参加各项活动，如童子军、篮球队、足球队、棒球队、青年会、圣经班、撰写周刊、辩论会等有意义的活动。六时吃晚饭，七时自习，十时熄灯，充分利用课余时间，身心两方面均得发育成长。

不住校的学生多是豪门公子、富家子弟，来校时随班唱应，下课后立即离校，在校外闲游胡混，把大好光阴耗费于无益之地。他们对于校内各项运动、各项球赛无法参加，对于写作、演说、组织群众均无能为力。他们的课业永是低等，最好者勉强及格，很多人名落孙山，挡驾离校（南开勒令学生退学称为挡驾，英文、数学、国文有一门不及格要挡驾）。住校学生被挡驾者较少。

中学、大学严令学生住校，在教育上有极大的好处。英国出名中学伊顿（Eton）、哈尔（Harrow）[1]学生必须住校，牛津、剑桥两大学学生必须住校至少两年。二百年中，伊顿中学出了十八个首相，英国各界领袖多是牛津、剑桥学生，概由于学生住校的良规。南开成功成名，学生住校也是原因之一。

创新及试验

汤之盘铭曰"苟日新，日日新"。学术的进步在于日日求进步，日日创新求进。原有的无效无灵的办法，须改进废除，应试求新法。政治上须变法维新，学术上亦应力求发明、发现、改进，日求新方法、新道路。南开校歌中的一句"巍巍我南开精神，汲汲浸浸，月异日新"，伯苓先生遵循古训，日求创新。他以为民主政治之下，从政竞选者须有表达意见的能力，须有说服能力，方有资格成为领袖，推行福国利民的计划。

表达意见有两种方式：一为文字，须文笔通顺，言之成理；另一方式为口语。文字的表达自古为然，学校中课文、作业、作诗均是表达意见的方法。唯口语表达自己意见，向民众大会演说，一般人无此能力，学校中亦无此训练。伯苓先生以为训练学生口语表达能力，将来在社会上或政府中成为领导人才，演说能力的训练十分必要。南开新剧团是练习口语表达的一法，课堂中应有演说一课。一九二一年春，伯苓先生于第三年级设立演说课程，每周一次，由孟献予先生教授演说之道，用意至善。张先生的政策，毫无争议之处，唯推行实施发生困难。第一，孟先生不是善于演说的专门人才，他自己没学过演说。按平常的教育道理，教员所教的课门知识应十倍于学生，孟先生演说天才不比我们学生更高明。而且中国缺少公共演说这类书籍课本，没法照本发卖，要孟先生自己创造一种演说理论方法，不可能实现。孟先生本人不能演说示范，教学生仿行。试行半年，孟先生不干了，演说这门课程无法进行。一般学生们重视积分成绩，甲等、乙等，八十分、九十分。演说这一科是创举，新课，没有积分方法，没有七十分、八十分的标准，学生不重视没分数、没成绩的课程，对之无趣，是失败原因另一面。

演说的题目和内容也是一大困难。十几岁的中学学生对于政治、经济、社会各项问题所知有限，言之无物，不知从何说起，教学生站在台上做三分钟的公开演说不是很容易的事，因此学生方面、教师方面均感为难。这演说班不好进行，试行半年就取消了。

另一创新课程是时事。张先生以为天下兴亡，匹夫有责，每一学生应知国家大事及天下大事，方能洞悉事物，洞悉世界大势，方可成为领导人才，因此设有时事一课，每周上课一次。施行以后，发生与演说班相同的困难，教授时事的先生没有特别消息，没有号外新闻，没有特殊高见，仅凭一般报纸所载新闻，学生们已同样看过了，再由教员讲出来，已不是新闻。旧话重提，了无新意。至于国内经济复杂问题、国际政治情形，教员所知有限，学生们所知更少，教学两方对于均不知道的问题全无兴趣。时事一课难于维持下去，试行一学期，不再列为正课，只是鼓励学生于课外注重时事以增学识。

不是伯苓先生的所有创新试验全失败了。一九二三年，张彭春（张校长胞弟）游苏回国。苏联是新兴的共产主义国家，重视劳工，重视体力劳动。中学生除了上课学习语文、算术、科学以外，要参加体力劳动，做一部分生产工作，同时锻炼学生体力，减少一些仅为运动而运动的球戏及体操。学生实行体力劳动，既可活动筋骨，增益体力，且有生产物资的效果。张校长采取这种理论和办法，于南开学校后院西墙角下设有小型工厂，学生下课后可以参加工作。虽然生产品所值有限，但用意至善。

四大金刚

一项大事业的成功不是一人之力，必须群策群力，众志成城。要有好的领导，再加有得力的助理人才，方能众擎易举，创成一项大事业。伯苓先生高瞻远瞩，大气磅礴，而各种计划的推行、日常事务的处理，需要有得力的人支助。张先生知人善任，选择可靠的人、有能力的人，照计划推行，方有成就。二十世纪二十年代，南开学校有四根台柱，应称四大金刚，如来佛在上，四大金刚助威，方能成为一座好的大庙。

主持教务者喻传鉴，浙江人，北京大学毕业，原是南开第一班学生，和梅贻琦同班同学，亲受张先生教导。初在天津南开学校充教务主任二十年。重庆南开成立，喻先生主持南渝（南开），二十年桃李满天下，重庆南开的学生均知喻先生的风范、学问、道德。

次为华午晴先生，亦是南开第一班学生，管理南开建筑校舍、房产事务，尽心竭力，一辈子鞠躬尽瘁，是南开建设者之一。华先生天津人，体形肥胖，口齿迟钝，好像说不清任何一件事，说不明白任何一句话。他眼睛黑眼球较小，白眼球很大，学生们戏称他"华白眼"。此公绝对忠实，日夜勤劳，外弛内张，外形若愚，而心中十分精明。他没学过建筑，但天津南开、重庆南开、八里台南大，广厦千间，均由华先生设计制图建造，南开学生很少人知道华先生这项建树功劳。南开学生八十年中来来往往，行云流水，而南开校舍百年屹立，很像纪念华先生的功德碑。

第三根台柱孟琴襄，主持事务庶务，管理厨房伙食、花木校舍、财务支出，无所不容，无所不管。孟先生是张校长的第二班学生，第一次世界大战时，赴欧洲参加协约国方面华工队，当时有华工三万人从事挖战壕、运送军械军需。孟先生是华工会干事，管理华工的生活起居、通信、衣食住行，和晏阳初先生同时同事。一九一八年欧战结束，回南开充任事务主任，三十余年努力于南开的事务。南开学校明窗净几，花木葱茏，校舍一尘不染，是孟先生的功劳。孟先生鞠躬尽瘁，一辈子为南开工作，贡献甚大。

第四根台柱伉乃如，是校长的秘书。伉先生乃一人之下百人之上的南开的第二把手，秉承张校长的计划意旨推行一切。南开的人事行政、对内对外，全经伉先生之手。在南开大学部兼充注册部主任，有极大的权威。学生的成绩在他手中，教授的进退伉先生有极大的影响。张校长对伉先生言听计从，伉先生对张校长毕恭毕敬，扶持体贴，无微不至。张校长出门时，伉先生每把手杖、帽子恭手送到校长手中。有些学生以为恭顺太过，迹近卑鄙。我问这个批评的同学："你认为伉先生拿帽子卑鄙，难道你以为应当一见校长进门，伉先生就不容分说上去抽他一个嘴巴子才对吗？"

伉先生是主事管事之人，学生的记过、开除、挡驾，均由伉先生传达，"送恶耗的送信人每被打被杀"。伉先生发布不及格或挡驾的信息，传达不好的消息，学生们很不谅解，而他心直口快，直话直说，没有容忍装傻的假态。说真话，每是大煞风景的事，因而得罪了一些学生。

实质上，伉先生是极精干、有为有守的人才，办事精细确实，且有表达天才。在南开新剧团中做演员，伉先生每充剧中的坏人、坏小子，做种种丑态，说诡话，情景逼真，极像坏小子。一般人把剧中的坏小子形象引为伉先生本人，冤哉枉也。伉先生忠心义胆，为朋友两肋插刀。周恩来在新剧团扮充女角，和伉先生同台演，成了好朋友。二十世纪三十年代，周恩来主持共产党革命工作，秘密来天津，常由伉先生掩护隐藏，周恩来免于被捕，得以生存。当时国民党政府时代，窝藏掩护共产党是要杀头的。伉先生不是共产党员，冒着生命危险掩护朋友，古道高谊，不能不说忠义可钦。一九一九年，周恩来由日本回国参加五四爱国运动，张校长委任他为秘书，隶属伉先生之下，听从伉先生指挥，跑腿学舌，均由伉先生发号施令，周恩来对伉先生极为尊敬。一九一九年秋，周恩来被天津警察厅逮捕，伉先生来往警察厅营救，九死一生的周恩来在监狱住了九个月方出狱。人民政府成立，周恩来做了总理，伉先生时已作古，对伉先生的子女略有照顾。

在校亲历种种

南开成名，许多人以为南开是贵族学校，因为黎元洪总统的子女、袁皇帝的族子、冯玉祥的儿子均在南开上学。实质上，南开学生绝大多数是贫苦子弟。现身说法，我个人在校生活可为一例。

一九二〇年秋，中日珲春交涉，中日两方向吉林方面出兵，弓紧弩张，情势险恶。奉天有学生游行请愿，拥护政府，反对日军侵略。张作霖大帅以为学生闹事，大怒之下解散学校。爱国有罪，把我开除学籍，并追缴学费。经奉天青年会干事丹麦人罗士马森（Rusmansen）介绍推荐，得见张校长。伯苓先生不以为爱国有罪，幸被收容，从此我变为南开学生。唯是流亡学生，生活及学业两方均极艰苦。经济上由家中扫地出门；学业方面由奉天师范学校转入南开洋学堂，各科多不衔接。入学以后，一切英文课程听不懂、说不清、写不出，十分费力。南开学校的课本，代数、几何、物理、化学全用英文，望"洋"兴叹，不知从何着手。英文先生是美国人宛德尔夫人，她口若悬河，我听之茫然，不知她所云何事。而物理报告要用英文写，更是强我所难。好在我的算学有好的根基，可以望文生义，看图识字。几何、代数不用太多的英文，一望而知。物理实验是普通物理，不难随班听讲。英文的物理实验报告向同班同学借抄，送上了事。物理先生章辑五先生对于实验报告不十分深究是否抄袭，每得过关。

英文一课是洋文，日夜研读，希望能及格。绝路逢生，忽然发现一个窍门。美国学校规定教员要有"办公时间"（office hour），每星期指定一两天的下午，教员坐在他的办公室等候学生来问，解答疑难，用意至善。中国学校无此办公时间的办法，中国一般学校也没有教员单独的办公室的设备。南开先进，特有教员办公室。宛德尔夫人是美国人，习于美法，采用美国的坐办公室的办法。每星期三下午三时至五时，她坐在办公室接受学生访问，但是我班其他学生学习正常，没有人来访，因此她的办公室门可罗雀，无人问津。我是唯一求教的学生，她有了第一件生意，十分欢喜，十分热心。经她单独教授几个星期，我的英文就能听得懂、说得清了。巧得这课外单独补习，六个月后，我的英文就可以随班唱应了。宛德尔夫人得有成功，极为欣喜。语言须由练习口说中得之，有机会练习口语，就有很快的进步。中国一般学校教英文的先生多不能口说，因之收效甚微。

在校求学，以学为本，自然是天经地义，然而生命第一，生命不存，则求学就不必谈了。《圣经》上说，得了一个王国，丢了生命，又有什么用处呢？实质上，生存第一，挨饿的人无法谈诗书。在奉天爱国有罪，被张大帅开除学籍，同时由家中扫地出门。离家之日，先母偷偷地给我九元钱。在奉天吃去三元，来天津路费用去三元，到天津时只剩三元。床头金尽，空肚子三天，第四天王捷侠学兄解囊相助，借我五元，方得以入校。

南开学生食堂饭费分甲、乙、丙三等。甲等伙食是全周七天每日两餐，每月三元五角。乙等餐每餐少一个菜，星期六、星期日无餐，以应一般周末离校回家学生之选择。丙等餐午夕两餐，周末无餐，是最便宜的伙食，每月二元三角。另外早餐馒头、稀饭、烧饼、油条，由学生自理，学生另掏腰包自买，不在包饭之内。一般穷学生为省钱吃丙等饭，自是常轨，我属于丙等。

早点馒头稀饭，每日要花七八分钱，为节流起见，我放弃早点，每天两餐可以勉强度日。和尚住庙，过午不食，一天吃一次可以活得了，现在我每日两餐，当然可以勉强生活。这种废止早餐的妙法，我实行了六年。一九二五年到了英国，英国人早餐丰富，午餐轻简，入乡随俗，我方改食早餐，恢复正常，改从一般人的饮食方式。废止早餐不仅可以省钱，对于健康，且有好处。其理论为肠胃应有休息时间。肠胃有工作时间，亦应有休息时间，其效率更大。而且得读一本《废止朝食论》，其中讲了一大套不吃早餐的好处，食少思清，多吃易睡等。得了理论上的根据，我更理直气壮，不以为自己挨饿是受苦，虽然我放弃早餐不是根据理论，不是要肠胃休息，而是为了省钱。

财政之道不外开源节流两途，一方面要节流，节省支出，另一方面必须有来源。如果没有一点财源，毫无收入，仅靠锱铢节俭，仍不能解决问题。一个中学生既然不能放下书本从事苦力工作，想不出方法求得一点收入，赚几文钱求活。日夜思维，乃决定试给报社写些小品文字，得几角稿费，或可是一求生方法。当时天津报纸有《大公报》《益世报》《京津太晤斯报》[1]三家大报；另有几家小报，各自争鸣。小报之中，有一《新民意报》，是前进的报纸，由马千里主持。马先生为南开毕业生，是张伯苓校长的妹夫，思想前进，自有主张，自己要独立门户，办一报纸，名为《新民意报》，鼓吹

---

[1] 今称为《京津泰晤士报》。——编者注

民主、自由、平等、博爱、妇女解放等。然而，办一家报纸并不如理想中那样简单，既须有主张、有目的，且须有经济的资源支持。马千里先生单人独马，没有经济支柱，难行千里。而且稿费太少，写稿的人亦少。每天出两大张报，要几万字才能充满篇幅，发行应市。简单说，一份报纸的发行必须有文，且须有钱。马千里先生既然没有钱，而文稿亦不足，千里之名仅是远大的目标而已。和其他报纸一样，《新民意报》也有一副刊，载录文艺故事、杂品文字，聊以充数，每一段短文，只付稿费三角钱、五角钱。当然没有国手文豪为之写稿，只好采用平庸文字、中学生的作品，因此我的文字得以采载，一千字可以得稿费三角钱。每星期得有三角钱，在穷困无钱的时期是很大的数目。三角钱可以吃三次饭，岂可忽哉。

一九三〇年，马千里先生病故身亡，人亡政息，《新民意报》随之寿终正寝。马千里先生另外创办了达仁女校，提倡妇女教育。邓颖超曾是达仁女校的教员，她也给《新民意报》写过文章。马先生在世之日，中国共产党尚未成形，假如马先生能多活几年，或者可能成为共产党的要人。世事沧桑，很难预计。

三角钱虽少，但得来不易。写出一篇短文，本不容易，首先要有个题目，其次能写得有可读性、能被采登的小文全不是容易的事，而且要有写作的环境。南开学校校规甚严，白天全天上课，晚间要自习。以当时我的英文落伍情形，日夜加工努力，勉强可以随班及格，没有时间为《新民意报》的报屁股（副刊）写文章。另一困难是学校规定晚十时熄灯，不准学生秉烛开夜车。张校长的教育主张一切教学、体育课外活动须在一定时间，即早六时至晚十时之内，超过此限无益有害。而且为防止火灾，十时以后不准学生自燃灯点蜡，只有过道路灯和楼梯上的电灯仍然放光照路。为《新民意报》写副刊，只能坐在南楼楼梯上路灯下完成。在楼梯上写的东西自不能有好的作品，好在我的目的原不是经世名言传之后世，只不过为三角钱的生活费已耳。

另一求生的方法是为初级班同学补习算术。南开课业极严，国文、英文、算术三科中有一门不及格，便要挡驾（退学）。一些算学不好的学生极需课外补习，招请高级班学生为补习先生，每月付两元三元补习费。这些课业不好的学生常到教务处报名征求补习先生，由教务主任喻传鉴先生转达这项需求，向高级班有能力、有需要的学生接洽。我的算学一向很好，在穷困之中，这是一个好的活路。我向喻先生报名求售，正巧有一个一年级学生杨作舟算术不及格，急需请人补习。于是我成了补习先生，每月得三元钱，居然成了大富。因为伙食费每月两元三角，除了伙食费尚余七角，岂非大富？给《新民意报》副刊写小文，每篇三角钱，写十篇方得三元。为人补习每日下午一小时，每月三元，十倍于写报屁股，而且免除坐楼梯灯下之苦。由此改行充任补习先生，《新民意报》五个月之功就不再继续了。

为人补习是发现新大陆。初期学生只有杨作舟一人，后来另有山西学生董克兄弟两人请我补习算学。此后威名远震，有很多初级学生请我补习。一九二二年入大学以后，补习范围渐广，移座校外，在天津河北孔绍轩公馆、河东刘承恩省长公馆做补习先生。校外补习对于解决生活问题大有进益，因为补习费由三元增加为五元，增加百分之六十，而且学东主人供给一顿晚饭，省了我在校伙食钱的一半，在学校吃一次午饭就够了。孔、刘两家豪门供给补习先生一顿晚饭，远远少于孔六少爷喂狗的钱，而穷困挨饿的人受之，则是义薄云天了。刘承恩是袁世凯皇帝的亲密战友，代表袁世凯沟通革命党，做过湖北省长，腰缠万贯，湖北人要给他立铁像。孔绍轩是李鸿章家的师爷，清末民初做过甘肃省兰州道尹，千里为官只为财。清末时代，在边省做官，刮取民财是合情合理之事，孔家的大富自非意外。

做补习先生的几元钱可以过活，教务主任喻传鉴先生的推荐，义薄云天，我永生感激。而且因为介绍补习工作的接触，喻先生对我很有好感。一九二二年暑假中，伯苓先生主办暑期讲习会，陶孟和（履恭）是讲师之一，讲授中国社会问题。陶先生是北大教授，中国最出名社会学者。他的讲演笔记需要一人为之清理抄写，以为将来正式写书时的蓝本，他请喻传鉴先生找一个人做此工作。喻先生把我推荐给陶先生，为他清理讲稿。他上午讲演，下午一时后我代他清理讲稿，誊正抄清，每一下午抄清二千字，手忙脚乱，十分费力。做了一个月，陶先生给我三元钱作为工资。虽然钱数不多，结识一位名人，而且陶先生对我永有好感，大大超过三块袁大头。

校长之怒

生活和课业既然渐入坦途，我循规求进，从事学业，不再参加学生运动，惹事闹事。实际上，一年多以来日夜勤劳，求生活赶功课，没时间参加任何课外活动。敬业乐群会、青年会完全没有我的足迹，我也没有给南开校刊写过一个字。这样韬光养晦、装聋作哑，希望不再出头露面，惹出任何麻烦，做一平静、无毁无誉的好学生。

世事的运作不能尽随人意。校外局势之变，又把我揪出来，时也，命也。人生的行止不能完全靠自己的计划，多是受外界环境的影响。

一九二二年春，奉直大战，张作霖与曹锟失和打内战。这些内战原和我无关，也和南开无关。然而，这次奉直战争影响了我平静的学校生活，拉我再参加课业以外的学生活动。

先是这年春，张作霖、曹锟反目，奉直两方先行骂阵，彼此通电对骂。四月底，奉军入关，正式开火。打了七天，奉军大败。五月五日，奉军退过天津东的军粮城，狼狈出关。奉军纪律向不太好，天津民众对奉军十分忧虑。五月初，奉军由津浦线败退，经杨柳青天津附近各地之时，津市大起恐慌。南开学生也在恐慌之中。我班第四年级是高班，学生张我华、刘纯柱、张金增是活动分子，胆小怕事，力主学校停课以避奉军危害。张伯苓校长海军出身，见过阵势，极不以停课为然。五月一日下午，召集全体学生开会，报告时局消息，伯苓先生和学生大开辩论。刘纯柱、张我华以为奉军纪律太坏，到处杀伤抢掠，过天津时一定杀人放火，南开学校应暂时停课以避其锋。张校长以为学生要求停课自造恐怖，庸人自扰，奉军不可能攻打南开，因为南开系学校，无财可抢。刘纯柱说奉军如打日本租界，南开可能受害。张校长问奉军为什么要打日本租界，假使打租界，奉军的大炮飞过南开，炮弹要有抛物线，"你们知道抛物线吗？抛物线的弧形由南开上空飞过，不可能在弧形中途落到南开校园"。张校长以科学道理、海军经验说服学生，唯是惊惶胆小之人，不可理喻，张校长的科学理论未能解除他们的惊慌。辩来辩去，张校长怒发冲冠，大为震怒，未得结果。学生们散会之后偷偷地溜走星散了，没有正式罢课，实质上停课了。住校学生无家可归者大部分仍然留校，走读学生或天津有亲友者均已星散。张校长气得声嘶力竭，未能阻止停课。南开成立十六年，这是第一次学生们无理取闹，擅自停课。

实在说，这些胆小的学兄是杞人忧天坠。奉军溃退，每个逃兵争先逃命，兵败如山倒，不可能做有计划攻打日本租界。而南开是一学校，没有黄金财宝，所有教室中的桌椅、黑板、讲台，奉军不可能搬走，学生们的顾虑惊慌是没有根据的。五月初，两三天之内奉军零散地由杨柳青军粮城溃退出关，天津居民没有受到任何损害。五月五日以后，离校学生陆续回校，五月六日正式复课，一场无谓的惊慌就过去了。张校长余怒未息，把张我华、刘纯柱、张金增三人挡驾了。这三位同班学友中，张金增是我最好的朋友，离校以后改名张放，后来加入共产党，改姓刘。一九八六年故人相见，提及六十年前往事，不胜唏嘘。张我华、刘纯柱两兄离校以后不知去向，不知所终。

在学校停课期间，大部分学生离校，发生些小问题，落在我头上。例如食堂中的伙食座位，大部分学生离校，而留校学生急需归并重组。何人离校，多少人不来吃饭，没法查询。刘纯柱、张我华几位学生头目擅自离校，主管厨房的事务员向我查询。宿舍中住宿学生七零八落，亦需要查清，也来问我。张校长找我谈话，查问学生情况。无形中，我成了学生们的代表。死灰复燃，两年前在奉天为学生代表，参与爱国运动，两年后又成了学生头目，再出头露面，实是意外的发展。

一九二二年班是旧制中学四年毕业的最末一班。这一班毕业以后，改行新制，三三制，初中三年，高中三年，共六年，实行到今。

中学班毕业典礼时，除各项演说外，有一学生代表毕业班做答词，感谢学校先生教导之恩云云。张金增、刘纯柱几位活动人物因为奉直战期中擅自离校，被张校长挡驾，学生团体中群龙无首，承乏补缺，这一期毕业典礼学生代表答词落在我头上。在南开学生活动中，又有我一份了。

南开大学之兴建

南开中学自一九〇六年成立，日新月异，蒸蒸日上。张伯苓校长十年之功，南开学校在国内成为第一流学校，在国际已渐有名。一九一六年举行一千人大操，已是大的学校。伯苓先生大气磅礴，自强不息，再计划扩充大业，创办南开大学。

一九一七年，张先生第二次赴美，入哥伦比亚大学师范学院深造，研讨教育理论、教育历史，同时考察美国各大学创办设施情形，以为创立南开大学的参考。一九一九年归国，立即着手筹备设立大学部。同年，上海圣约翰大学授予伯苓先生名誉博士学位。

筹办一所大学，兹事体大，很不简单。第一是经费问题，凡事非钱莫举。张先生家无恒产，手无分文，一个人赤手空拳以苦行僧的方法各处化缘，所得有限。在中国捐求，很不容易。中国是穷人之国，中国人是大穷小穷之分，很少百万富翁。一些政要军阀，虽然窝有百万，但多是为富不仁，没有公共精神，不肯为公益教育事业拿出钱来兴办大学，泽及后世。第一年筹办南开大学十分艰苦。吉人天相，福从天降。一九二〇年秋，忽然来了一笔意外之财，江苏督军李纯十月中一夕暴卒，遗嘱以遗产五十万元捐给南开。伯苓先生得此意外巨款，南开大学之进行渐有起色。

李纯，天津人，字秀山，时充江苏督军，驻守南京，对于伯苓先生向极尊敬钦服。一九二〇年十月一夕忽然自杀，遗嘱以五十万元捐给伯苓先生兴学。这是官方消息。小道消息报称，李督军的爱妾和他的卫兵奸通。一夕正和这卫兵幽会之际，李督军忽然闯进。见这对男女拥抱在床，李督军正要举枪开火，那卫兵奸夫眼疾手快，先下手为强，先开火一枪把李督军打死了。李督军的家人为顾全面子，制造一段美丽高尚的假话，说李督军爱国自杀，以五十万元捐赠给南开兴学爱国云云。真相如何，无法确知，以五十万元为办教育总是好事。我们南开受惠人应该相信官方消息。

伯苓先生得此五十万意外捐款，乃在天津南八里台建筑南开大学新校园，修建第一幢楼房，以李纯督军的字秀山为名，称为秀山堂，并在秀山堂前立有李纯铜像以示铭感。

教授阵容

虽然南开初期仅有三百人，是小小的大学，较之今日二十世纪九十年代南开大学学生九千人，美国大学一校三万人、五万人相去甚远，但伯苓先生一向重视教授资格素质。成立之初，就聘到数学名家姜立夫先生。姜先生系哈佛数学博士，国际知名。名师出高徒，青出于蓝，世界数学名人陈省身就是姜立夫先生的高足弟子。化学系邱宗岳先生是化学界的泰斗。杨石先先生亦于一九二四年来校，在南开大学六十年，尤可崇敬。张校长重视科学，南开科学教授保持了很高的水平。"中央研究院"五位"院长"中有两人是南开学生，钱思亮在南开学化学，吴大猷在南开学物理。南开制造的成品货真价实，不是瞎胡吹乱捧者可比。其他南开学生成为教授、科学家者车载斗量，如江泽涵、姜长英、申又振、吴大任均是同期的学生。

校园移到八里台后，教授阵容益形壮大。物理教授聘得饶毓泰，人类学聘得李济，文科方面聘有徐谟、蒋廷黻、何廉、李卓敏、方显庭、陈序经、张纯明，均是后来中外知名响当当的人物。

何廉主持的南开经济研究所，杨石先主持的化学实验室，在国内各大学中首创研究工作，绝无仅有，其他大学尚无此类研究部门。伯苓先生一人单刀独马，在国内连年内战混乱之中，民穷财尽状况之下，创成千古不朽大业，在中国历史上罕见。

学生会的风波

南开大学的学生，百分之七十由南开中学毕业提升，只有百分之三十是其他中学毕业学生考入。南开中学训练严肃，南大学风纯朴正常，自在意中。伯苓先生要扩大招生的范围，收揽天下英才。一九二三年夏，在上海设立考场，兼收并蓄，招收南方学生，搜集全国英才，以便有教无类，泽及全国。这些南方学生，多数是好的。中国的文人才智，汉唐以后多在三江两湖，伯苓先生的高瞻远瞩是极正确的。然而，江浙一般中学很少能与当时的南开学校比，而纪律训练、道德标准更望尘莫及。一些上海招来的学生，初入南开觉得很受拘束，很不自由。例如不抽烟，不喝酒，十时以后熄灯就寝，安静无哗，南开学生行之有素，奉行已久，是天经地义平常的事。上海来的少数浪漫派以为很不方便，很不舒服，于是发生纪律问题。

南开学校在伯苓先生训导之下向未发生这类纪律问题。住宿学生的管理由一事务员王九龄先生主持，向无问题。大学部搬到八里台以后，王九龄也随之南迁到八里台。一些从上海招来的学生要求独立自主，不愿接受任何管束，对于王九龄先生的指导很反感。张伯苓校长以为学生既已成人长大，不愿受他人管束，能自治岂不很好，于是组织学生自治会，由学生自治自律，且可有公民练习机会，试行民主初步；把王九龄先生撤回南开中学管理中学学生，八里台大学的斋务纪律由学生自理。这是新的试验。

南开大学原无学生会组织，现在要学生自治，张校长召集全体学生组织学生会，试行学生自治。

两年以来，韬光养晦，我忙于课业，同时每天下午要去河东意租界刘承恩省长公馆做补习先生，无暇参与校中课外活动，学生会原没有我的份。唯是我在南开中学毕业典礼上是学生代表，略有虚声，这次学生自治会召集人职务又落在我头上了。诚惶诚恐，我知道做学生会的头目不是好差使，同学们七嘴八舌不易应付，是费力不讨好的差使。我提议学生会的首脑不称为会长，改称召集人，采取低调姿态。然而，这低调名称仍不能使麻烦减少，不易解决的纠纷仍不能免。

上海来的同学有几个人没有遵纪守法的习惯。抽烟喝酒，夜半吵闹，在南开是大逆不道的行为，在他们则以为是很正常。一夜，上海来的两个同学酩酊大醉，夜十二时半，蹒跚回到第二宿舍。一进宿舍大门，哇啦哇啦呕吐满地，酒汁饭浆四处飞扬，臭满全楼，惊醒了其他住宿学生，全体大哗。第二天，这件不寻常的事由第二宿舍住生报告给学生自治会，请求查办。这两位上海学兄或已清醒，不再头痛了；我是自治会召集人，可头痛了。

学生自治会没有正式规章，没有成文规定应管什么事，也没有规定有什么权力，更不能开庭侦查审讯，惩办任何同学。无法可守、无例可援的情况之中，学生委员情感激动，讨论许久不得要领。有一学生委员说："这两个苍蝇应该由我们饭碗中拣出去。"然而，学生会没有审判或开除其他同学的权力，只能干瞪眼，乱放热气。讨论结果，送请注册部主任伉乃如先生调查酌办。伉先生足智多谋，南开的权威人物，不知用什么方法，令这两位醉酒闹事的仁兄无声不响中离校南飞了。民主自由是多方面的，任何人都有同样的权利表示意见。少数人同情这两个"苍蝇"，以为学生会不应管这类事，更不应该报告伉先生，对我这召集人略有批评。对此费力不讨好的事，我立即辞去学生会召集人的职务，南开大学学生会就名存实亡了。好在南开学生久受张先生那面校门大镜子的教导熏陶，此后再没有发生那样的酗酒事故。

《轮回教育》，教授全体罢教

我辞去学生会召集人的职务，埋头学业，不问闲事。一九二四年专心致志翻译《统计方法》一书，作为课外作业，无暇他顾。

七十年以前，中国统计学是新兴学问，统计方法运用方开始。美国Willford King这本统计方法通俗易解，译成之后，在国内各大学通行采用，成为应时之品。正在欣慰之时，发生一个大风潮，南开大学全体教授罢教。他们指责我在南开周刊一篇短文——题目为《轮回教育》——是污辱师长，要求张校长惩办原文作者。轩然大波，乃学潮中最奇特者也。平常学潮每是学生罢课，从来没有全体教授罢教的奇闻，不但南开史无前例，任何大学也从来没有教授罢教的故事。这件奇闻奇事在南开大学校史上是一大事。

南开周刊在南开中学称为《校风》，一般学生称之为《校风报》。周恩来在校时编辑一时，旋由王捷侠承办。这类学生刊物本为学生练习作文，其理论事实卑之无甚高论，向未发生任何文字狱。南开大学移到八里台，王捷侠因为要赶功课，辞去周刊工作，由刘申光接办。刘学兄是事务人才，自己不常动笔，因此南开周刊发生稿荒。刘申光力催我写一篇文章，聊满篇幅。实质上，我本无话可说，没有什么可写的东西。在不得已的情况下，写一杂感短文，题为《轮回教育》，其要义为大学中的年轻教授们方由美国得了博士学位，孑然回国在大学中充任教授，多不会教书，只能照念在美国时的笔记，照本宣科，敷衍了事。这样教出来的大学学生出校做中学教员，依样葫芦，再转卖给中学生，成了一个轮转。另一方面，大学毕业生去美国留学深造，依样葫芦，拿回笔记贩卖，成了另一轮转。如此轮转不息，很像佛教中轮回盘的旋转，教育救国的希望就渺茫了。

这篇短文乃是一时杂感，为南开周刊凑篇幅。原以为交卷了事，无甚高论。该文发表于十一月初的第八期，学生作品没人注意。过了五六周，没人谈起这篇小文，到了十二月中一个星期一，忽然全体教授罢教，指责这篇《轮回教育》短文污辱师长，请张校长惩办作者，否则全体教授不再任教，继续罢教。

晴天霹雳，情势特殊。国内学生罢课是家常便饭，屡见不鲜；教授罢教，千古未有。南开大学已很有名，张伯苓校长举世皆知，南开大学发生罢教，乃是新闻，是最好的新闻材料。中外报纸竞相登载南大罢教新闻，《轮回教育》一文各报竞相转载。《华北明星》、上海《字林西报》、《京津泰晤士》几家英文报且把该文译成英文，以应外国读者。"好话不出庄，坏事传千里"，"狗咬人不是新闻，人咬狗是新闻"。南开大学全体教授罢教属于人咬狗一类新闻，成了大大的新闻，中外皆知，全国讨论。

尤奇特者，中外报纸多吹捧恭维这篇《轮回教育》短文。他们说该文所言很对很好，教授们是无理取闹。事态的发展出乎任何人的意料。中外舆论吹捧该文，教授们受严厉批评说成幼稚园胡闹。原文作者本是大逆不道的罪魁，反成为新闻中的英雄。情势的发展出人意料的原因，《轮回教育》文中所述情形不仅南开大学如此，其他大学中亦有同样情形存在。民初改朝换代之初，各大学多是新兴新立的大学，教授们多是二三十岁的小伙子，由英、美、法回国的留学生。上焉者得有博士学位，但毫无教书经验；次焉者学位、学识、经验三项全没有。顾名思义，"教授"是指有学问而能把他的学问传送给学生的人。教授的知识应十倍于学生，而且要能把他自己的学识传授给学生，方为名实相符的教与授。民国初年，有学问而且有传授能力的学人很少。胡适在北大是有名的教授，因为他的学识丰富，而且在美国学过公共演说，有表达能力技巧，所以很叫座。梁启超在南开大学讲历史研究法，因为他名震中外，第一堂开讲，学生二百人，座无虚席，作者是受业者之一。唯任公的广东官话说不清道不明，平铺单调，不知所云。梁公的文章流畅，当代第一人，但说话的表达能力不像他所写的文章有情感、有说服力。我们学生上了第一课，大失所望。嗣后上他课的学生随日逐减，由二百人减到七八十人，再减到二三十人。两个月后只剩十余人，课堂学生日少，溃不成军，情势日非。这位国学大师干脆把这讲课取消了，回家闭户撰写《中国历史研究法》。出版后，畅销一时，但是任公上课教学生则是大失败。可见做教授，有学问是第一要件，有了学问且能传授给学生是另一技巧，民初各校教授群中具有这两种能力者甚少。《轮回教育》文中所述教授们不会教书的情形，各校皆然。言中有物，切中时弊，所以博得各方赞许。各校、各报大加吹捧，我执笔时，并不知其他大学也有同样情形。

南开教授群中什么人领头发动罢教，始终无人出面。现在舆论逆转，对教授们不利，更无人出头，但也没人出来主张复课。全校停顿僵持。

张伯苓校长好像不同情教授们的罢教。由罢教第一天起，张校长隐居家中，不到八里台办公。既然未召我这罪魁论罪，也不知他和教授们说些什么。处此僵局，教授们无人出头，张校长退居家中，一声不响，全校就继续停课。

学生会方面却起了劲，学生们振振有词说南开周刊系由学生会主办，学生会是周刊的出版人，一切权责应由学生会所有，如有罪过，应由学生会承担。屡次开会凑热闹，把事情弄得更复杂了。

汪锋同学（安徽人，另一同名人汪锋是共产党人士，是北方人）一辈子吃素，平日无声无响，向未参与学生会活动，现在忽然兴起，作为学生会召集人，充任主席，大声疾呼，有声有色。张兹闿（丽门）、王捷侠、赵漠野等亦群起疾呼，极力主张学生会方面的理由。事态扩大，僵持日久，罢教风潮不得解决。

丁文江先生是南开校董，热心干预政事，喜欢参加各项社会活动。目睹南开罢教风潮旷日持久，二十多天尚未解决，他亲自出马，寻求解决之途。他请我去他家商谈解决方法。他说解铃须是系铃人，风潮之起源在于我的一篇文章，应由我出头认罪，即可解决。我向丁先生说，我的功过全在《轮回教育》一篇短文，每字每句明明白白地载在周刊之中，没有任何隐情秘件，是功是过任凭推断。如果张校长以为我有罪，我自应承受惩罚；如果认为无罪，岂不更好。丁先生对我说了许多好话，他以为我既认错，风潮自可平息。对于学生会方面，他愿亲自出马说服，风潮就完了。他乃向学生会接洽，定期来校调解。丁文江先生于十二月二十三日来八里台校园，学生全集秀山堂，一瞻丁校董这名人的风采。

汪锋充任大会主席。丁文江先生翩翩登台，先说了我一大堆好话，"关东杰才""勇于认过"等等。他原以为即此结束，然而事情的发展不如他所想那样简单。学生方面力说这篇文章正确有理，而且力陈学术自由、言论自由，七嘴八舌，滔滔不休。又说南开周刊由学生会主持，学生会是发行人。如有任何责任，应由学生会承担，与原文作者无干。张兹闿、王捷侠、赵漠野十几人相继发言，口语激烈。丁文江单人独马，站在台上抵挡不住万箭齐发，尴尬万分。辩论一点多钟，无结果而散。丁先生灰秃秃地走了，无颜再见江东父老。

丁文江校董是名人，是有能力的人，做过淞沪督办（相当上海市长），这样的大人物调处不成，再无其他人敢出头。教授方面噤若寒蝉；张校长退居家中，一言不发；学生会方面要说的全说了，再没有对象可谈，也无声息了。全校在沉寂无声中又过了五天。十二月底，张校长宣布提前放假，学期考试定于次年第二学期开课时举行。一阵风波，就这样无声中消沉了。

第二学期开学，举行补考。照旧开课，一切照常，依然故我。没人再提及《轮回教育》罢教风潮，教授方面没面子再提，学生会也没庆祝什么胜利。好像一场噩梦，醒后无影无踪就消逝了。一些同学以为我得罪了教授，教授一定给我不及格。事实上，我在各级学校向来没有考试不及格的事，这次也不例外。远道传闻说，我被南开开除学籍，更不是事实。一九二五年秋，我去英国留学是好离好退，并非被开除挡驾。

伯苓先生处世有方，把大事化小，小事化了，必须在此加重申述。解决此次风潮，以无声不响方法，以提前放假方式就结束了。伯苓先生没责斥教授们的胡闹，也未惩处祸首。离校二十年后，偶然谈及那次《轮回教育》风潮，他说："两个小孩打架，摔倒了，再爬起来。拍拍身上的灰，回家吃饭。"这种心态和处理困局的方法，伯苓先生之智慧英明，极可敬佩。

世事的演变常是逆行。许多事因祸得福，本是卑之无甚高论的小文，经众教授品题渲染，成了传世作品。六十年后，南大校长吴大任，特由图书馆找出《轮回教育》原文，复印一份寄美（吴大任、吴大业、吴大猷三位弟兄是二十年代南开同学）。

更大的转变，因为罢教风潮这篇小文传到关外我的家乡。张学良少帅看到这篇短文，拍案叫绝，以为说得对说得好。次年春，把我延揽到大帅府，资送我去英国留学，改变我的一生行止。

五卅惨案

一九二五年五月十七日，上海日本人的内外棉纱厂工人罢工，日本人惨杀工人两人，引起上海学生及工人愤怒。五月三十日，学生三千人会同工人、民众两万人在公共租界游行示威，要求惩办杀人祸首。公共租界英籍巡捕向游行民众开枪，死伤三十余人。次日，六月一日，上海罢课罢市，阻止电车行驶，英籍巡捕再开枪驱除民众，杀死四人。于是全国骚动，京津学生罢课，商人罢市，抗争英人残暴行为。南开大学是天津各大学之首，自然是抗暴队伍之先锋。我是学生会活动分子，再一次卷入学生运动。

伯苓先生一生为公爱国，对于学生爱国行动向不干涉。这次五卅惨案抗争是全国性的爱国运动，不是南开大学单独的学潮。伯苓先生和学生合作一致，自非意外。天津原有南开大学和北洋大学两个大学，唯是北洋大学远在西沽，学生很少参与学校外爱国游行。南开大学成为天津学生群龙之首，领导各校学生运动，一切游行示威全由南开马首是瞻。天津学生会五卅惨案宣言经我起草以后，为慎重起见，请南开中学国文教员范文澜先生看看，以免文字上的不妥。范先生是五卅惨案运动中的活动分子。当时我们学生不知范先生是共产党员，只因他热心参与这次爱国运动，和学生们同行同止，近水楼台，所以请他把宣言原稿过目。其他南开教员多不参加学生们的游行。

范文澜以马列观点写中国历史，人民政府成立后，充任华北大学副校长。他是好好先生，戴很深度的近视眼镜，青衫旧履，"君子盛德，容貌若愚"，表面上很似冬烘先生，南开学生称他为"饭桶"。实质上，"良贾深藏若虚"，范先生经纶满腹，在八路军中是"圣人"。在五卅爱国运动中邂逅此历史名家，亦幸也。

英国"闯席"

一九二八年，伯苓先生再一次到美国，回国时取道欧洲，考察英法教育及英法社会情形。一九二九年六月十日，伯苓先生到伦敦。这一天正是我在牛津大学毕业，同学、朋友们在伦敦上海楼设宴庆祝，原不知张校长正好在这一天到达英国，原有参与的人仅有刘攻芸、周廷旭、陆谦受、舒舍予（老舍）、郦堃厚、陈序经、吴南如、邱祖铭等十余人。伯苓先生该日中午到达伦敦，打听我的行止，得知那天晚上我在上海楼公宴。他同续克昌博士忽然来临，座客全甚惊喜，伯苓先生连说"闯席，闯席"。天津习俗，未请的客人擅自闯入吃酒宴，谓之闯席。

张校长那一天极为欢喜。第一，南开学生遍于世界各国，英、美、法、德全有南开学生，桃李满天下，他很自傲自喜。随同校长由美来英的续克昌博士即是南开学生，在美国方得了博士学位，随同校长东返。第二，正赶上我在牛津大学毕业，也是校长所喜欢的事。牛津大学是最出名、最古老的大学之一，南开学生在牛津毕业者，我是第一个。校长视学生如自己的子弟，南开学生有了任何学业上的成功或事业上的成就，伯苓先生每沾沾自喜，得了安慰。第三，他去美国多次，这是第一次到英国，初临旧邦，景物新异，很有兴趣。

校长在英国十多天，由续克昌和我趋前侍座，参观英国皇宫、国会、西敏寺教堂[1]、大英图书馆、海德公园、国家画馆、维多利亚博物馆，美不胜收。校长极为喜悦，但是那年他已五十六岁了，学生们多年称他"老校长"，日夜奔忙，不无疲劳。参观国会那一天，他说要在国会门前木椅上小坐休息休息。我陪同他坐在木椅上，坐下不到三分钟后，他酣然入睡，鼾声远扬。十五分钟后醒来，他说他随时可以小睡，立即解除疲劳。他说："在海军学堂时代练得这样的本领。控制休息时间，很有好处。"伯苓先生体力、精力过人，这是一例。英国广播公司（BBC）请伯苓先生讲述中国教育问题。伯苓先生是当代中国出名演说家，是当代三大演说家之一，其他二人为汪精卫及余日章。他登台讲演，口若悬河，顺流而下，习以为常，向无底稿。这次大英广播公司请讲演人先把写出的讲演稿送去，以便编排节目，控制广播时间。广播是以分秒计算的，必须按照字数多少排列时间。伯苓先生的演说向是脱口而出，顺理成章，没有底稿。这次大英广播公司要求先有底稿，不是伯苓先生的习惯，他乃饬我帮忙，他口述要义，我译成英文，完成这篇讲演稿。按届期准时播出，功德圆满。这是唯一的一次为张校长写讲演稿。伯苓先生一生讲演几千次，至理名言均是脱口而出，没有底稿。当年尚无录音带

---

[1] 今译作威斯敏斯特教堂。——编者注

的发明，金玉良言未能永存，至为可惜。唯这次十五分钟广播原稿尚存在大英广播公司档案之中，可以复按，是一件好事。伯苓先生在英国各地期月，七月中去法国，东返天津。

为他人解决问题不可顾虑自己

伯苓先生伟大之处在于舍己为人，公而忘私；身居陋巷之中，不改其乐；一切为公为国，为他人着想，力行忠恕之道。朱熹说："尽己之谓忠，推己及人之谓恕。"遵行忠恕圣道者，伯苓先生是现代伟人之一。兹述亲聆教诲嘉言。

一九三〇年，东北大学发生副校长纠纷。原来的刘风竹副校长无法维持，校长张学良急于解决纠纷，须立即找人接替校长职务。当时我是大帅府的外交秘书，张学良请我去北陵东北大学为他遮风挡雨，代理校务。我不是教育界人士，年轻好说，既无办学经验，且无班底，不敢承此大任，自讨失败。屡辞不获，最后我说我先去天津求教于伯苓先生，再作可否。

十二月八日晚，坐夜车急赴天津，次晨六时到达天津东车站，赶赴张校长住宅。张校长方起床，他有些惊讶，何以如此大早由关外赶来。我叙明来意，并说明我的困难和短处，及不愿承担如此重任的原委。张先生说："现在的问题，不是你爱惜羽毛的时候，而是张汉卿有了困难，找不着合适的人选。'士为知己者死'，处世之道不是为自己，而是为人承担责任，为人解决问题。人家既然有了困难，咱应硬着头皮为人解决，不可顾虑自己。而且办事的成功与不成功，一大半由于咱的用心和努力，只要咱存心良善，努力做去，不会有什么错误。就是有了错误，人们也会原谅咱的。"经张伯苓先生这样教导，我自然决意接受，不再犹豫了。于是我做了东北大学代理校长。

伯苓先生力行为他人服务，先人后己。南开校训用"公""能"两字，是伯苓先生一生做人应世结晶之语。他的行为一切为人为公、为国家、为社会，为人群服务，把自己的利益放在最后。他教导学生要有德有能，有能方有力量。无能的人，仅有好心好意，不足成事。他训练南开学生有科学技能及经邦治国之能。有能力方可济世、救国救人，无能的学生自救不暇，何能救人。有了能力，要为人群服务，因为人是群居动物，"革之不存，毛将焉附"。"敬业乐群"向是南开教育方针，后来把"敬业乐群"缩为"能""公"两个字以为校训。

对于婚姻的看法

一九三四年五月十日，我和钮先簸在北京结婚，伯苓先生证婚。六十年来，我们的婚姻和好圆满，多承张校长训示教诲，我们夫妇永生感激。

关于婚姻意见，伯苓先生偏于保守。他生于前朝帝国，那时所有婚姻均是父母之命媒妁之言。中国妇女运动自由平等、自由恋爱始于二十世纪二十年代，张校长已年近五十，对于婚姻的观念自然属于旧派，他说："父母之命媒妁之言，旧式婚姻不是全坏的，一半是好的。新式婚姻，自由恋爱，自由打架，自由离婚，一半还好，一半不欢而散。"张校长处人有法，应世有方，家庭和谐美满，张师母（王淑贞，生于一八七三年，于一八九五年结婚）长伯苓先生三岁，相敬如宾。张师母身材高大，生四子也全是高头大马。长子锡禄，算学教授。次子锡羊，事业家，曾充天津市公用局局长。三子锡祚自幼有肺病，久不能治，经张师母调护，得以康复。伯苓先生每称赞其劳，他说："五奶奶（张夫人）是治疗肺病的能人，比任何中医西医全好。三儿锡祚已经西医宣告无望了，五奶奶居然给调理好了。"四子锡祜是空军飞将军，中日大战初期，飞机失事，死于非命。

伯苓先生一生教导学生为国为公，在南开女中毕业典礼训词中说："你们毕业了，将来结婚要相夫教子，要勤俭持家，要为公为国。不可教你丈夫升大官发大财，他升大官发大财以后，第一个看着不顺眼的人就是你。"

日机滥炸南开

伯苓先生于甲午中日战争时期在北洋海军学堂毕业，亲睹中日之战及日本侵略中国情形，对于日本人向无好感。"邻国之贤，敌国之仇也"。日本人对于伯苓先生个人亦深恶痛绝。二十世纪三十年代，伯苓先生屡去东北考察，亲睹日本侵略种种罪恶，深知东北处境危险，在南开大学组设东北研究会，调查日本侵略东北政经情形，建议对日方策，更惹日本人的仇视。一九三七年七月七日，卢沟桥战事爆发，中日战起。七月二十八日，日军由天津日租界密集炮火毁夷八里台南开大学，彻夜不停。次日（二十九日），日军再派大批飞机轰炸其余的建筑。秀山堂、木斋图书馆、芝琴楼、女生宿舍、第一宿舍、第二宿舍，全部夷为平地。现代文明国的战争侧重军事目标，力避杀害平民，更不毁炸平民住宅或文化机关。日本人残暴野蛮，专机炸毁南开大学文化建筑，其无耻行为是现代史中所未有的。

中日战争扩大，八月十三日，上海大战开始，蒋介石在南京召集各党各派到南京开会。在会中，蒋向伯苓先生说"有中国就有南开"，先生十分感动。八月二十三日，南京会议闭幕，伯苓先生由南京飞汉口。当时京沪战事紧急，武汉成为临时首都。伯苓先生与孔祥熙同乘一架水上飞机，由南京飞汉口。到汉口时，降落长江水面，吴国桢和我两人到江边迎接伯苓先生。下机后，吴国桢陪同孔祥熙去武昌，我陪同伯苓先生到汉口三教街的信义书局楼上借住。信义书局是教会卖英文书的书局，伯苓先生是基督徒，教会中的名人，信义会欢迎先生居停一夜。洗脸吃饭以后，伯苓先生述及南京见闻、京沪战况，忽然提起一个意外的问题，和我商量。他说："这次在南京，蒋先生（介石）极力维护南开，并拉我入党，你看怎么样？"受宠若惊，没想到这样大的出处问题和我商讨。我沉思半分钟，答称："这是出处大事，要考虑考虑。校长一生为公为国，高洁纯真，往来自由，行动自由，思想自由，不受任何限制。一旦入党下海，脖子上套一条锁链，挂上牌子，就不自由、不方便了。当年颜惠庆请校长做教育总长，张学良请校长做天津市长，全没接受，事后看来是对的。校长在党外为国为民的作用或比下海好得多。"

伯苓先生静听多时，连声"唉！唉！"未加可否。我以为话不投机，就不再续说加入国民党问题，换个题目另谈别事了。

到了重庆以后，蒋介石屡次拜访伯苓先生，屡次请安问疾，拜访次数多于三顾。伯苓先生做了国民参政会副议长，什么年月加入国民党，未再提及了。

最后教诲"随遇而安"

胜利以后，南开大学复校迁回天津。抗战时期原在昆明合组的西南联合大学，由北京大学、清华大学、南开大学三校联合组成，胜利后散伙，各返本校。伯苓先生本拟贾起余勇再顶、再长、再进，对国家再做更大的贡献。只是时事日非，南开大学由私立改为国立，伯苓先生一生独立自主的南开大学改归教育部管辖。太阿倒持，南大校长的任免须由教育部主管了。张校长就考试院院长之初，原说兼任南大校长，不久，教育部下令免除伯苓先生的南大校长职务，另派何廉接充校长。四十三年校长职名不复存在，伯苓先生一生大业的末端已开始了。一九四八年冬，东北已失，次年元月，共产党军队进占天津。伯苓先生做了三个月考试院院长，论时间之长短，和孔夫子做了三个月鲁国司寇相仿。不同之处，孔夫子辞官之后回曲阜教育学生；伯苓先生离南京考试院走重庆，共产党军队挥军南下，不久占领重庆，伯苓先生不能重返天津，再设杏坛了。

一九四九年十一月，共产党军队占领重庆。伯苓先生居沙坪坝南开中学内之津南村，进退维谷，心中不安可以想象。一九五〇年春，三月一夕晚饭后，在门前闲坐，远望白云悠悠北去，忽然一阵口角歪斜，嘴里流出涎沫，第一次中风了。卧病几天，渐复常态，然而心中不无怅惘。

周恩来和伯苓先生情同父子，学生时代经校长教导维护，无微不至。现在周恩来做了总理，思恩图报之情未泯，对伯苓先生极力维护。一九五〇年六月初，有一架军用飞机由重庆飞北京，周总理特令所属安排伯苓先生及张师母附搭这架飞机飞到北京，在西城小酱房胡同十九号傅作义公馆暂住。小酱房十九号是傅作义的两个公馆之一。傅作义在北京原有两个夫人分住两个公馆，一在东城，一在西城，小酱房胡同十九号就是傅作义的西城的公寓。

傅作义对伯苓先生极为崇敬，交谊甚笃。一九三〇年山西派在华北当政时代，傅作义充任天津警备司令，将袁世凯在小站练兵时之营田十万顷捐献给南开作为学田。伯苓先生很感激傅作义的捐赠。抗战时期，傅作义在前线作战，妻子家小借住在重庆南开中学内津南村，居留八年。傅作义对张校长有托妻寄子之谊，万分感激。

傅作义在人民政府做了水利部长，伯苓先生由重庆北来之时，傅部长乐得做个顺水人情，欢迎伯苓先生住在他的西城公馆，以报抗战时托妻寄子之恩。另一方面，以前大官们三妻四妾分占三处、五处房屋，现在人民政府成立，新风气之下，房屋紧张，一个大官拥有多处宅院已非正常，傅作义乐得借此机会把这房子让给张先生暂住。

六月中，我由香港到北京。周恩来告诉我说："校长前两天回北京了，住小酱房胡同傅家。"我立即趋谒请安。四年不见，校长已苍老多了，而精神、记忆、言谈、说理尚极清楚。周恩来位居总理，兼充外交部部长，日理万机，不得常陪伯苓先生闲话。我到北京是闲云野鹤，两个月中常陪伯苓先生聊天，招待来访客人，坐磨电车逛公园、吃小馆，略解寂寞，消除一些烦恼。

其时来见伯苓先生的客人每日两三人，并不太多。伯苓先生绝顶聪明，一辈子处人应世动止咸宜，从不做过分违律之行，不说不识时务的话。他对访客每说三点，他说新政府大有前途，国家前途是光明的。第一，中国几千年的贪污腐败，现在清除了；第二，人民政府人才济济，有好人就能办好事，有好的成效；第三，我们有一个大的与国——苏联，有了好帮手，则外交就好办了。

周恩来请先生暂居北京，意在先看看天津情势，等天津情势安定，再回天津。一天侍坐，伯苓先生说："你要知道应人处世之方，我发现一个大道理，特别送给你。要记住'随遇而安'，无论事情怎么不顺心、不如意，永久要坦然处之，就可过得去了。"

八月底，张师母王夫人七十八岁大寿，张锡羊和我商量如何庆祝这近八十大庆。人民政府成立之初，废除许多旧俗，如何庆祝寿辰，很费心思。我俩商议多日，结果决定借用大陆银行楼上，置办一桌酒席以示点缀。

大陆银行经理韩寿裳是南开第一班学生，梅贻琦的太太韩夫人即是韩寿裳的胞妹。这些南开初创时代的学生对于张校长及张师母多年往还，极有敬意好感。人民政府成立之初，事务万端，对于商业银行无暇改造处理，暂时任其自生自灭。大陆银行在前门内有一幢很好的楼房，楼上有宽大的客厅，可以摆酒设宴。经我向韩经理陈述张师母生日一事，他极端欢迎借用大陆银行楼上举办酒席。次一个大问题是通知什么人参加，是否通知周恩来、邓颖超。几经商讨，伯苓先生决定不通知周、邓两位要人，以免招摇。我到前门外一家面铺订了寿面和一百个寿桃，作为寿礼。为避免张扬，只有一桌酒席。除两位寿星外，有张家三子两媳，韩寿裳夫妇和我共十人。席中伯苓先生沉默不语，已无平日的谈笑风趣，当年在修身班中每提及五奶奶时眉飞色舞欢愉之情不可复见。

八月底，我南返香港，先生于九月中回天津，天各一方，未能再见，

"随遇而安"成了最后的教诲。

次年二月十四日，伯苓先生再一次中风，这次严重了，不能言语，不能进食，入医院急救，回天乏术，延至二月二十三日就仙逝了。半年前北京的辞行成了永别。一代哲人享寿七十六岁，比孔子大了三岁。施教五十年，弟子七千人，对于国家民族的贡献多于孔夫子。

伯苓先生办教育的程序以为大学之本在于中学，先有好的中学方能有好的大学。在中学时学生建立了好的基础，则大学就好办了。一九四六年胜利之后，伯苓先生计划在全国各地设立南开中学。仿照重庆沙坪坝南开中学的成功前例，在云南、贵州、吉林、黑龙江、陕西、甘肃、新疆各地设立南开中学，开发中国人的智力资源以冀中国现代化，使中国成为富强康乐之国。可惜情格势禁，壮志未酬，不无遗恨。

原载《传记文学》第五十八卷第五、六期，第五十九卷第一期

（一九九一年五、六、七月号）

我在南开大学的前十年（一九二六年至一九三六年）（节选）

何廉

　　我于一九二六年六月中旬搭乘"加拿大皇后"号轮船从温哥华开往上海。抵达日本横滨时，收到一封天津南开大学商科主任的来函，聘请我担任财政学与统计学教授，月薪现洋一百八十元。那时中国大学当局往往凭借朋友关系，对海外留学生的成就、学业及行止了如指掌，并尽力设法将最佳人选延聘为本校教师。许多南开教授尚在美国就学时，我就认识了。同样，我还认识几位在上海暨南大学的。我在离开纽黑文之前，曾接到过暨南大学的聘请，月薪为现洋三百元，我只答应回中国之后，再做考虑。

　　在某种意义上，南开的聘约似更为可取，京津地区系中国文化中心，教育水准较全国其他地方均胜一筹。权衡之下，还是忍痛放弃暨南丰厚的薪水，决定去南开，于是电报南开接受聘请。在神户上岸，取道朝鲜，进入东北，直奔天津。

　　南开大学创办于一九一九年，是在南开中学的基础上创办起来的，创

267

办人张伯苓是中国现代教育最杰出的先驱者之一。张伯苓开办南开中学于一九〇三年，校址在著名学者兼士绅严修的寓所的后院。严修是翰林院学士、著名教育家，曾任直隶（河北省）督学使，并在清政府任过教育部副部长（学部侍郎）。他身居高官，曾一再提倡废除科举制度，而清政府对他废除科举以及进行其他改革的建议拒不采纳，他才知自己在教育上的设想无法实施。戊戌变法失败后，他退职为民，隐居天津。

张伯苓一八九四年毕业于北洋水师学堂，一八九四年参加中日战争，在一艘海军练习舰上当了几年见习军官。他在海军中任职期间，对中国在《马关条约》中蒙受的奇耻大辱，以及列强随后对租借地的掠夺，均耳闻目睹，刻骨铭心。威海卫易帜时，他正在场，亲见日本旗降落而以英国旗取而代之，皆非中国所有，他痛心疾首！张伯苓坚信中华民族若要在当今世界中生存，必须依靠新型教育培养一代新人。他离开海军练习舰之后，决心献身于以现代教育救国的事业。一八九八年，严修请他到家中教私塾，为其本家及亲友子弟讲授"西学"，即英文、数学以及科学原理。这正是求之不得的好事，他就这样开始了他毕生从事的事业。

南开中学一九〇三年在严修家开办时只有学生五人，到了一九一九年就发展成为具有一千多名学生的闻名全国的学校了。那一年，在南开学校体系中又增加了包括文、理、商三科的南开大学，作为南开中学毕业生进一步深造的场所。到了一九二六年，仅仅七年时间，南开大学就已经成为全国公认的高等学府之一了。它包括四科——文、理、商业、矿业，学生总数超过了五百人。

大学校园位于天津南郊，离南开中学有三英里左右。校址原先是一大片水洼地带，风景秀丽。几座新建的教学大楼、学生宿舍以及全校员工生活区的建筑点缀其间，虽然处于中国北方最大的通商口岸的京畿地区，校园倒是一派田园风光。

一九二六年，南开大学的全年预算超过了现洋五十万元。据我回忆，其中大约十分之一用来充实图书馆。教员之间意气相投，关系十分融洽。除去讲授中文课和中国文学课的教师外，所有的教员都是从美国"留学生"中延聘的。大家都很年轻，平均年龄三十岁左右，其中大部分在美国就学时就是朋友了。行政部门的人员大部分是张伯苓在南开中学的学生，是在长时期为学校服务中提拔起来的。他们对学校和校长都忠心耿耿，工作埋头苦干，极其自觉，而且工作能力很强。

一九二六年七月中旬，我刚到达天津不久，就去校长办公室拜谒张伯苓校长，他十分热情地接待了我，我立即被他的堂堂仪表所吸引，因为他比一般的中国人都要高大魁梧得多。当时他约为五十岁，神采奕奕，生气勃勃。多年来，我与他的交往发展到十分亲密的程度，对于他的为人，我了解得也比较多。张伯苓成了鼓舞我工作的动力。他的语言质朴、真诚、恳挚，他是个著名的有感染力的演说家。然而，在私人交谈中，他总是全神贯注地听着，很少开口。该他说话的时候，他就直截了当地表明自己的观点；回答别人的提问，非常认真仔细。他把权力下放给各系教师与行政人员，可是从不推卸自己的责任。尽管他克勤克俭，为了学校花钱，他却绝不怕超过预算允许的范围。凡是为扩展学校而进行新的筹划的时候，资金的匮乏绝不会妨碍他把规模设想得更宏大一些，对未来，他总是乐观的。

我拜见张伯苓的那一天，他带我登门对严修做了一次礼节性的拜访。严修当时已年近古稀，隐居在家。在退隐期间，严修虽然一向深居简出，远避尘嚣，却总是乐于与张伯苓议论学校大事，并为之出谋划策。我在对他的初次也是唯一的一次拜访中，就能深切感受到他对南开大学的热爱，以及他与张伯苓之间的相互信赖与尊重。

中国从一九〇三年以来，政局一直混乱，动荡不安。在此期间，南开的学校体系却迅速地、按部就班地发展和完善起来。这在很大程度上应归功于两位领导人——严修与张伯苓亲密无间的合作。他们是中国最优秀的智慧与道德传统的最名副其实的代表。严修是大名鼎鼎的学者与哲学家，张伯苓是出类拔萃的创业人才与管理专家。他们又都是忧国忧民的爱国者。他们通过教育青年使国家富强的不可动摇的决心和坚定不移的信念，他们对于新时代的新知识的深刻了解与兼收并蓄的胸怀，以及他们在京津一带德高望重的社会声望，都是这个由私人开办的现代最大的教育机构之一的南开大学获得成功的关键因素。

我被这种气氛所激励，作为商科的财政学与统计学的教授，开始了我的教学生涯。二十世纪二十年代，南开大学教授的生活是简朴、充实而繁忙的。在严修和张伯苓的荫庇之下，南开在内战以及日本人侵入华北的不断威胁之中依然安定平静、蒸蒸日上。当政府机构由于缺乏地方和国库的正常资助而财政困难的时候，南开都能通过捐款收入、基金捐赠和私人资助维持住局面。此外，这里虽然薪金水准很低，却可以按时如数照发。南开的生活费用是极其合情合理的。教工的房租是低廉的，我住在大学教工区的一所配有家具的四间一套式的房子中，每月现洋十八块钱。教工之间的社交活动很少，不正当的消费开支既被禁止也不存在。我们衣着简朴，生活节俭而又心满意足。校园的气氛可谓简朴、安定、满足。

一位教授负责的教学包括四门每周三个学时的不同课程，每周总共十二节课。要胜任这么重的教学任务，备课工作是极其繁重的。回想起来，我们每个人确实都是以一种献身精神工作的，大家都全力以赴，尽量当好年轻一代的师表。我们的全部心血都倾注到学生身上，把所有的时间都花在南开校园，教授中没有一位到别处兼职的。

我第一年教的四门课是经济学、财政学、统计学和公司理财学。我的学生和南开所有学生一样，都是从像南开中学和扬州中学那样当时中国的好学校的学生中认真挑选出来的。他们来自全中国，出身各异，有商人、地主和官僚。他们的社会观和经济观大体相同，因为他们都经过了现代化的良好的高中教育，接触过比较先进的思想，他们都受过良好的语言和数学的训练。

在开始教学工作的时候，我在我们学校有个比较有利的条件：在美国的那几年中，我有了一些积蓄，到了天津之后，我就用这些积蓄找了一名助手协助我收集教材。我从事统计学研究时，他便帮我做些计算、绘制图表的工作。华文煜是我的第一位助手，也是我统计工作的弟子。他是一名高中毕业生，我每月付他现洋二十块钱，还管吃管住。一九二七年春天，我以同样的报酬雇了一个名叫李惠灵的年轻人。他也为我工作了一年，和我同居一室，作为我的弟子，学会了统计方法。华文煜埋头工作，自觉而勤奋，在第一年我就问他是否愿意上大学。他很渴望上大学，我帮助他在当年进了南开，这样一来，他就不能再全力以赴地帮助我了。因此，他介绍了两位同学给我，我给生物学教授李继侗推荐了一名，另一名是李惠灵，就开始和我一起工作。华一九二七年进入南开大学，一九三一年毕业，在南开经济研究所当了几年助理研究员，然后进入了银行界。李作为新生进入南开是在一九二九年，一九三三年毕业，成为一名记者，现在他在联合国秘书处的中文翻译部工作。看到这两个年轻人孜孜不倦地为自己创造了接受高等教育的机会，我是非常满意的。

一九二七年春末，北京的中华文化教育基金会的社会研究部需要一名研究导师，国立北京大学社会学教授兼系主任陶履恭（孟和）邀请我担任此职，对此邀请，我的直觉是不以为然的。我的根本兴趣在于使大学中的教学与研究相辅相成，对于一个独立的研究机构的高级职务本身并不感兴趣。我坚信研究会使教学生动活泼，而教学有益于研究工作的丰富多彩和不断深入，而中国缺乏足够的训练有素的人才，当务之急还是在大学中教学与研究并举，使年轻人在学业和工作能力上都得到最好的训练。由于这些原因，后来我谢绝了一个类似的邀请。那是一九二八年夏季，中央研究院社会科学研究所成立时邀请我参加。然而，对于陶教授的邀请，我很难一口回绝，部分原因是那里的高薪（比我在南开的薪水的两倍还多），部分原因是工作和职责都更自由自在。此外，陶是张伯苓在严修家最早的五名学生之一，又是南开大学校董会的成员。他被公认为当时文化界的领导人物之一，在京津学术界享有很高的声誉。

犹豫不定之中，我去找张伯苓征求他的意见。他作为中华文化教育基金董事会的成员，已经知道了这项邀请以及任职的薪金。他像往常一样诚挚地接待了我，可是一直沉默不语。然而，当我把我对此邀请的直接反应，以及我难于做出决定的情况讲给他听的时候，他站起身来，极其热切而真诚地说，我应该留在南开，因为南开比中华文化教育基金会更需要我。他答应对陶教授说明我的情况，并且提出从大学预算中拨一部分款项供我下一学年研究之用。他还建议减少我的授课时间。我深受感动，当即决定留在南开。我向他建议在南开成立一个研究机构，他同意了，并且叫我准备一份书面建议，提交大学校董会决定。

这就开始了我教学生涯的一个新时期，我的时间越来越多地花费在行政和研究工作方面。我为张伯苓准备了一份备忘录，其中我提议在南开设立一个社会经济研究委员会，不属于任何学科，主要的研究任务是探讨和评价中国的社会、经济和工业存在问题的实况。提案很快就提交大学校董会，并获得了批准。为了委员会的工作，从大学一九二七至一九二八年度预算中拨出现洋五千块钱。我被任命为委员会的主任导师，并兼任商科的财政学和统计学的教授。我用一半时间从事研究，另一半时间做教学工作。

我去北京拜访陶教授，向他解释我实难接受他的邀请。他理解我的处境，对我的想法表示赞赏。我还代表委员会向他请教用什么方式可申请获得中华文化教育基金会的资助，他答应帮助我，我照他的话去申请，结果获得了四千块钱的资助。

在头一年，大学社会经济研究委员会手中有将近一万块钱现洋的研究经费：大学预算拨款五千块钱，中华文化教育基金会资助现洋四千块钱，以及费希尔[1]教授的赠款五百美元。按照当时中国的标准看来，这笔款子是颇为可观的，是出乎我的意料的，我大喜过望。

由于陶履恭的帮助，南开建起了一个独立的研究委员会。陶是一位爽朗豁达、聪明睿智的正人君子。在年龄和学术研究上，他都是我的前辈，我曾多次得到他的帮助，获益不浅。在以后的几年中，我们交往频繁，共同讨论中国的社会与经济研究中的问题。我是中华文化教育基金会社会研究部的咨询委员会的一名成员，他是该部门的负责人，直到一九三〇年与中央研究院社会科学研究所合并，我们成了亲密的朋友。然而，我们都不自觉地成了同行间嫉妒的牺牲品。"北大派"（他是成员之一）控制中国高等教育的"唯我独尊"的政策及其某些领导成员党同伐异的作风使得教育界的"少数派"（我是成员之一）忧心忡忡，深为不安。这对在后几年交往中我和北大的陶教授的友谊产生了不利的影响。

一九二七年七月一日，南开大学社会经济研究委员会在秀山堂的一套宽敞的办公室里正式开始办公。秀山堂是李纯将军的纪念大楼，也是大学的主要办公楼（李将军是天津人，曾任江苏省督军，他在自杀以前留下遗嘱，将他的一半遗产捐赠给南开大学）。委员会最初的人员有：我作为主任，两位大学毕业生做研究助手，还有几位实地调查员，包括直到一九二九年才进入南开的李惠灵，以及很少的几个属员。

这一阶段委员会承担的工作是：一方面收集与中国经济有关的以各种文字写成的材料，这些材料最后经整理编成了《南开中国经济文集》；另一方面做经济统计资料方面的编制与分析工作。

我的教学任务规定为每周六课时，包括三门课：两门学期的课程统计学和财政学，一门全年的课程经济学。这几门课我一直教到一九三一年。行政

---

[1] 欧文·费希尔（Irving Fisher），美国经济学家，耶鲁大学教授。——编者注

工作的压力使我必须把财政学让给李锐，并将统计学让给了吴大业。这两位都是我在南开的学生，后来他们分别到哈佛大学和伦敦政治经济学院进修。在教学和行政工作之外，我还要参加委员会的一切研究计划以及我本人的教科书编写和物价指数编制工作。

一九二八年北伐成功之后，中国进入国家重建的新阶段，并且开始将注意力集中到工农业发展方面。学术讨论围绕着一个以农业为主的国家开始工业化的问题。在这个关键时刻，我决定让委员会通过对中国工业化的程度与影响进行探讨来开展研究工作，就以天津地区为专门的研究对象。由于在这方面未受过训练，我觉得最重要的是能邀请一些经济史专家或工业经济专家来指导这项研究工作。我在耶鲁的同学和密友方显廷在克莱夫·戴伊教授的指导下刚刚完成了经济史的博士论文，这时正在返华途中，他对于十九世纪五十年代的英国工业结构很有研究，而中国的工业在二十世纪二十年代末期的情况颇有与其相似之处。我向张伯苓校长推荐由他担任研究委员会的研究主任兼文学院经济系的经济史教授。张校长对我的推荐十分赞同，并且提议在十二月份方到达时，由我去上海接他，我照办了。方在上海接到了许多聘书，他只接受了我们的邀请，和我一起来到了天津。一九二九年一月上旬，他就走马上任了。

方在南开从一九二九年一直待到一九四八年，这一年他转到联合国远东经济委员会任研究主任。在这二十年间，他是我最亲密的益友良师。南开经济研究的发展与成功，很多应归功于他做的工作。

事情本来一帆风顺，但到了一九二八年至一九二九年，委员会发生了财政困难。随着研究范围的扩展，开支也大大增加了。中华文化教育基金会的那一点津贴已中断了。那时想要从金融机构和工业部门多集一点资金是不现实的，然而我并没有完全失望。我们只有依靠唯一可靠的资金来源——大学经费。张伯苓校长一直鼓励我，并且竭尽全力地支持我。他那永远乐观的精神犹如春风一般，使他的同事们感到愉快，受到鼓舞。

一九二九年六月，北京协和医院的罗杰·格林代表他的朋友，斯坦福大学的食品研究所主任卡尔·阿尔斯伯格，向我提议搞一项为期三年的研究合作，研究东南亚从自给自足到专供销售的农业商品生产的趋势。津贴为每年七千五百美元，出差和生活另有补助。我对于合作很感兴趣，可是又离不开南开，于是我写信给阿尔斯伯格，说明我对于合作的兴趣以及我难于离开南开的处境。我直言不讳地问他，食品研究所是否能信任南开的规划，我作为导师将对委员会的成果负责。我以为我的建议与他的提议并不一致。出乎我意料的是，阿尔斯伯格的回信使事情大有希望，他答应在秋季开过太平洋国际学会的京都会议之后，到天津来与我讨论这个问题。

九月份，詹姆斯·T.肖特韦尔教授和太平洋国际学会秘书长爱德华·C.卡特携家眷到南开来访问我们，在天津停留了许多天。我有机会使他们了解南开，特别是了解委员会的工作，他们对于我们的研究目标很感兴趣。我把卡尔·阿尔斯伯格对我的提议和我对此事的反应告诉了他们，他们认为我确实离不开南开。肖特韦尔教授知道阿尔斯伯格获得那项规划东南亚农业生产的基金的来源，他还在无意中说到，对于具有同等国际意义的华北地区，也应当有个规划。

肖特韦尔教授和卡特先生邀请我的妻子和我（我们于八月刚结婚）陪同他们访问北京，我们作为他们的客人住在北京饭店。一天，在讨论社会与经济研究中的问题时，我建议对山东、河北的人口向东北边疆迁移进行研究——研究其迁移和定居的情况。二十世纪二十年代末期，从华北向东北地区每年迁居的人口数量是惊人的，这是在中日争夺的最关键地区具有重大意义的人口移动。肖特韦尔教授被我的提议打动，请我准备一份关于这个题目的备忘录，他要在太平洋国际学会的国际研究委员会于奈良为京都大会召开的预备会议上与阿尔斯伯格讨论这个问题。张伯苓校长和我已经被指定为出席京都会议的中国代表团的成员了。肖特韦尔教授劝我提前动身去日本，以便使我也能够参加在奈良的国际研究委员会的会议。

结果令我称心如意，在奈良的太平洋国际学会的国际研究委员会的会议上，建议每年拨款七千五百美元，为期三年资助我指导下的对山东、河北向东北边疆人口迁移运动的研究，建议另外每年拨款五千美元，资助一项为期三年的对华北工业化的研究。该研究以天津地区为主要对象，由方显廷指导。这两项提案均委托大学的社会经济研究委员会全权处理所拨款项，这次拨款对于委员会和我们个人来讲都是巨大的鼓励。

到一九二九年，南开又面临新问题了。在南京国民政府的治理下，公立大学从一九二八年开始接受国库的正常拨款。中国的高等教育的情况日趋正规。国立清华大学在罗家伦校长的治理下，处于飞速发展的阶段。由于有庚子赔款这一得天独厚的资金来源，清华在学院建制上拟定了一系列发展规划，为教授们提供了充裕的基金，兴办图书馆和购置实验设备。教学任务减轻了，薪金提高了，最重要的是为教授们规定了每七年出国休假一年的制度。

在政治动乱之中，处于"世外桃源"的南开却蓬勃发展了近十年。现在，在全国比较和平稳定的局面中，南开就不能再指望在与世隔绝的状况中继续发展下去了。一九二九年夏季，许多工作多年的骨干教员，包括萧遽、蒋廷黻、萧公权和李继侗，一起离开南开，去了清华，给学生的工作和学校的名声都造成了不可挽回的损失。由于南开拿不出那么多的薪金，让他们复职简直是不可能的。

这种情况使张伯苓大伤脑筋。我了解他的困难处境，对于离去的同事，我也深感同情。他们曾忠诚地为南开工作过，薪水刚够维持温饱，很难有积蓄，而他们的家庭规模越来越大，消费日益增加，他们趁机到其他有关机构就任报酬更丰厚的职务，也是理所当然的。我本人则已骑虎难下，只能尽力而为，为南开的继续生存而奋斗。

一九二九年，南开教员中发生的危机激烈地反映在对于当前事务的重新评价与对于发展计划的重新设想上。张伯苓校长常常把我叫到他的办公室讨论学校的问题。清华不择手段地招聘教师，大大地激怒了他。我告诉他，在招聘教师上，竞相增加工资是不可避免的，而我们在这一方面的一贯道德准则必须重新考虑，重新评价。对于南开的资金匮乏以及在一个根本谈不上工业化的社会中提高薪水的困难，我们均深有体会。出于坚强的信念和天生的乐观主义精神，他决心不向困难低头。他坚信像南开这样的私人机构，在中国的高等教育事业中理应占有一席之地，问题在于私立的南开如何在为国服务中发挥最大的作用。他承认南开竞争不过国立清华和国立北大，然而我们有必要去竞争吗？我们难道不应当决定停止竞争，争取互相合作，同心协力，取长补短吗？南开坐落于商业都市天津，天津还有一个成为华北大工业中心的前景，南开应当把重点放在培养企业人才和工程技术人才上，而当时的国立清华和国立北大尚未包括这两个领域。在我们的讨论中产生的这个想法，促使张伯苓校长千方百计地加强商学院，并且一旦有可能，就建立一所工学院。

到了一九三〇年春天，张伯苓校长要我在大学社会经济研究委员会之外，再主持商学院和文学院经济系的工作。我体会到他对我的信任，但是感到这样一来，责任太重大了。我需要考虑一段时间，才能做出决定。我和我在京津的亲密同事和朋友们交换了意见，他们一致劝我接受这个聘请。我自己则认为这个聘请既是个挑战，又是使大学经济学教学合理化的一个绝无仅有的好机会。通盘考虑过后，我去拜访张校长，接受了他的聘请，并提出三项建议，即：第一，把商学院、文学院的经济系和大学的社会经济研究委员会合并，采用南开经济学院这个新名称，承担起教学与研究双重任务；第二，根据每门课程教学的需要，按照精减课程、突出重点的要求，重新改编大学的经济学与商业方面的教材；第三，为经济学院组织一个独立的董事会，负责政治指导与寻求新的支持赞助。张伯苓校长完全接受了我的建议。不久，大学校董们也批准了这些建议。

想象中会给南开带来危害的竞争不仅给南开的任务带来了可喜的变化，而且促使南开成立了经济学院。大学的社会经济研究委员会通过与商学院和经济系合并，从研究机构变成了兼做研究工作与培养大学生工作的机构。为了突出重点与合理化的要求，重新制定了课程安排。

在一九三〇至一九三一学年中，南开经济学院正式开始工作。由于是一种一半教学、一半研究的体制，员工薪金也有某种程度的提高。在新的教学人员的招聘上，我们很少遇到困难。在一九二七至一九二八学年，社会经济研究委员会开办时仅有一名主任和两名研究助手，发展到一九三六至一九三七学年，经济学院的工作人员扩充到三十二名，包括十位教授、九名讲师、五名教员和八名研究助理员。聘请来校的，多是在国外得过博士学位的，其中来自耶鲁大学的有方显廷、张纯明，哈佛大学的有丁佶，伊利诺斯[1]大学的有李适生（庆麟）和陈序经，加利福尼亚大学的有李卓敏和林同济，还有哥伦比亚大学的林维英以及纽约大学的袁贤能。后来研究所的毕业生也有益于教学与研究两部分人员的扩大。这些人，包括那些出国的研究生，有上哈佛大学的吴大业、陈振汉、吴保安和胡光泰，上康奈尔大学的叶谦吉，上威斯康星大学的杨叔进，上剑桥大学的宋侠，以及上伦敦大学的李锐、冯华德等。

经过一个阶段，经济学院扩大了大学本科。注册的新生从一九三一至一九三二学年的六十九人到一九三二至一九三三学年增到一百三十九名，一九三六至一九三七学年达到了一百七十二名的顶峰。经济学院的研究内容最初只面向城市，到一九三一年秋季，扩大了研究范围，研究方向也转移了。三项针对农村方面的研究课题是经济学院实地考察的主要内容，这些课题涉及农业经济、乡村工业和华北地区的地方政府与财政。在新开辟的研究领域，取得了更令人满意的成果。由于研究机构不断扩大，由于教学与研究

---

[1] 今译作伊利诺伊。——编者注

紧密联系在一起，研究的范围也扩大到包括资料的调研和教科书的编纂等工作。回想起二十世纪三十年代早期天津的南开校园，研究气氛是很浓的。经济学院中教职员工们的刊物引起了广泛的注意，师生们的工作兴趣都大大提高了。

然而，经济学院的经费经常朝不保夕，总是靠不住的。由于教学与研究范围的扩展，开支也加大了。要进行实地考察的新的研究项目比起老的研究项目的开支要大得多。一九三〇年到一九三一年的年度预算大约是现洋十万元，一九三五至一九三六年度则超过现洋三十万元。大学每年为经济学院拨款现洋十万元左右，所以还得寻求新的资金来源来填补所需总数的二分之一到三分之二的不足部分。经济学院的董事会以颜惠庆博士为董事长，包括中国工业和金融方面的头面人物。在一九三〇年秋季的第一次董事会议上，批准了一项提升十名教授和为二十名学生提供奖学金的计划。计划向工业和金融组织建议，对教授的职位和领奖学金的具体个人不要采取在中国难以行得通的基金的方式，而采取每年赠款的方式。颜博士建议董事会成员应当向各个组织与个人提出建议，然后由张伯苓校长和我来做下一步的工作。回想起来，在一九三〇年冬季，只用了很短的时间就做出了决定：支持提议的教授职位与奖学金。然而，做出决定仅仅是经费运动的开始，募捐来实现这些决定则要经历一个旷时日久、徒劳无功，有时还要忍受痛苦的过程。

当时，中国还处于前工业化的社会，做任何事都主要依靠私人关系，而且往往受地区的限制。在筹集经费的活动中，我们与京津地区的组织与个人打交道的麻烦比与上海、南京一带的要少一些。在京津地区，那些与张伯苓和我本人有过私人交谊的组织和个人，比那些只是间接地知道我们和我们工作的人，在态度上总要更积极一些。对研究所支持贡献最大的组织中，有华北的"四大"商业银行——金城银行、盐业银行、大陆银行和中南银行。这些银行的经理中，有很多是我本人的朋友。坐落在塘沽的久大精盐公司和永利化工厂都是一个著名的湖南人范旭东开办的，他也是我的一个私人朋友。在华北开办纺织、水泥以及煤炭业的天津退休文武官员，对张伯苓和他的工作都非常熟悉。我们研究所的董事中，有许多来自上海、南京地区的杰出的工业家和金融家，如张嘉璈和穆藕初，但他们要在上海地区帮助我们的努力都落空了。南方的"三大"商业银行——上海银行、浙江实业银行和浙江兴业银行，我们每次与它们打交道都大失所望。颜惠庆博士的一位朋友刘鸿生保证从他控制和经营的在南京、上海的两家水泥和纺织厂中，为研究所提供一名教授的开支。尽管我们一再要求，他的保证却从来没有兑现过。

后来在战争时期，我有缘在重庆与张嘉璈和陈光甫结成密友。我问他们为什么南开在上海的金融和工业组织中征募基金会这样困难，他们回答说根本原因就是地方性，因为一家上海的工业企业或银行去支持天津的一家教育机构是不可想象的。经济上的地方主义原则居然殃及慈善事业！

在大多数情况下，捐款的保证是以对其个人或专业业务有所酬报为默契的，这就为研究人员特别是我增加了大量的额外工作。由于捐款总是一年一个样，基本来源无法确保，有时真让我这个直接负责人无所措手。

一九三一年夏季，当我在上海千方百计地寻求对研究所的财政援助时，我接到方显廷的电报，催我返回天津会见洛克菲勒基金会的 S. M. 冈恩，他是从香港来天津看望我们的。冈恩先生从一九一七年至一九二七年一直在欧洲负责洛克菲勒基金会的国际卫生工作。一九二七年，他成为基金会的副主席，一九三○年成为社会科学部的副主任。一九三一年，他本来打算在夏天返回美国，可是基金会社会科学部的主任 E. E. 戴博士请他取道远东返回美国，顺便在天津逗留一下，看一看我们南开的经济教学与研究工作。尽管当时长江地区正在发大水，我还是设法立即返回了天津。

冈恩先生一到天津，我就和他见了面。他告诉我戴博士从他的朋友欧文·费希尔那里知道了我和南开的工作，想要进一步了解。我借此机会让他了解到我们工作的详细内容以及我们的期望和困难。他在天津逗留了数日，反复研究了我们的工作、困难和需要。冈恩先生是一个经验丰富、富于想象，极其热情而又通情达理的人，他对我们的工作和存在的问题都深表同情。他动身之前对我说："何——我可以称呼您为'何'吗？你们在这个发展阶段的问题是个定期增加财政支援的问题，我们会给你想办法的，你尽管推行你的计划好了。"我很受鼓舞。通过他的推荐，南开经济研究所得到了洛克菲勒基金会一笔为期五年，从一九三二年至一九三七年的拨款，为我们的毕业生到国外继续深造学习增加了奖学金的数额。洛克菲勒基金会的拨款，在我们年度预算最高峰时，差不多相当于三分之一的款项，确实为我们研究所开展工作带来了非常必要的稳定性。战争时期，这项拨款只不过数额少了一点，却一直维持到一九四八年。

一九三五年，南开经济研究所加入华北农村建设协进会，我被选为该会主席，这使得研究所（包括培养研究生在内）的规模进一步扩大。研究所农村调查的内容增多了，研究生的课堂教学与参加实地工作结合起来了。根据协进会的任务，一九三五年秋季开办的研究生班有十一名学生，都是从全国主要大学毕业生中通过竞争考试挑选出来的。这样挑选出来的学生每人都由洛克菲勒基金会提供奖学金。第一班的学生还能在中日战争爆发前不久完成学业。第二班的学生有六名，是在一九三六年以同样方式挑选出来的，到一九三七年夏季，在日军摧毁了南开大学之后，不得不解散。

我在南开大学的第一个十年到一九三六年夏为止。由于当时形势所迫，做出一项决定：南开准假，让我参加南京政府的工作。任命一九二九年进入南开的方显廷代替我担任研究所代理所长。在战争期间，他都在南开担任这个职务。在中国学术界最困难的时期，他承担起了应当由我承担的责任。

原载《文史资料汇编》第一○○辑，选入本书时
仅节选其中与张伯苓相关的文字

张、梅两校长印象记

柳无忌

在我以教学为职业的悠长的一生中，先后遇到与交接的大学校长，中国与美国的，为数实在不少。在他们中间，与我会面次数较多而年代最长久的，要推南开校长张伯苓与清华校长梅贻琦。但就是他们两位，我所知道与能叙述的，也只是一些比较深刻的印象而已，他们的伟大人格与办事精神，曾给我莫大的鼓舞与启示。

张、梅两位校长，同是了不起的教育界领袖，以造育青年人才与提倡学术为终生事业，他们的成就将永远昭垂后代。张伯苓是一位综合教育集团的创造者，他一手开办与毕生支持的南开学校，包括男中、女中、小学、大学，以及研究所。他眼光远大，在卢沟桥事变前一二年，预知邻近日本军营的天津南开学校将朝不保夕，就在重庆沙坪坝另设一所南开分校，为后来抗战期间的南开大本营。

南开与清华关系密切，非但二校同在华北，又同为战时昆明西南联合大学的成员，而且张伯苓与他的弟弟张彭春都当过清华教务长。同时，梅贻琦是张伯苓的学生，曾就读南开。张、梅二校长的办学作风不尽似，但同样在中国大学教育史上留下了光辉的一页。没有张伯苓，当然没有南开，但没有梅贻琦，与他的周流潜默的教化，清华也不能获得它在学术界的崇高地位。张校长有如一座巍巍南山，令观者不胜仰止，生着尊敬的心情；梅校长可比一棵高矗的枝叶茂盛的长松，在他的坦荡而宁静的荫蔽下，旅途中的学人获得了慰藉与爱护。这些就是我对于他们二位的概括的印象，因为是亲自经验到的，也许值得记录下来。

在渝郊沙坪坝南开学校，我们的女儿在小学一年级读书。有一天，她放学回家，十分兴奋地告诉我们，那位大校长去参观了她的教室。对于任何人，无论小学学生或大学教授，张伯苓是名副其实的"大校长"。一个典型的北方人，身材雄健，体格魁梧，他那样的高个儿，正如他那样的伟大事业，使在旁边与他一同走路的人不免相形见矮。可是，他的庄伟的身材，只是令人肃然起敬，不是令人敬畏而远避之。

张伯苓（一八七六年至一九五一年）生长于中国国难初期，当他在天津北洋水师学堂毕业时，正值北洋舰队为日本海军所击沉，只剩下慈禧在颐和园内用海军军费所盖的一座大理石画舫。目击国家所遭遇的耻辱，他深受刺激，便弃武就文。在这一时期，英雄无用武之地，而新时代青年的培植，实为立国之本，救国之途。从二十二岁（一八九八年）在天津严范孙家设馆教徒始，至七十二岁（一九四八年）辞去南开校长，出任国民政府考试院院长止，张伯苓从事于教育事业，可谓五十年如一日。南开中学的前身（私立中学堂），在一九〇四年有学生七十三名，而在一九三七年抗战初天津南开学校被日军毁灭时，南开大、中、小学各部共有三千人。在战时陪都重庆重建的南开中学，有一千六百人，而南开大学与北大、清华合并在昆明的西南联合大学，无论在课程或师资方面，均堪称当时的全国最高学府。

张伯苓常对朋友说，有如胡适所引："一个教育机关应当常常欠债。任何学校的经费，如在年终，在银行里还有存款，那就是守财奴，失去了用钱做事的机会。"①虽然他要为学校用去每一分钱，自己却度着俭朴的生活。在天津八里台南开大学校址，我时常看见一辆洋车远远地从校门进来，沿着长长的马路，一直去到秀山堂的校长办公室。从天津城西南角南开洼（南开以此得名）他住的那所中国式校长住宅，到八里台南开大学，是一段有好几里的路程，但是他不坐汽车。不管天晴天雨，他总是天天来校办公。在冬季朔风怒号，刮起阵阵"尘暴"的时候，他那辆包车就盖上一层深蓝色帐幕，而裹在厚厚的大棉袍内的大校长，也更显得十分巨大了。

张校长有时请客，邀教授作陪，不在他家中，而在南开大学秀山堂改排饭桌的教室内。在那种场合，我们的食指并不蠕蠕欲动，因为校长宴客，饭菜简朴，但是大家心情愉快，为的是能与校长及贵宾在一席。有一次，我还记得司徒雷登（燕京大学校长）来南大访问，负责招待的为大学秘书长黄子坚夫妇，太太是美国生长的，除学校招宴外，她安排我家请客人早餐，因为我们回国不久，还染有一些洋习惯，早上吃吐司与咖啡。虽然家中有厨子与老妈子，作为主人，不能不事前布置周到，害得我同太太起了一个大早。校长本人住得太远，不能来（我想他也不惯洋式早餐），由秘书长夫妇陪贵宾来临舍下。居住在八里台的五年中，记不得校长是否曾来我们家中吃饭，大概没有。（我的太太不以为然，她说校长来过我们家，并在吃饭时告诉她，那碗剩下的鸡汁不要丢掉，可以泡饭吃。）但是，这不是说校长没有与教授接触。有时候，兴致来时，他会光顾教职员住宅，看看教授家里情况，并检查房子是否清洁整齐。他的办法很简单，只要摸一下会客厅内的那个电灯罩上是否积有尘埃，就可知道。我想，我们的家是经过考验而及格的，好像还博得校长的赞许。

我记忆颇深刻的，是学校每星期的周会，校长登坛训话，演说他的那一套教育理论。像他在《四十年南开学校之回顾》②里所说的，中华民族之弊病有五大端：愚、弱、贫、散、私。他开办南开的目的，就在育才救国，以匡正此五大弊病。针对"弱"，他提倡体育；为挽救国家的"贫愚"，他造就有"能"的青年人才，而以"公"（以矫正"私"）"能"为南开校训。因为"中华民族有如一盘散沙"，他强调团结："聚则力强，散则力弱"，"分则易折，合则难摧"。③为了证实这个道理，在训话时他喜要一个小玩意儿，就是在训话中间，他临时叫坐在礼堂前排的几个学生上台来表演，先把一只筷子给某个年轻力壮的学生，让他把筷子轻而易举地一折两段，然后给他好几双筷子，捆成一束，不论那学生如何力大，如何用力试着，都无法把那束筷子折断。另一办法，我也亲自见过，是让一个看上去像运动家的高大强壮的学生，与四五个其他学生在台上做拔河之戏。当那个运动家力不敌众而败北时，台下的学生在哄堂大笑中懂得了"聚则力强"的教训。

在西南联合大学期间，张校长住重庆沙坪坝，很少来昆明，那时候我没有见到他。一九四一年春，我们在昆明的家为敌机炸毁，狼狈的我先把家眷送去重庆，蒙张校长把她们收留在南开中学，随后我应中央大学（也在沙坪坝）之聘，去重庆与妻女团聚。到南开的第二天，忽然校役来传讯，说校长请我们到他家中去吃饭。别的客人，如伉乃如、何廉夫妇，我们都熟识，却首次遇到当时颇令人注目的南开校友周恩来夫妇。这一次大家有说有笑，有吃有喝（校长并不是戒酒者，虽然他自己不大喝），空气十分融洽。听说以后的情形有改变，我不得而知。当时我们虽住在南开（太太在中学教英文），我却在中大任教，与南开没有直接关系，此后似乎并未去过校长家中，校长也并未来教职员住宅查看电灯泡上的灰尘（这时候没有一家置得起有罩子的桌灯），只是在校园散步时，偶尔碰到了那位戴墨晶眼镜、庄肃而慈祥的大校长，与之点头致敬而已。可是，校长并没有忘记我们。他家中在南开校址内有唯一的电气冰箱，在暑热时他曾赏赐我们一些极为珍贵的冰块。另一回，有人从新疆远道带给校长哈密瓜，他也分给我们几片尝新。

抗战胜利，我们离渝经沪去美，没有参加南开复校的工作，一直没有回天津南开④，更没有看到校长。他曾在一九四六年来美，为南开筹款，并接受哥伦比亚大学赠他的名誉博士学位，称他为世界公认的 builder of educational institutions and builder of men。那时我们远在美国南部佛州，不能去参加盛会。就在他七十岁那年，他的一些美国朋友编集一册为他祝寿的文章，书名 *There Is Another China*（二年后出版），内有前曾提及的胡适撰的《教育家张伯苓》。这时的张伯苓，已成为蜚声国际的伟大人物了。此后他去过南京、重庆，于一九五一年病逝天津，但已不是南开的校长。可是，对于从前南开的教职员与学生，亦即现在分散各地的南开校友，南开是张伯苓，张伯苓是南开，它的大校长。

也许，我们不能同样说，清华是梅贻琦，梅贻琦是清华，但是，毫无疑问，梅校长对于清华的贡献，远比任何其他校长为大，而清华校友对于梅校长的敬爱，也同于南开校友对于张校长那般。我们可以这样说，没有梅校长，清华不可能有今日的名誉与地位。大家公认，清华能在二十世纪三十年代与四十年代追上北大，同为中国最高学府（西南联合大学期间，就是在文学院方面，清华也足与北大抗衡，而南开为最弱的一环），梅校长是数一数二的功臣。

梅贻琦（一八八九年至一九六二年）比张伯苓小十三岁，他们同是天津人，因此梅贻琦早年就读于张校长创办的南开中学（当时称私立中学堂），与张校长的弟弟彭春同学，四年后毕业（一九〇八年）。翌年，梅贻琦考取第一批清华庚款留美学生，比张彭春、赵元任、胡适早一年。在美国麻省吴士脱工科大学（Worcester Polytechnic Institute）读书期间，又与张彭春相遇，时张就读于克拉克大学（Clark University），同在一城有数年之久。五年后，梅贻琦学成归国，去清华学校任教，此后几将五十年，一直为清华服务，自教授、主任、教务长（一九二六年）、留美学生监督（一九二八年），以至校长（一九三一年）。西南联大时期，与北大蒋梦麟、南开张伯苓二校长，同任联大校务委员会常务委员，而梅贻琦以主席名义，经常驻校办公，实际主持校务，对于西南联大在抗战八年期间的发展，厥功至巨。战争结束，梅校长返北平办理复校事宜，曾草有《复员后之清华》报告。一九四九年后，梅贻琦来美国，寓纽约有六七年之久，曾负责管理"清华基金"事宜，并组织"清华"在美文化事业顾问委员会。一九五五年去台湾，"重建清华大学"，并任"教育部长"三载，一九六二年逝世。

至于我与梅校长的关系，在清华学校内可以说没有，读书时没有上过物理学梅教授的课，也并未进过后来梅教务长的办公室。他来美在华盛顿任留学生监督，我正好去耶鲁大学研究院，但在这三年中，梅监督没有来过新港，虽然当时在耶鲁有好几位清华同学，如读音乐的黄自、英文学的孙大雨（孙铭传）与我、意大利文学的李唐晏、历史的皮名举，与建筑的梁珩。一九三一年，我毕业耶鲁，申请去欧洲研究一年，由梅监督批准，但我们只是信件往回，我没有去华盛顿看他。同一年秋季，我去英国，梅贻琦返国任清华大学校长。我在南开大学教书的五年中，曾去过清华数次，看我的二舅父（郑桐荪，数学系教授），并未拜访过梅校长。西南联大期间，我们同在昆明，有时在路上相值，也只是点头招呼而已。对于梅校长，一直等到他已不是清华校长而住在纽约时，我方始有进一层的认识，沐浴着他的恩泽。愈与他交接长久，愈觉得他待人的真挚与亲切。他不轻然诺，笃实谦诚，是一位楷模的君子人。

我初次与梅校长有较长的时间当面谈话，是在我即将离开西南联大的时候。像上面所讲的，日机的轰炸拆散了我在昆明的小家庭。太太与小孩离去后，我搬入青云街清华教职员宿舍暂住。在一间有三人床的房间，正好有一张床及书桌空着，作为我的安身之处，虽然名义上我不是清华教授。那里人才济济，有吴宓、闻一多、金岳霖、陈福田、陈省身等十余位。此时，北大的叶公超辞职去新加坡任外交部办事处专员，遗下的外文系主任一职，学校嘱我代理，但当时我已决定去重庆中央大学，与家人重聚。我向联大当局请求辞职的信发出不久，忽然一天下午，梅校长光临青云街宿舍，专诚来找我。他的话不多，但情意恳挚。他要我留在联大，并解释为什么学校只给我一个代理主任的名义，因为那是在学期中间，下学年主任一职就可真除。他误会了我辞职的动机，我把家庭关系的理由向他陈述，他点头称是，不再挽留，我感动地敬送他走出宿舍大门。

抗战后，我们一家搭乘美国运兵船来美，先在佛州冬园（Winter Park）[1]，后在康州新港住下，时为一九四八年秋季。隔了一二年，梅校长也寓居纽约，在华美协进社（China Institute of America，社长孟治，为清华同学）内设一间办公室，处理"清华"未尽事务。这时我与华美协进社已发生关系。每年夏季，孟治在新泽西州的蒙克莱（Montclair）[2]师范学院开办中国文化暑期班，约我去讲中国文学（这时我已自西洋文学转入中国文学），同事有教历史的洪业、哲学的梅贻宝、美术的汪亚尘。学生们都是本州的中、小学教员，大半是女性，有些比教授年纪更大，但对中国文化十分热忱，大家处得很和洽，也很热闹。我后来又在纽约华美协进社开一门中国文学课程，每星期去一次。除看到孟治外，有时也乘便进谒梅校长，见面的机会反而比在联大时多了。

有两件事情使我与梅校长有较多的接触，发生较深的关系。第一件是《清华学报》的复刊"，那完全是梅校长的意见，更可说是他了不起的远见，而我幸有机会参与此事的筹备。他觉得清华在学术界的地位，不能任其骤然中断，如办一份学报，可能保持那不绝如缕的清华学术传统。正好清华校友在美国弄文、史、哲的还有一些人，于是有一天，梅校长来新港何廉家里，中饭时约李田意与我去何家，共同商议出版新学报的事宜。他邀梅贻宝、杨联升、李田意（联大教职）与我，以及在台湾的浦薛凤，组织一个学报编辑委员会，并请何廉（清华津贴留美）为委员会主任。梅校长自己虽然是理工的，却主张新学报应为一种有国际性的研究中国文化（人文与社会科学）的学术刊物，因定英文名字为 *Tsing Hua Journal of Chinese Studies*。⑤《学报》于一九五六年发刊，迄今亦有二十余年历史，未曾中断⑥，总算有一点成

---

[1] 今译作温特帕克。——编者注
[2] 今译作蒙特克莱。——编者注

绩，可告慰于它的创始者。《学报》的编辑与刊行，并非一帆风顺，中间便有一段不愉快的经过，在此不愿多说，尤其当事人都已物故。梅校长对于此事的关切与负责心，以及对于《学报》的期待，使我们十分感动。在与清华校友某君信中，梅校长表示他对于《学报》的"恢复""曾煞费周章"，并说道："再者，'《清华学报》'之继续维持，甚至'清华大学'之发扬光大，端赖各方谨慎爱护。就'《学报》'言，无论经费来源，或学术专文，无论主持编辑，或经理印刷，均属不易。校友如有指教，务请径寄此间，不必先于报端披露。"⑦这时为一九五九年七月，梅校长在台湾"教育部长"任内。另外，他还各方面去信，如纽约"清华"同学会会长、哥伦比亚大学教务长与哥大教授。在与我们编委会的私人函件中，他表示"甚盼此事能化大为小，息事宁人"。其用心之苦，办事之周到与谨慎，使我们极为佩服，也就遵照他的意见，"息事宁人"，这一件公案因此不了了之。

第二件事，涉及我私人方面。在二十世纪五十年代，时事剧变，羁旅美洲的中国学人困顿挣扎，一筹莫展，甚至有不少人接受美国国务院特发的救济金。我依靠太太在耶鲁图书馆任事，有固定薪金，外加一些基金团的研究奖金，耶鲁的二年客座教席，以及华美协进社的暑期文化班的零星收入，足以弥补家用，渡过经济难关，但生活仍未安定，不无忧虑。正在此时，有一天去华美协进社教书，梅校长约我在课后去他的办公室谈话。他告诉我，纽约州北部奥尼昂塔（Oneonta）城的哈脱唯克（Hartwick）[1]大学，其校长亚诺德博士对中国文化甚感兴趣，有意在该校开办中国文化系，正在物色一个教授兼主任。该大学经费困难，需要与"清华"合作，梅校长答应帮忙，担负教授薪金，并问我是否愿意前去。他又告诉我，亚诺德校长曾到过我的班上旁听，对我印象很好。他劝我去一试，因为他觉得像我们这样的学人，在国外可能尽力的，是中国文化的传播。这时，我的耶鲁大学的客座教授聘约正

---

[1] 今译作哈特威克。——编者注

好完结，别无教书机会，就立刻答应了下来，虽然去哈校教书的报酬甚低，又要远离家人，两处来回奔波。

这样，由于梅校长的帮忙，我在哈脱唯克大学教了两年（一九五三年至一九五五年）书，做了最大的努力。在本地社会上各处去演讲，在学校内设法招揽学生，中国文学、哲学、美术、历史等班上，倒也是"人头挤挤"的，那个中国文化系却冷落着，找不到一个主修学生。奥城僻在农牧的纽约州北部，哈校仅有二三百学生，对于他们，中国文化实在没有用处，毕业后更是无法找得职业。既没有主修学生，我那个空头主任如何能做下去？更况那时亚诺德博士已退休（他在哈校最后做的一件事，就是把我请去开设一个中国文化系），新校长为一位人事关系专家，对中国文化并无兴趣。维持到一九五五年初，哈校事情即将结束，别的学校没有机会，那时我曾与关怀我生活的梅校长通了几次信，不觉已过了二十四年，今日读来，仍使我有无穷的感想。信由梅校长亲自撰写，亲自打字，字里行间流露着对我的关怀爱护之情，而又写得如此平稳周致，避免损伤我的自尊心，给我在当时艰难的环境中莫大的慰藉与鼓励，使我终生感激无尽。

就在此时，我于耶鲁大学的一个人类学机关，叫作人类关系地区档案研究所（Human Relations Area Files），找得一份工作，主持英译中文少数民族材料，有五年之久。此后，美国大学内掀起了学习非西方语言与文化的热潮，各校增聘东亚语文教授，我也就顺利地先后去匹兹堡（Pittsburgh）（一年）及印第安纳（Indiana）（十五年）大学任教，并主持系务，在美国学术界占有一席地盘。这样，我并未辜负梅校长生前对我传播中国文化的期望，而在哈脱唯克⑧失败的企图，在印第安纳却获得了出乎意料的成功。不幸的是，当我在印大创办东亚语文系时，正是梅校长在台湾逝世的那年。至于梅校长许我的"清华学术奖助金"，我并未去要，但对于中国文学的研究，也做出一点成绩来，出版了三册《现代中国文学读本》（与李田意合编，耶鲁大学远东出版社印），与一部《中国文学概论》（印第安纳大学出版社印）。

同时，在《清华学报》的编辑方面，我仍将遵照梅校长的嘱咐，继续努力，以告慰他的在天之灵。

写到此地，不免把话说回来，略述一下张校长对我私人的爱护。上面已经说过，在抗战期间，当我的妻女自昆明去重庆南开学校时，校长在教职员宿舍腾出一间房室安置她们，随后我去渝时也住在那边。不久，受不了敌机的疲劳轰炸，我把她们送去香港，以为安全。不料珍珠港事变发生，港地为日军占领，妻女幸而逃出魔窟，经韶关、衡阳、桂林等地而返重庆。复蒙校长让我们暂住学校招待来宾的两间客房，然后再迁去空出来的教职员住宅。最后，抗战尚未结束，敌人进攻桂林，我的父母亲自桂避难至渝，与我们一同挤在两间房内，校长又在另外一所住宅拨出一间空房，让他们安身暂住，直到胜利后我们大家回到上海。

这种对我的恩情，无论张校长或梅校长的，都使我一生不忘，写时不免感情用事，这也是我对他们两位最深刻的印象。

一九七九年六月，美国加州孟乐园

附记：有些事情是意料不到的。（一）张校长逝世不久，我成为他的亲戚，我的表弟郑师拙娶了彭春先生的爱女新月。（二）我任教匹兹堡大学时，带去在耶鲁读博士的梅祖麟，帮我教书，并协助匹大新设之中国语文中心（Chinese Language and Area Center）事宜。祖麟是梅校长的侄儿，贻宝学长的公子，现在康奈尔大学任中文系教授兼主任。

注释

① 胡适原著《教育家张伯苓》为英文，此处所用中译载《张伯苓与南开》一书，第 50 页。

② 作于南开学校四十周年纪念日，即一九四四年十月十七日，那时已"胜利在望，复校有期"。全文载《张伯苓与南开》，第81—107页。

③ 前书，第84页。

④ 我于一九七三年回大陆，重游南开，那是以后的事了。

⑤ 为庆祝梅校长七秩寿辰，"《学报》"例外地于一九五九年出版《科学论文集》特刊一期，有李卓皓、吴大猷、林家翘等的论文。

⑥ 由于编委会主席更换，曾有几次未能按时出版。最近一期亦如此。

⑦ 校友某君撰文，为《学报》编辑部退回，老羞成怒，在外边批评《学报》，并移怒于编委会主席，攻击个人，假造"清华同学会"名义在报端发表新闻。现在回想起来，不免有一点戏剧性的滑稽。那篇文章，原来是为梅校长祝寿而写的称崇他事业的传略，我们以为不合《学报》学术性质而退回，不料闹出事来，还得梅校长亲自出来平息这场风波。这也可见他的大方的度量，所谓君子坦荡荡。

⑧ 一九七五年春季，在印大休假期间，我被邀返哈大教书，为历史系讲座教授。旧地重游，不胜感慨之至。

原载《传记文学》第三十六卷第一期（一九八〇年元月号）